Walther Maas · *Probleme der Sozialgeographie*

Probleme der Sozialgeographie

Von

Prof. Dr. Dr. Walther Maas

DUNCKER & HUMBLOT / BERLIN

Alle Rechte vorbehalten
© 1961 Duncker & Humblot, Berlin
Gedruckt 1961 bei F. Zimmermann & Co., Berlin W 30
Printed in Germany

Inhalt

Vorwort	7
Einführung in die Sozialgeographie	18
Siedlungsformen	29
Dreifelderwirtschaft	42
Bevölkerungsdichte	50
Agrarstruktur	61
Sozialgeographische Studien in Deutschland	70
Siedlungsgeographische Beobachtungen in Frankreich	86
Versuch einer Sozialgeographie Polens im 18. Jahrhundert	128
Englische Dörfer	137
Die Städte	166
Technik und Industrie in der Landschaft	177
Vorläufer der Sozialgeographie im Altertum	182
Die Lehre von den Wandlungen der Kulturlandschaft	190

Vorwort

Der bekannte Romanschriftsteller Henri Bordeaux (geb. 1870), Mitglied der Französischen Akademie, berichtet in seiner kleinen Schrift „Le Foyer"[1], wie er als Knabe oft auf den Hügel der Allinges oberhalb seines Heimatortes Thonon am Genfer See ging, manchmal von seinem Großvater, manchmal von seinem Vater begleitet: „Von da oben beherrschte man, entdeckte man das ganze Land, den See mit seinen ausgezackten Ufern, seine kleinen Buchten voller Anmut, seine grünen Vorgebirge, darüber die Stadt aufgestockt, leicht zu enträtseln vermittels der Plätze und öffentlichen Gärten, die Dörfer der Ebene halb hingelagert inmitten der Grasfläche wie lagernde Herden; die Dörfer der Hügel gruppiert unter ihren Kirchen, die wie auf Wachposten standen, und, um den Blick abzuschließen die Berge, teils bewaldet, teils nackt und felsig ... Wo mein Großvater und ich die Spuren der Natur suchten, zu sehr verkleinert durch den Pflug oder die Axt, zu sehr gerodet und wie erdrückt durch die landwirtschaftlichen Arbeiten und trotzdem hier und da in ihrer ursprünglichen Reinheit überlebend, da zeigte mein Vater im Gegensatz dazu die dauernde Einwirkung des Menschen und die aufgehäufte Arbeit der Generationen. Anstelle der freien Erde war es die disziplinierte Erde, gezwungen, zu dienen, zu gehorchen, zu produzieren". Nun, die Stellungnahme des Vaters von Henri Bordeaux ist die der Sozialgeographie, der Eindruck des Soziallebens in der Landschaft, die dort sichtbare Tätigkeit der Menschengemeinschaften.

Ein anderer französischer Schriftsteller, Maurice Martin du Gard, definiert die Anthropogeographie wie folgt: „Es ist das hohe Lied der Arbeit in der irdischen Landschaft, oder wenn Sie vorziehen, die Analyse der Unterschiede, die zwischen einer Landschaft bestehen, die der Mensch besiegt hat, wo er sein Kennzeichen aufgedrückt hat, und einer Landschaft, wo der Mensch unbekannt ist"[2].

Sozialgeographen würden freilich nicht vom Menschen sprechen, sondern von den Menschen, unterschiedlich nach Raum und Zeit, nach Rasse, Nationalität, sozialer Klasse, Kulturzustand, Lebensform. Man ist niemals bloß Mensch, man ist Mensch auf eine bestimmte Weise. Wenn man von einigen Überresten der Vorzeit absieht, so war z. B. die Posener Landschaft um 1900 nicht vom „Menschen" gemacht, sondern von den meist deut-

---

[1] Henri Bordeaux: Le Foyer, Paris 1932, S. 44.
[2] Maurice Martin du Gard: Pour l'Empire, Paris 1937, S. 105.

schen Großgrundbesitzern und den meist polnischen Bauern in der Zeit des Kapitalismus. Diese Dinge müssen nach meiner Meinung von der Sozialgeographie studiert werden. Man sieht daraus, daß wir das Wort „Sozialgeographie" anders verwenden als andere Forscher z. B. C. Vallaux, welcher 1911 in zwei Bänden eine „Géographie sociale" veröffentlichte, I. La Mer. II.L'Etat. Seine Sozialgeographie ist mehr politische Geographie. Hören wir den Wiener Hans Bobek: „Diese Gesellschaftsstrukturen in ihrem räumlichen Wesen, ihren landschaftlichen Wurzeln und Auswirkungen zu erforschen, erscheint mir als Aufgabe einer vergleichenden Sozialgeographie"[3]. Ich würde von den durch die Gesellschaften geschaffenen Landschaften ausgehen, aber im Ziel sind wir uns einig: geographische und gesellschaftswissenschaftliche Forschung einander näher zu bringen. Ich weise nachdrücklich auf diesen Aufsatz hin.

Dagegen muß ich als zu weitgehend die Ansichten von E. W. Gilbert und R. W. Steel ablehnen: „Die Sozialgeographie hat vier Hauptzweige. Sie beschäftigt sich erstens mit der Verteilung der Bevölkerung auf der Erde und Volksdichte — und Volksverteilungskarten sind die wichtigsten Werkzeuge des Sozialgeographen. Zweitens müssen die Verteilung und Formen ländlicher Siedlungen, d. h. von Dörfern, Weilern, Gehöften und Einzelhäusern studiert werden. Der dritte Studienzweig ist die geographische Untersuchung von Städten oder die Stadtgeographie, wie sie manchmal genannt wird, und die fortschreitende Verstädterung gibt diesem Zweige in der heutigen Zeit eine besondere Bedeutung. Das Wort „Social Geography" erschien am 9. August 1943 als Titel einiger Abschnitte in „The Times", die eine Regionalbeschreibung von Hull besprachen. Schließlich muß die Verteilung sozialer Gruppen und deren Lebensweise in verschiedenen Umwelten studiert werden, einschließlich einer geographischen Analyse der Wohnungs-, Gesundheits- und Arbeitsbedingungen verschiedener Gemeinwesen. Es ist klar, daß die Sozialgeographie hier beträchtlich mit anderen Sozialwissenschaften das Feld teilt, einschließlich Sozialmedizin"[4].

Unsere Sozialgeographie ist auch nicht historische Geographie oder Kulturgeographie wie die Holländer sie betreiben, es gibt dort ein eigenes Institut dafür, das „Sociaalgeografische Mededelingen" herausgibt.

Wir wollen in der Anthropogeographie die sozialen, gesellschaftswissenschaftlichen Komponenten unterstreichen. Nicht der Mensch, sondern die Menschen. Wie sagt doch François Perroux: „Soweit wir in der historischen Entwicklung auch zurück gehen mögen, man findet niemals den

---

[3] Hans Bobek: Aufriß einer vergleichenden Sozialgeographie, in Mitteilungen der Geographischen Gesellschaft in Wien, Bd. 91, 1949, Heft 10–12, S. 34–35.
[4] E. W. Gilbert and R. W. Steel: Social Geography and its place in Colonial Studies, in Geographical Journal 1945, Vol. 106, S. 118–131, hier S. 118.

Einzelmenschen, einen Menschen mit bloßen Händen angesichts der Natur, sondern immer die Menschen mit ihren Werkzeugen"[5].

Derartige Betrachtungen sind nicht neu. Sozialgeographische Tätigkeit schrieb Leon Battista Alberti 1458 dem Architekten zu: „Wozu soll ich endlich erwähnen, daß er durch Abtragen von Felsen, Durchstechen von Bergen, Ausfüllung von Tälern, durch Trockenlegung von Sümpfen mittels Ableitung derselben in einen See oder ins Meer, Erbauung von Schiffen, Regulierung von Flüssen, Freilegung von Zugängen, Errichtung von Brükken und Häfen nicht nur für den zeitweiligen Bedarf der Menschen vorsorgte. Ja sogar den Zugang zu allen Ländern der Erde hat er erschlossen. Hierdurch kommt es, daß die Menschen Früchte, Gewürze, Edelsteine, Erfahrung und Sachkenntnis sowie alles, was zum Heil und Segen des Lebens beiträgt, in wechselseitigem Verkehr einander vermittelten"[6].

Sozialgeographie? Ich schwankte lange zwischen Soziogeographie und Sozialgeographie. Letzteres ist weniger Wissenschaftsjargon. Ein Kritiker hat mich darauf aufmerksam gemacht, daß man zwar französisch sehr gut mit Géographie sociale die verschiedenen Studienobjekte dieses Buches bezeichnen könne, nicht aber deutsch mit Sozialgeographie, denn im Deutschen hätte das Wort ‚Sozial' nicht die weite Bedeutung des französischen ‚social'. Das ist für den heutigen Sprachgebrauch wohl richtig, wir beziehen heute im allgemeinen ‚sozial' nicht mehr auf die gesamte Gesellschaft societas, sondern nur auf ihre unteren Stufen, wie etwa das Wort Sozialpolitik andeutet. Die vielen Jahre der Tätigkeit des Vereins für Sozialpolitik haben wohl auch diese Wirkung gehabt. Lorenz von Stein gebraucht sozial noch im lateinischen (und damit französischen) Sinne. Er schuf 1882 auch das Wort Soziale Hygiene. Es ist bezeichnend, daß eins der besten deutschen Hygienelehrbücher, das des Kölner Professors Reiner Müller (4. Auflage Berlin – München 1949) dazu die Bemerkung macht (S. 3) „als ob es eine unsoziale Hygiene geben könnte!" Soweit hat sich der Wortsinn in den 70 Jahren gewandelt. Lorenz von Stein wollte soziale Hygiene im Sinne öffentlicher Gesundheitspflege verstanden haben, im Gegensatz zu individueller Hygiene, Prof. Müller denkt an „soziale Gesinnung", Sozialpolitik usw. und nimmt als Gegensatz von sozial „unsozial". Diese Entwicklung des Wortsinnes von sozial (die Partei von Dr. Adenauer hatte Wahlplakate „Wer sozial denkt, wählt nicht sozialistisch", ein Text, der sich korrekt weder ins Französische noch ins Englische übersetzen läßt) in Deutschland hatte wohl politisch-gesellschaftliche Gründe, die etwa denen entsprechen, warum zwar das Wort Soziologie im Deutschen alt ist, aber die Wissenschaft der Soziologie sich in Deutschland nur schlecht entwickelte und noch keineswegs etwa die

---
[5] François Perroux: Les comptes de la nation, Paris 1949, S. 136.
[6] Zitiert von Fritz Schumacher im „Lesebuch für Baumeister", Berlin 1947, S. 37.

Stellung hat, die ihr in Frankreich zugebilligt wird, von den Vereinigten Staaten ganz zu schweigen. Die Deutschen hatten Staat, Volk, Nation. Sie verstanden einfach nicht die Bedeutung eines Begriffes Gesellschaft neben diesen Dingen, wozu noch der unselige Streit Gesellschaft oder Gemeinschaft kam, wieder eine anderen unverständliche „querelle d'Allemand".

Die Franzosen ihrerseits konnten den Unterschied von Nation und Staat nicht begreifen, eine école nationale ist einfach eine Staatsschule, die Bibliothèque Nationale die Staatsbibliothek, einen Unterschied von Staatsangehörigkeit und Volkszugehörigkeit zu sehen, ist den meisten Franzosen positiv unmöglich (andere wollen nicht wegen der dann sofort einsetzenden Schwierigkeiten für die „nation une et indivisible"). Nationalité ist Staatsangehörigkeit, die Forderungen der nationalen Minderheiten in Ost- und Mitteleuropa blieben unverständlich und daher ungehört, was viele Irrtümer der französischen Politik zwischen den beiden Weltkriegen erklärt. Also solche „Wortstreitigkeiten" haben schon einen Sinn. Nun wird man mir entgegnen, daß auch im Deutschen der Begriff Sozialgeographie bereits existiert. Gewiß, aber in einem sehr eingeengten Sinne. Auf dem Deutschen Geographentag in Frankfurt 1951 wurde als Sozialgeographie behandelt: die Wohndichte oder vielmehr die Wohnungsnot, die Lokalisierung von Krankheiten und Verbrechern in Stadtvierteln, die Wasserversorgungsschwierigkeiten und andere „soziale" Schäden. Wir erklären hier deutlich, daß unsere Sozialgeographie diese Dinge natürlich auch behandeln muß, aber nicht nur diese. Denn sie behandelt alle Schichten der Gesellschaft, nicht nur die unteren. Es ist freilich so, daß man als Volkskunde auch fast immer nur an das „niedere Volk" (plebs) denkt, nicht an das ganze Volk (populus). Aber gerade solche Fehler gilt es zu vermeiden.

Wenn Droysen sagt: „Natur ist das Nebeneinander des Seienden, Geschichte das Nacheinander des Gewordenen", so wird man für die Anthropogeographie oft das Nebeneinander des Gewordenen als Studienobjekt finden. Vico fand den Unterschied der Naturgeschichte und der Menschengeschichte darin, daß wir die eine gemacht haben, die andere aber nicht. Damit können wir die eine „verstehen", die andere nur erklären. Die Objekte der physischen Geographie sind höchstens erklärbar, dagegen muß die Anthropogeographie vieles durch Verstehen erklärlich machen. Victor Cousin hat gesagt: „Gib mir die Karte eines Landes, seine Bodenformen, sein Klima, seine Gewässer, seine Winde, seine natürlichen Erzeugnisse, seine Botanik, seine Zoologie und seine ganze physische Geographie, und ich verpflichte mich, dir zu sagen, was der Mensch dieses Landes sein wird, und welche Stellung dies Land in der Geschichte einnehmen wird." Dies müssen wir als geographischen Materialismus ablehnen. Aber wer würde die Richtigkeit folgender Sätze von Herder bestreiten: „Liefen die Berge, flössen die Ströme, uferte das Meer anders, wie unendlich anders hätte man sich auf diesem Tummelplatz von Nationen umhergeworfen!" Über die Beziehungen der Geschichte und der Naturumwelt ist schon viel nachgedacht worden. Berichten wir noch über einen sehr alten Vertreter dieser Gedankenwelt, Ibn Chaldun (1332 – 1406). „Ibn Chaldun betrachtet das geschichtliche Geschehen nicht direkt als Ausfluß der klimatischen und geographischen Tatsachen, vielmehr verfolgt er den Einfluß der äußeren Natur auf das geschichtliche Geschehen auf dem Umwege über die Wirtschaft. Er richtet dabei seine Aufmerksamkeit speziell auf die Ernährungs- und Lebensweise der Menschen, d. h. also auf ein Gebiet, das seiner Natur nach zwischen dem rein naturhaften Geschehen und dem auf Zwecke gerichteten und psychologisch motivierten Handeln des Menschen liegt"[7]. So werden wir bei unseren Beispielen oft die wirtschaftlichen Hintergründe des geschichtlichen Geschehens beobachten und deren geographische Bedingtheit.

Genau wie in anderen Sozialwissenschaften (siehe Maas: Geographie und Soziologie, S. 269 ff.), so scheint auch in der Anthropogeographie wenig Einigkeit über Ziel und Methoden zu herrschen. Vidal de la Blache sagt: „La géographie humaine procède de la terre à l'homme et non par la voie inverse" (Die Anthropogeographie geht von der Erde vom Menschen und nicht umgekehrt).

Demgegenüber sagt A. Hettner: „Die Betrachtung der Abhängigkeit des Menschen von der Natur darf nicht an die Natur angeknüpft, sondern muß in die Betrachtung des Menschen verlegt werden". Aber die beiden Ansichten versöhnen sich in der Äußerung von H. Lautensach: „Um die Erscheinungen der Kulturlandschaft geographisch zu erfassen, darf man weder von der Natur ausgehen, wie es Ratzel tat, noch vom Menschen selbst, wie es die Soziologen tun müssen, sondern vielmehr von eben diesen Erscheinungen der Kulturlandschaft selbst".

Betrachten wir vom Flugzeug aus irgendein Tal an der atlantischen Küste Europas, beispielsweise in Schottland, wo wegen der Zusammendrängung auf engem Raum die Dinge besonders deutlich werden. Was sehen wir? Oben auf den Bergen sind Matten, die von Hirten und Herden belebt sind. Auf unfruchtbaren Gebieten sucht der Jäger sein Wild. Unterhalb der Matten ist der Waldgürtel, in dem neben dem Jäger der Holzfäller und -bearbeiter wirkt. Noch tiefer unten haben wir die Zone des Ackerbaus, das Reich des Bauern. An der Flanke des Berges sehen wir die Eingänge eines Bergwerks, in dem der Bergmann Kohlen oder Erze fördert, letztere schon seit sehr langer Zeit, erstere seit etwa 200 Jahren. Auf dem Talboden windet sich ein Fluß, der dem Fischer Nahrung bietet. Damit haben wir die sechs Urproduktionen. Die Stadt an der Mündung des Flusses ins Meer sieht außerdem die Leute, welche die Urprodukte weiterbe-

---

[7] Kamil Ayad: Die Geschichts- und Gesellschaftslehre Ibn Halduns, Stuttgart 1930, S. 103.

arbeiten (Handwerker aller Art) und welche sich mit dem Verkauf befassen (Handel und Verkehr). Le Play studierte die Urproduktionen unter dem Gesichtspunkt von Ort, Arbeit, Familie (lieu, travail, famille), man muß dies erweitern zu Ort, Werk, Volk. Betrachtet man sehr eingehend den Ort der Beschäftigung, so haben wir wirtschafts- oder sozialgeographische Studien vor uns, überwiegt die Betrachtung der Beschäftigung als solcher, also des Werkes, so treiben wir Wirtschaftswissenschaft. Das Studium des Volkes gehört der Anthropologie, Volks- und Völkerkunde an. Alle drei Betrachtungen mit gleicher Stärke betrieben: das ist konkrete Soziologie; und da Werk und Volk unbeständiger sind als die Gegend, in der sie statthaben, können wir von Geosoziologie oder Sozialgeographie sprechen. Mit der Frage, wie sich geographische und soziologische Arbeitsweisen durchdringen müssen und damit gegenseitig befruchten, befasse ich mich seit mehr als 20 Jahren. 1938 veröffentlichte ich in der „Slavischen Rundschau" in Prag darüber einen Aufsatz mit Beispielen aus Polen. Ich druckte ihn in meinem Buche „Geographie und Soziologie", Braunschweig 1958, S. 3 – 10, wieder ab.

Kommen wir noch einmal auf den Gegensatz der Auffassungen von A. Hettner und P. Vidal de la Blache zurück. Wir glauben, daß der Streit müßig, die Frage falsch gestellt ist (wofür wir schon die Ansicht von H. Lautensach zitierten). Denn der Geograph geht vom geographischen Objekt, d. h. vom Landschaftselement aus. Das mag ein Felsen sein, eine Menschengruppe, ein Haus, ein Feld. Letzteres ist ein Teil der außermenschlichen Umwelt, z. T. der belebten Umwelt: das, was auf dem Felde wächst, die Bodenfauna und schließlich auch die Tierwelt auf und in den Anbaupflanzen, z. T. der unbelebten Natur: Boden, Staub, Regen, Schnee, Hagel, Sonne, Wind usw. Aber ein Feld ist auch ein Teil der Welt des Menschen. Vielleicht ist dies Feld vom Menschen geschaffen durch Rodung im Walde, vielleicht sogar, wie in den Terrassenkulturen, wurde es eimer- oder körbeweise dahingeschleppt, wo es nun ist. Aber selbst wenn das nicht das der Fall ist, wenn es sich also um ein „gewöhnliches" Feld handelt, das, was darauf wächst, wurde vom Menschen darauf gesäet, sicher die Anbaufrucht, oft auch das Unkraut. Und in der Anbaufrucht wird sich viel von der Kultur des Feldbestellers zeigen. Wird ein Nahrungsmittel angebaut: Weizen, Roggen, Mais, Reis, Kartoffeln, Yams, so äußert sich darin gewiß das Klima (niemand wird z. B. Reis in Ostpreußen anbauen), aber auch die Kulturverhältnisse: Kartoffeln in Bengalen beweisen die lange englische Herrschaft, Mais ebenda beweist einen Wirtschaftsstrom von Südamerika, direkt oder indirekt. Ist es kein Nahrungsmittel, sondern was die Engländer „cash crop" nennen, so sehen wir vor uns ein Problem der Weltwirtschaft, der Wirtschaftspolitik des betreffenden Staates, vielleicht sogar der Börsenspekulation, kurz, sozialer Faktoren. Geographen müssen sowohl die Naturseite wie die Kulturseite beachten, sonst sind sie keine wirklichen Geographen.

Prof. R. H. Kinvig von der Universität Birmingham schreibt: „Die Geographie, welche in moderner Auffassung ein Studium der Wechselwirkungen zwischen dem Menschen und seiner Umgebung ist, ist weit davon entfernt, statisch zu sein, sie ist vielmehr dynamisch, so daß die Geographie eines Landes sich nicht weniger ändert als seine Geschichte". (The Listener, 7. 1. 1954, S. 25).

Die Anthropogeographie hat sich von Anfang an gegen andere Wissenschaften verteidigen müssen, die glaubten, man wolle ihnen ihr Studiengebiet wegnehmen. Die Historiker haben sich allmählich beruhigt (freilich war wahrscheinlich die Folge dieses Zwistes, daß heute Historiker sich noch weniger um die geographischen Grundlagen des geschichtlichen Lebens kümmern als vorher . . .). Gegen die Soziologen sagte C. Vallaux: „Die Soziologen finden vielleicht, daß wir Einbrüche in die ihnen reservierten Gebiete machen. Ich begnüge mich, ihnen ins Gedächtnis zurückzurufen, um ihre Bedenken zu zerstreuen, daß die Geographie des Menschen nur durch die Menschen hindurch geht, um zu den Dingen zu kommen, die ihr eigentliches Objekt sind"[8]. Oder: „Die Geographie stellt sich auf den Standpunkt der Dinge und nicht auf den der Menschen, isoliert oder in Gruppen. Wenn sich im Rahmen der geographischen Synthese soziale Tatsachen zeigen wie Siedlung, Berufe und Beschäftigungen, Dichte der Menschengruppen, Teilung des Territoriums in Staaten, so betrachtet die Geographie sie nicht als Elemente mentaler Interaktion, als Kooperation oder Konflikt, sondern als Tatsachen, die die Erdoberfläche verändern und die wenig oder viel danach streben, den ‚vierten Zustand der Materie' hervorzubringen oder zu entwickeln"[9].

Dieser „vierte Zustand der Materie" von Vallaux ist etwa dasselbe, was man als Noosphäre bezeichnen kann, d. h. die vom Menschen dank seines Geistes (nous) veränderte Erdoberfläche oder mit anderen Worten die Gesamtheit aller Kulturlandschaften.

Wir gebrauchten eben den Plural „Kulturlandschaften". Es handelt sich hier um eine grundsätzliche Frage. Wir sprechen im Deutschen von den Kulturlandschaften, also in der Mehrzahl, die Franzosen sprechen von paysage humanisé („vom Menschen geprägte Landschaft"), also in der Einzahl. Wir Deutschen haben also die Vorstellung, daß es viele Kulturlandschaften, entsprechend den einzelnen Volkskulturen gibt, während die Franzosen den Gegensatz zur Naturlandschaft hervorheben.

Über den in diesen verschiedenen Bezeichnungen sich ausdrückenden Gegensatz in der Geisteshaltung der Deutschen und Franzosen vergleiche

---
[8] Camille Vallaux: Les sciences géographiques, Paris 1929, S. 203.
[9] Ebenda, S. 396.

man Maas: „Europäisches Bauernleben einst und jetzt", Braunschweig 1959, S. 75 – 78. Wir wehren uns dort auch gegen die Idee, alle Unterschiede im Aussehen verschiedener Landschaften und Städte einfach aus dem „Nationalcharakter" erklären zu wollen. Zu sehr spukt noch die Kulturraumidee, das übertriebene Hinweisen auf die Verschiedenheiten der Kulturlandschaften. Weitgehend ist es eine Folge der Blickenge. Man muß in den Wüsten Nordafrikas oder des Pandschabs, in den Hochgebieten des Kaukasus oder des Himalaja, in den Urwäldern Ceylons oder Assams gestanden haben, um zu sehen, daß es bei aller Verschiedenheit der Kulturlandschaften doch den großen Gegensatz zwischen einer vom Menschen überhaupt, irgendwie geformten oder von ihm völlig unbeeinflußten Landschaft gibt, daß es eben le paysage humanisé *vor* allen Kulturlandschaften gibt.

Der Mensch lebt nicht vom Brot allein, dieser Satz gilt auch für seine Umgestaltung des Landschaftsbildes. Sicher spielen die Felder, Gärten, Wiesen, Weinberge und ähnliche, der Ernährung gewidmete Dinge, die Fabriken und Verkehrseinrichtungen eine gewaltige Rolle im Landschaftsbild, ebenso die Häuser, die dem Wohnbedürfnis dienen. Aber schon Burgen dienen nicht nur diesem, sondern auch dem Macht- und Verteidigungswillen, Kirchen und Tempel geben in den verschiedensten Klimaten dem Ausdruck, daß der Mensch Überirdisches verehrt, auch Friedhöfe wird man kaum als nur utilitär betrachten können. Aber selbst Gesetze können sich im Landschaftsbild widerspiegeln. Beispiele gaben wir „Geographie und Soziologie" S. 216 ff.

Aber wo bleibt die sozialgeographische „Doktrin"? In Gefangenschaft 1944/45 verfaßte ich ein Buch „La Géographie sociale, ses problèmes et méthodes". Ich habe diese Schrift übersetzt und Teile daraus in meinem Buche „Geographie und Soziologie", Braunschweig 1958, veröffentlicht. Ich weise besonders auf folgende Abschnitte hin: Das Wesen der Sozialgeographie (S. 40 – 47), Die Geographie als eine Wissenschaft vom Menschen (S. 48 – 63), Von den sozialen Gruppen (S. 64 – 69), Die abnehmende Isolierung (S. 70 – 87), Die gegenseitige Abhängigkeit der Menschen (S. 88 bis 95), Die Menschen als solche (S. 96 – 132), Psychologische Geographie (S. 133 – 149), Der Mensch als Faktor der physischen Geographie S. 150 bis 164), Einflüsse des Volkstums auf die Landschaft (S. 238 – 246)[10]. Weitere Abschnitte aus der genannten französischen Schrift veröffentlichte ich anderswo, nämlich in meinem Buche „Europäisches Bauernleben einst und jetzt", Braunschweig 1959, die Kapitel „Sozialgeographische Beobachtungen in Frankreich" (S. 7 – 28), „Honoré de Balzac als Sozialgeograph" (S. 58 – 62), „Wie wird Schottland später aussehen?" (S. 85/86), „Die Orts-

---

[10] Vgl. die Besprechung von „Geographie und Soziologie" durch Prof. W. Ziegenfuss in Schmollers Jahrbuch 1959, 79. Jg., 5. Heft, S. 97 – 99.

namenkunde als Hilfswissenschaft der Sozialgeographie" (S. 165–174) und in meinem Buche „Bauernleben in Mittel-, Nord- und Osteuropa", Braunschweig 1960, die Kapitel „Glebae adscriptus, die Lage jedes Menschen" (S. 5–7), „Die drei Umwelten" (S. 8–24), „Programm für einen der Sozialgeographie Polens im 20. Jahrhundert gewidmeten Atlas" (S. 25–31).

Weitere Beiträge zu meiner sozialgeographischen „Doktrin" habe ich in meinem Buche „Zur Siedlungskunde des Warthe-Weichsellandes", Marburg 1961, S. 6–8 aufgeführt. Man vergleiche aber vor allem den Beitrag von Ernst Winkler „Zur Systematik der Sozialgeographie" in der von Fritz Wenzel herausgegebenen Festschrift zu meinem 60. Geburtstag „Geographie, Geschichte, Pädagogik", Göttingen 1961, S. 215–222.

Carl Ritter und Alexander von Humboldt gelten mit Recht als die Wiedererwecker der Geographie im 19. Jahrhundert. Als Väter der Anthropogeographie kann man Friedrich Ratzel und Paul Vidal de la Blache auffassen, der eine war Völkerkundler, der andere Historiker, also beide Vertreter von Wissenschaften, in denen die Differenziertheit der Menschheit besonders hervortritt. Trotzdem sprechen beide dauernd einfach vom Menschen und dessen Tätigkeit. Wir antworten darauf mit Joseph de Maistre (1753–1821): „Il n'y a pas d'homme dans l'univers. J'ai vu des Français, des Italiens, des Russes, mais quant à l'homme je ne l'ai pas rencontré dans toute ma vie". (Es gibt keinen Menschen auf der Erde. Ich sah Franzosen, Italiener, Russen, aber einen Menschen als solchen habe ich in meinem ganzen Leben nicht getroffen.) Zitieren wir schließlich noch einen der größten modernen amerikanischen Geographen, I. Bowman: „It is always a particular man, with specified needs and with an outlook and a purpose that is in a given environment, not just man as a biological organism. It follows that the natural environment is always a different thing to different groups". (Es ist immer ein bestimmter Menschentyp mit besonderen Bedürfnissen, mit Ansichten und Absichten, d. h. in einer bestimmten Umgebung und nicht bloß ein Mensch als biologischer Organismus. Daraus folgt, daß natürliche Umwelt immer etwas Verschiedenes ist für verschiedene Gruppen)[11].

Im Sommer 1958 wurde an der Sorbonne ein neues Examen eingeführt, die Licence de Sociologie. Das Unterrichtsministerium gab dazu bekannt: „Die Vorbereitung zu dieser Licence setzt die Zusammenarbeit zwischen Philosophischer und Rechts- und Wirtschaftswissenschaftlicher Fakultät voraus. So fallen allmählich die einst willkürlich errichteten Schranken zwischen verschiedenen Fachgebieten, die heute für unhaltbar angesehen werden".

---
[11] I. Bowman: Geography in its relation to the Social Sciences, New York 1934, S. 11.

Pierre Drouin, Wirtschaftsredakteur von „Le Monde", bemerkt dazu in seinem Blatte (21.—27. 8. 1958): „Seit langer Zeit schon fühlte man die Notwendigkeit, die verschiedenen Wissenschaften einander nahezubringen, deren Hauptobjekt das Verhalten des Menschen in der Gruppe ist. Die Reaktion der ‚historischen Schule' am Ende des vorigen Jahrhunderts gegen die klassischen Nationalökonomen hatte schon das Ziel, den Kreis zu erweitern, in dem sich die Schüler von Ricardo wohlgefällig einschlossen, und den ‚Hampelmann' zu erschüttern, der ihren Demonstrationen diente und der angeblich lediglich durch das wohlverstandene rationelle wirtschaftliche Interesse bewegt wurde. Heute sind es nicht nur die Lehrsätze der reinen Nationalökonomie und des homo oeconomicus, die eine kräftige gedankliche Gegenbewegung hervorrufen, sondern auch der Mensch der Ökonometrie. Hier handelt es sich nicht mehr um ein abstraktes Wesen, sondern um ein Produkt der Synthese, Frucht der Statistik, das Epsilon, das aus Zehntausenden von empirischen Feststellungen hervorgeht. Wie soll man alle diese künstlichen Wesen loswerden, die aus überspannten Unternehmungen der Deduktion oder Induktion gewisser Nationalökonomen hervorgehen? Das beste Mittel ist zweifellos, den Wirtschaftswissenschaften etwas Luft zu schaffen, Gesichtswinkel zu suchen, die gewöhnlich anderen Wissenschaften angehören, hinter den Erscheinungen, die allein in den Netzen der Statistik eingefangen werden, die tiefliegenden Beweggründe des wirtschaftlichen Verhaltens zu finden, die bisher nur den Untersuchungen der Psychologen überlassen waren".

Soweit Drouin. Geht man diesen Weg, den auch wir für richtig halten, so wird man freilich bald feststellen, daß es weder den homo oeconomicus, noch den homo psychologicus gibt, überhaupt nicht *den* Menschen, sondern nur die Menschen, daß also Gruppenpsychologie betrieben werden muß, z. B. Stammespsychologie und Völkerpsychologie. Daher habe ich in der Zeitschrift des Instituts für Wirtschaftssoziologie und Völkerpsychologie in Le Havre (dessen Korrespondierendes Mitglied ich bin), also in der „Revue de Psychologie des Peuples" seit 1951 Beiträge zur Charakterisierung der Polen, Inder, Engländer, Spanier, Brasilianer veröffentlicht. Man wird aber auch, allen Beteuerungen des Gegenteils z. B. durch die Schule von Schelsky zum Trotz, finden, daß die verschiedenen sozialen Klassen sich wirtschaftspsychologisch ungleich verhalten. Dazu zwei Zitate von Montaigne (Essais, Buch III, Kap. XIII): „Ihr macht einen Deutschen krank, wenn ihr ihn auf einer Matratze schlafen läßt, wie einen Italiener auf Federn und einen Franzosen ohne Vorhang und Feuer. Der Magen eines Spaniers hält unsere Art zu essen nicht aus, wie der unsere, auf Schweizer Art zu trinken". Er legt also den Nachdruck auf den völkischen oder geographischen Faktor (wie auch in dem Abschnitt über die Heizung, der gleich danach steht), aber ein wenig weiter finden wir diese Zeilen: „Betrachtet den Unterschied zwischen der Lebensweise meiner Knechte und der meinen: die Skythen und die Indianer haben nichts, was von meiner Stärke und Form entfernter wäre".

Aber drittens, und das ist hier das Wichtigste, man wird das Verhalten des Menschen, des wirtschaftlichen wie des historisch handelnden, nicht verstehen können, wenn man nicht die natürliche Umwelt untersucht, in der er handelt. Und so werden letzten Endes alle diese Untersuchungen auf die Sozialgeographie hinführen.

In dem genannten Aufsatz zitiert Drouin einen Satz von Henri Bartoli: „Der Mensch ist nicht nur ein Subjekt, welches beobachtet und den Determinismus seiner Phänomene kennt. Er ist auch das Subjekt, welches – mit den Dingen – dazu beiträgt, sie zu determinieren". Das heißt für uns: Die Menschen machen die Landschaft nach ihrem eigenen Bild. So wie sie sind, gestalten sie die Erde, ihre Erde.

Wie sie dies in verschiedenen Ländern Europas taten, wie Europa als ihr Erziehungshaus wirkte, wie sie dies Erziehungs- und Wohnhaus umbauten, das wollen wir an Beispielen studieren.

Einführung in die Sozialgeographie

Die Anthropogeographie oder Erdkunde des Menschen untersucht zwei Fragenkreise, einmal die Einflüsse der Landschaft auf den Menschen, dann die Einflüsse des Menschen auf die Landschaft.

Schon die Griechen, dann in neuerer Zeit Montesquieu, Herder, Ernst Curtius und besonders Ritter haben auf die Einflüsse der Landschaft auf den Menschen, seinen Charakter, seine Geschichte, seine Wirtschaft hingewiesen. Hier wird der Mensch vor allem als Einzelwesen behandelt, wie wirken die Kräfte der Natur auf das Individuum, und die Wirkungen auf ganze Völker werden dann nur als Summe der Wirkungen auf die Einzelnen aufgefaßt. Leider wissen wir sehr wenig Positives über die genauen Einwirkungen von Klima und Landschaft auf den Menschen, Hellpach hat in seinem Buche „Die geopsychischen Erscheinungen," (Heidelberg 1911) das Wenige, was wir sicher wissen, zusammengestellt, L. Fèbvre hat in seinem Buche „La Terre et l'évolution humaine" (Paris 1922) gezeigt, daß sicher Wirkungen der Landschaft auf den Menschen vorhanden sind, daß wir aber bisher nicht in der Lage sind, diese gesetzmäßig zu formulieren, daß es zuviele Faktoren sind, die wirken oder wirken könnten, die zu studieren sind, daß die Verhältnisse also ungewöhnlich verwickelt sind.

Besser steht es mit dem Studium der Einwirkungen des Menschen auf die Landschaft, schon Buffon hat sich damit befaßt, Engländer und Amerikaner haben Bücher „über den Menschen als geographischen Faktor" geschrieben, in neuester Zeit hat E. Fels eine schöne Schrift „Der Mensch als Gestalter der Erde" (München 1935) vorgelegt[1]. Der Einzelne, ein Robinson auf seiner Insel, ist kein geographischer Faktor. Erst die Vereinigung der Menschen, der Mensch in der Gemeinschaft, das zoon politikon, der vergesellschaftete Mensch ist ein geographischer Faktor, ändert die Landschaft sichtbarlich um. Doch wäre es falsch, unter Sozialgeographie nun diesen ganzen Fragenkomplex abhandeln zu wollen, da dann die Anthropogeographie fast ihres gesamten Inhalts entleert würde. Unter Sozialgeographie wollen wir nicht das Studium der Wirkungen des vergesellschafteten Menschen auf die Landschaft an sich verstehen, sondern das Studium der Fragen, wie eine bestimmte Form der Gemeinschaftsbildung, der Vergesellschaftung sich in der Landschaftsgestaltung auswirkt. Daß es irgendwo Felder und landwirtschaftliche Gebäude gibt, ist eine landschaft-

---

[1] Neue Auflage 1954 unter dem Titel „Der wirtschaftende Mensch als Gestalter der Erde".

liche Wirkung vergesellschafteter Menschen, aber wenn wir bemerken, daß es in einer Gegend ganz kleine Felder und Häuschen gibt, in einer anderen große Schläge und Gutshöfe, so haben wir hier Einflüsse der Sozialordnung vor uns, Kleinbauerntum oder Großgrundbesitz. Man kann weiter gehen: daß es im Reg.-Bez. Stralsund, dem ehem. Schwedisch-Vorpommern, weit mehr Großgrundbesitz gibt als in anderen Teilen Pommerns (1882: Reg.-Bez. Stralsund 76% der Fläche gehört dem Großgrundbesitz, 50,6% im Reg.-Bez. Stettin) hat seine Hauptursache darin, daß dies Gebiet nicht teilhatte an der Bauernschutzgesetzgebung der preußischen Könige, gewiß ein Kapitel einer Sozialgeographie. In meinem Aufsatz „Geographie und Soziologie" (Slavische Rundschau, Mai 1938)[2] habe ich einige Beispiele aus Polen gegeben, wie Sozialtatsachen sich in der Landschaft widerspiegeln, also Studienobjekte der Sozialgeographie sind.

Man könnte noch eine andere Art sozialgeographischer Studien sich vorstellen, die Frage, wie weit umgekehrt soziale Verhältnisse durch natürliche Umstände begründet sind. Wir erinnern an die Formulierungen: Kastenwesen unter der Herrschaft der Monsunwinde, Kleinstaaterei wegen der Ineinanderschachtelung von Kleinräumen, Gebirgsschwellen usw. Manche Geopolitiker haben hier ihr Lieblingsbetätigungsfeld gefunden, aber ich glaube, man muß hier sehr vorsichtig sein, wie Kant sagt, der eine versucht den Bock zu melken und der andere hält ein Sieb darunter ...

Es ist gesagt worden (Dt. Forschung im Osten 1942, S. 3 ff.), die wirtschaftsgeographische Forschung im Deutschen Reiche habe 1918 – 1939 folgende Stadien durchlaufen: 1. Verbreitungslehre, 2. Bedingtheitslehre, 3. Wechselwirkungslehre, 4. Wirtschaftslandschaftsforschung. Natürlich glaubte jedes Stadium, das letzte Wort gesprochen zu haben und die vorherigen Stadien absolut überwunden und ad acta gelegt zu haben. Es ist aber zu sagen, daß eins aus den anderen eigentlich erwächst: ohne Kenntnis der Verbreitung gewisser Erscheinungen wird man kaum eine Bedingtheit derselben feststellen können. Bedingtheit aber heißt sehr oft wechselseitige Bedingtheit und Wirkung, und durch die Faktoren Verbreitung, Bedingtheit, Wechselwirkung wird das Studium der Wirtschaftslandschaft erst ermöglicht.

Auch in der Sozialgeographie kann man solche Stufen unterscheiden. Einmal wird man die Verbreitung gewisser Erscheinungen studieren, sozialgeographische Komplexe auszuscheiden suchen. „Die Engländer sind Seeleute, weil sie auf einer Insel wohnen". Das ist primitiver geographischer Determinismus, dem entgegen zu halten ist, daß Jahrhunderte lang die Schiffahrt um England nicht von Engländern, sondern von der Hansa, den Holländern und anderen ausgeführt wurde, daß eine englische Flotte eigentlich erst seit der Navigationsakte besteht. Besser ist schon die Fest-

---

[2] Wiederabgedruckt „Geographie und Soziologie", Braunschweig 1958, S. 3 – 10.

stellung Michelets zu Beginn seiner Vorlesungen über England im Collège de France: „L'Angleterre c'est une île", und dann entwickelt er die Wechselwirkung dieses Tatbestandes und des englischen Nationalcharakters. Eine andere Vorlesung von ihm fängt an: „L'Angleterre ce bloc de fer et de charbon", hier hätten wir also den Beginn einer Wirtschaftslandschaftsforschung vor uns.

Die Bedingtheit, aber die tatsächliche, oft eben nicht Naturbedingtheit sondern Sozialbedingtheit, festzustellen, ist Aufgabe sozialgeographischen Forschens. Dabei wird sich dann oft eine Wechselwirkung feststellen lassen. Die Alten redeten vom Einfluß der Natur auf den Menschen, auch Montesquieu und Herder taten das noch, aber der gleichzeitige Buffon sieht schon den Menschen als geographischen Faktor, als Umgestalter der Erde. Dazu ein längeres Zitat:

„Der Mensch sagt: Die rohe Natur, die Natur an sich ist scheußlich und sterbend, nur kann man sie angenehm und lebendig machen, laßt uns diese Sümpfe austrocknen, beleben wir diese toten Gewässer, indem wir sie ablaufen lassen, machen wir Bäche und Kanäle daraus, benutzen wir dies aktive und verzehrende Element, das man uns verbarg und das wir nur uns selbst verdanken: legen wir Feuer an in diesem nutzlosen Dickicht, in diesen alten, schon halb verzehrten Wälder; mit dem Eisen wollen wir da das vollenden, was das Feuer nicht verzehrt hat; bald werden wir an Stelle der Binsen und der Teichrose, aus der die Kröte ihr Gift saugte, den Hahnenfuß, den Klee, die sanften und heilsamen Kräuter sehen; Herden von hüpfenden Tieren werden diese einst unzugängliche Landstelle betreten, sie werden hier eine ausreichende Nahrung finden, ein sich stets erneuerndes Futter, sie werden sich vermehren und weiter vermehren, bedienen wir uns dieser neuen Gehilfen, um unser Werk zu vollenden, der Ochse soll ins Joch gespannt, seine Kräfte und sein Gewicht anwenden, um die Erde zu pflügen, sie soll durch die Kultur verjüngt werden, eine neue Natur wird unter unseren Händen entstehen.

Wie schön ist diese kultuvierte Natur! Wie ist sie durch die Pflege des Menschen prangend und prächtig geschmückt! Er selbst ist ihre schönste Zierde, das edelste Erzeugnis, wenn er sich vermehrt, vermehrt er den kostbarsten Keim. Auch sie scheint sich mit ihm zu vermehren, er bringt durch seine Kunst all das zu Tage, was sie in ihrem Schoße verbarg, welch unbekannten Schätze, welch neue Reichtümer! Die Blumen, die Früchte, die Körner sind veredelt und unendlich vermehrt, die Arten nützlicher Tiere werden versandt, verbreitet, vermehrt, zahllos, die schädlichen Arten eingeengt, vermindert, verbannt; das Gold, und, viel nötiger als das Gold, das Eisen wird dem Innern der Erde entrissen, die Sturzbäche werden verbaut, die Flüsse verengt, geleitet, selbst das Meer wird unterworfen, erforscht und von Halbkugel zu Halbkugel durchsegelt. Die Erde ist überall zugänglich und überall lebendig und fruchtbar gemacht, in den Tälern blühende Wiesen, in den Ebenen reiche Weiden oder noch reichere Ernten, die Hügel mit Reben und Früchten bedeckt, ihre Gipfel gekrönt von Nutzbäumen und jungem Wald, die Wüsten wurden Städte, von einem gewaltigen Volke bewohnt, welches, ohne Unterlaß beweglich, von diesen Zentren bis zu den äußersten Enden sich verbreitet. Straßen wurden gebaut und viel benutzt, Verbindungen überall hergestellt als Zeugen der Kraft und der Einheit der Gesellschaft. Tausend andere Denkmäler der Macht und des Ruhmes zeigen, daß der Mensch, der Beherrscher der Erde, ihr gesamtes Antlitz veränderte und daß für alle Zeit er die Herrschaft mit der Natur teilt.

Indessen, er regiert nur durch das Recht des Eroberers, er genießt mehr als daß er besitzt, er bewahrt nur durch ständige Pflege, wenn diese aufhört, erlahmt alles, ändert sich alles, verdirbt alles, kehrt alles in die Hand der Natur zurück, sie ergreift wieder ihre Rechte, löscht die Werke der Menschen aus, deckt mit Staub und Moos seine prächtigsten Denkmäler zu, zerstört sie im Laufe der Zeit und läßt ihm nur das Bedauern, durch seine Schuld verloren zu haben, was die Ahnen durch ihre Arbeit gewannen. Die Zeiten, in denen der Mensch seine Herrschaft verliert, diese Jahrhunderte der Barbarei während deren alles verkommt, werden stets durch Kriege eingeleitet und kommen mit Hungersnot und Entvölkerung"[3].

Dieser Unterschied der rohen und vom Menschen beeinflußten („kultivierten") Natur, bei sichtbarer Höherschätzung letzterer, wie sie sich z. B. auch in der französischen Landschaftsgärtnerei zeigt, führt in direkter Linie zur Idee des „paysage humanisé" von P. Vidal de la Blache.

Andrerseits lassen sich diese Ansichten über Fichte zurück bis auf Bossuet verfolgen, worüber zwei Zitate: „Die Natur ist roh und wild ohne Menschenhand, und sie sollte so sein, damit der Mensch gezwungen würde, aus dem untätigen Naturzustande herauszugehen und sie zu bearbeiten – damit er selbst aus dem bloßen Naturprodukte ein freies vernünftiges Wesen würde" (Fichte)[4].

„Der Mensch hat beinahe das Antlitz der Welt verändert, er hat durch den Geist die ihm an Kraft überlegenen Tiere zu zähmen, ihre rohe Sinnesart in Zucht zu nehmen und ihrer ungelehrigen Freiheit Zwang anzutun gewußt, sogar die unbelebte Schöpfung hat er durch Geschicklichkeit zum Nachgeben bewogen. Hat er die Erde nicht durch seinen Fleiß gezwungen, ihm bekömmlichere Nahrung zu geben, die Pflanzen, ihre beißende Säure zu seinen Gunsten zu mildern, ja sogar die Gifte, sich ihm zuliebe in Heilmittel zu verkehren? Es wäre müßig, Euch zu schildern, wie er die Ele-

---

[3] Buffon: Morceaux choisis par A. M. Petitjean, Paris 1939, S. 69/70.
[4] Fichte: Über die Bestimmung des Gelehrten, 5. Vorlesung. Inselbücherei-Ausgabe, S. 52.

mente zu mäßigen versteht, nach so vielerlei Wundern, die er alltäglich mit den ungefügigsten unter ihnen bewirkt, ich will damit sagen: mit dem Feuer und dem Wasser, den beiden großen Feinden, die dennoch in so nützlichen und notwendigen Verrichtungen zusammen wirken, um uns zu dienen" (Bossuet)[5].

Geben wir noch ein Zitat aus Buffon: „Das gesamte Antlitz der Erde trägt heute die Prägung der Macht des Menschen, welche, obwohl sie der Natur untergeordnet ist, oft mehr als diese gemacht hat oder zumindest sie so wunderbar unterstützt hat, daß sie sich in ihrer ganzen Ausdehnung mit Hilfe unserer Hände entwickelt hat . . . Durch die Arbeit des Menschen wurden die Sümpfe ausgetrocknet, die Flüsse gezähmt, ihre Stromschnellen beseitigt, die Wälder gelichtet, die Ödländer angebaut"[6].

Vgl. eine ähnliche Stelle bei Johann Christoph Gottsched. Dieser sagte 1730: „Ich erblicke ein ganz besonderes Geschöpf . . . Es zwingt Felsen und Ströme, ihm zu Gebote zu stehen, es wirft Berge auf, wo es will; und wo es ihm beliebt, da füllt es Täler aus; es baut Schlösser und Städte von gewaltiger Dauer und Größe; es reutet Wälder aus und pflanzt sich neue. Es ahmt den Donner nach und löscht die wütende Glut der Blitze aus, die seine Wohnungen verzehren wollen, es hemmt die Wellen der See durch dauerhafte Dämme und überschwemmt zuweilen ganze Landschaften durch Schleusen; es überschreitet die Grenzen des trockenen Landes und fährt mit den Flügeln des Windes über die Meere; es schifft über fast unermeßliche Seen und dringt in Länder, die in den entlegensten Weltgürteln liegen; weder die brennende Luft der heißen, noch der grimmige Frost der kalten Himmelsstriche setzt die Einwohner derselben aus aller Verbindung; ja es gräbt in die Klüfte der Erden, um die Eingeweide seiner Mutter zu kennen, und steigt gen Himmel, die Gestirne samt ihrem Laufe zu messen." „Er dringt endlich auch in die verflossenen Zeiten zurück und verkündigt, was künftig kommen soll. Kurz, alles macht sich der Mensch unterwürfig, alles muß sich zu seinem Nutzen brauchen lassen. Erstaunenswürdiger Anblick! Wie kann immermehr ein so schwaches Geschöpf solche Wunder ausrichten! Wie kann doch ein so kleines Tier sich zum Meister und Herrn des ganzen Erdbodens machen? Die Vernunft, meine Herren, bloß die Vernunft ist dasjenige, was den Menschen zum Könige aller andern Tiere gemacht hat. Die Vernunft ist das Werkzeug, wodurch er alle seine erstaunlichen Taten tut. Durch sie vermag er alles und ohne sie würde er nichts auszurichten vermögend sein. Durch ihren Dienst erfindet er die Künste und Wissenschaften, die zu seinem Unterhalte und zur Bequemlichkeit dienen; durch sie unterwirft er sich die

---

[5] Bossuet: Sermon sur la mort, 22. 3. 1662. Deutscher Text von L. Bertelsmann in Gauthier: Von Montaigne bis Valéry, Reutlingen 1948, Bd. I, S. 111.
[6] Buffon, a.a.O., S. 289.

Natur; durch sie herrscht er über Wind und Wellen, über Berg und Tal, über Felsen und Wald, über Stein und Metall, über Pflanzen und Ungeziefer, über Vögel und Fische, über zahme und wilde Tiere" usw.[7].

Aber kehren wir zu Buffon zurück. Einige Zeilen nach den zuletzt zitierten zeigt er sich als wirklicher Sozialgeograph, es heißt dort:

„Vergleichet die rohe Natur mit der kultivierten Natur; vergleichet die kleinen wilden Völker Afrikas mit unseren großen zivilisierten Nationen, vergleichet sie selbst mit denen in Afrika, die nur halbzivilisiert sind; sehet zu gleicher Zeit den Zustand der Ländereien, wo diese Völker leben, ihr werdet leicht über den geringen Wert urteilen, den diese Menschen haben nach dem geringen Eindruck, den ihre Hände auf den Boden gemacht haben, sei es Dummheit, sei es Faulheit, diese halbrohen Menschen; diese halbzivilisierten Völker, ob groß ob klein, belasten nur die Erde, ohne ihr Erleichterung zu gewähren, sie hungern sie aus, ohne sie zu befruchten, sie zerstören, ohne aufzubauen, sie nutzen alles ab, ohne irgend etwas zu erneuern"[8].

„Wenig zivilisiert, daher geringer Einfluß auf die Landschaft", hier können wir direkt von Soziallandschaften sprechen. Dieser Begriff wird bereits von russischen Schriftstellern angewandt, z. B. Šir'ajev „Smolensk i ego social'ny landšaft v XVI – XVII veke", Smolensk 1931. Es ist freilich zu sagen, daß hier infolge des Einflusses des historischen Materialismus unter Sozialem nur eine Funktion des Wirtschaftlichen verstanden wird, daher z. B. das Nationale in den verschiedenen Kulturlandschaften nicht gesehen werden kann. Andere Bedenken sind gegen Hampe's „ökonomische Landschaft" (z. B. Holland) anzumelden.

Reclus sagte 1864: „Alle Geschichtstatsachen werden größtenteils durch die Anordnung des geographischen Schauplatzes erklärt, auf dem sie sich abspielten; man kann sogar sagen, daß die Entwicklung der Menschheit vorgezeichnet war in erhabenen Buchstaben auf den Hochflächen, Tälern und Gestaden unserer Kontinente. Diese Wahrheiten sind übrigens fast banal geworden, seitdem ein Humboldt, ein Ritter, ein Guyot in ihren Arbeiten die Solidarität des Menschen und der Erde aufgedeckt haben"[9]. Wir würden heute das kaum noch so uneingeschränkt unterschreiben. Als diese Zeilen geschrieben wurden, war Friedrich Ratzel 20 Jahre alt, 35 Jahre später schrieb er „La société est l'intermédiaire par lequel l'Etat s'unit au sol"

---
[7] Zitiert von Philipp Hofstötter: „Altpreußische Prosa", Königsberg 1943, S. 20 – 22.
[8] Buffon, a.a.O., S. 289/290.
[9] Revue des deux Mondes, 1864 Dez., S. 762 – 771, in einem Aufsatz mit dem vielversprechenden Titel „De l'action humaine sur la géographie physique", freilich handelt es sich dann nur um die Besprechung des Buches von George P. Marsh: „Man and Nature or Physical Geography as modified by human action", London 1864, welches ich selbst nicht habe durchlesen können.

(L'Année Sociologique III, 1898/99, S. 10). Über das Verhältnis von Geographie und Soziologie gerade in dieser Hinsicht vergleiche man den einleitenden Abschnitt meiner Schrift „Géographie et Sociologie", Moulins 1940[10].

Die gegenseitigen Einflüsse von Boden und Sozialleben, genauer gesagt Sozialtechnik auf die einzelnen Wirtschaftsformen kann man schematisch so darstellen:

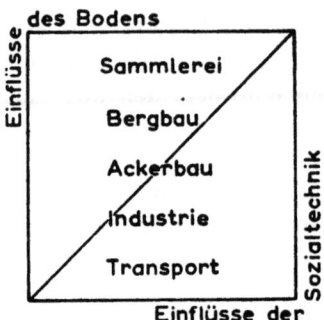

Wenn man unter Klima mit Herder nicht nur wie heute Temperatur, Niederschlag, Wind usw. versteht, sondern auch deren Wirkung auf die Pflanzen- und Tierwelt, so kann man folgende Zeilen aus den „Ideen zur Philosophie der Geschichte der Menschheit"[11] als sozialgeographisch bezeichnen: „Europa war vormals ein feuchter Wald, andere jetzt kultuvierte Gegenden waren es nicht minder, es ist gelichtet, und mit dem Klima haben sich die Einwohner selbst geändert. Ohne Polizei und Kunst wäre Ägypten ein Schlamm des Nils geworden; es ist ihm abgewonnen, und sowohl hier als im weiteren Asien hinauf hat die lebendige Schöpfung sich dem künstlichen Klima bequemt. Wir können also das Menschengeschlecht als eine Schar kühner, obwohl kleiner Riesen betrachten, die allmählich von den Bergen herabstiegen, die Erde zu unterjochen und das Klima mit ihrer schwachen Faust zu verändern".

Das ist nun sehr das 18. Jahrhundert, d. h. starker Optimismus. Der Mensch hat weitgehend die Erdoberfläche verändert, aber keineswegs immer zum Vorteil. Der Russe Woeikoff fragte (ohne übrigens wirklich zu antworten) schon 1901 in den „Annales de Géographie" (S. 207 ff.): „Warum ist der Einfluß des Menschen auf die Natur so oft verderblich?" Im selben Aufsatz (S. 100) findet sich die Zeile: „Dort, wo der Mensch keinen Einfluß ausübt, gibt es ein gewisses Gleichgewicht zwischen den Kräften,

---

[10] Französisch in „Géographie et Sociologie", Moulins 1940, S. 5–19, deutsch in „Geographie und Soziologie", Braunschweig 1958, S. 11–25.
[11] Herder: Ideen zu einer Philosophie der Geschichte der Menschheit. Herausgegeben von Ada Beil. Berlin 1925, S. 124.

welche die gegenwärtige Bodenoberfläche zu zerstören, zu zerfurchen trachten und denen, welche sie zu bewahren suchen, zu schützen vor der Schluchten- und Furchenbildung". Seither hat die „soil erosion", die Bodenzerstörung in den Vereinigten Staaten, in Rußland, in Australien weitere Fortschritte gemacht[12], ebenso die Ödlandbildung durch sinnlose Entwaldung, so daß der unheilvollen Einflüsse des Menschen auf die Erdoberfläche ebenso zu gedenken ist wie der sinnvollen und wohltätigen. Beides heißt „Wirtschaftsleben"[13].

In meinem Buche „Europäisches Bauernleben" habe ich (S. 58 – 61) Honoré de Balzac als Sozialgeographen vorgeführt, indem ich einige Seiten aus dem „Landarzt" abdruckte. Man könnte nun der Meinung sein, die starken Veränderungen im Antlitz des Tales wären einzig und allein von der Tätigkeit des Landarztes gekommen, es läge also keine „Sozialgeographie" vor. Dem ist nicht so, wenn man näher hinsieht, so ist zwar der Arzt als „Initialzündung" unentbehrlich, dann aber handelt es sich um das Zusammenwirken einer Menschengruppe, nämlich der „erwachten" Bauern dieses Alpentales. Nehmen wir nun den „Dorfpfarrer" („Curé de Village") desselben Honoré de Balzac zur Hand. Wir finden da diese Zeilen: „Sie sehen den Einschnitt der drei Täler, deren Gewässer in den Bergbach Gabou fließen. Dieser Bergbach trennt den Wald von Montegnac von der Gemeinde, die hier an die unserige heranreicht. Der Bergbach liegt im September und Oktober ganz trocken, aber im November führt er viel Wasser. Dies Wasser, dessen Menge man durch Arbeiten im Walde vermehren könnte, um nichts sich verlieren zu lassen und selbst die kleinsten Quellen zu vereinigen, dient zu garnichts. Aber machen Sie zwischen den beiden Hügeln des Bergbaches ein oder zwei Stauwehre, um das Wasser zurückzuhalten, um es zu bewahren, wie Riquet es in St. Faréol getan hat, wo man gewaltige Reservoire geschaffen hat zur Speisung des Kanals des Languedoc, dann können Sie diese unbestellte Ebene fruchtbar machen mit dem weise in Gräben verteilten und durch Wehre zurückgehaltenen Wasser, welches zur richtigen Zeit vom Boden absorbiert würde und dessen Überfluß in unseren Bach geleitet werden könnte. Man würde schöne Pappeln entlang all dieser Kanäle pflanzen und man könnte auf den schönsten Wiesen Vieh züchten. Was ist Gras? Sonne und Wasser. Es gibt in diesen Ebenen genug Boden, um Gras sich verwurzeln zu lassen, das Wasser würde den Tau liefern, der den Boden fruchtbar macht, die Pappeln würden sich ernähren und würden die Nebel festhalten, deren Bestandteile von allen Pflanzen aufgenommen würden; das ist das Geheimnis der schönen Vegetation in diesen Tälern. Eines Tages würden Sie Leben, Freude, Bewegung dort sehen, wo jetzt Schweigen herrscht und der

---

[12] Vgl. Maas: Geographie und Soziologie, S. 36 – 38.
[13] Siehe auch das Einleitungskapitel „Sozialgeographie" in meinem Buche „Zur Siedlungskunde des Warthe-Weichsellandes", Marburg 1961, S. 1 – 5.

Blick traurig wird infolge der Unfruchtbarkeit"[14]. Einsame Träume eines Mannes? Zunächst gewiß. Aber zur Verwirklichung bedürfte es der Arbeit einer Menschengruppe. Wie sehr Balzac die Wirkung der Arbeit einer Menschengruppe im Landschaftsbild zu spüren weiß, dafür noch dieses Zitat: „Unter dem Einfluß des Friedens hat sich die Bevölkerung von Paris von 1815 bis 1830 um mehr als ein Drittel vermehrt. Da diese Bevölkerung mit Holz heizte, wurden die Wälder an der Yonne und ihren Nebenflüssen abgeholzt, was zu starken Veränderungen in der Landschaft führte" (die dann im einzelnen geschildert werden). Das steht im 4. Kapitel der zweiten Hälfte der „Bauern" (Les Paysans)[15]. Gewiß, mens agitat molem, das Geistige hat die Vorhand, das steht für Balzac fest, es steht auch für einen anderen französischen Schriftsteller fest, für Stendhal. Hier zwei Zitate aus „Le Rouge et le Noir": „In der Freigrafschaft Burgund erwirbt man umso mehr Recht auf den Respekt seiner Nachbarn, je mehr Mauern man baut, je mehr man seinen Grundbesitz umgürtet mit aufeinander gesetzten Steinen"[16]. „Man verdankt der Fabrik von bedruckten Leinenstoffen, sog. Mülhausener Stoffen, den allgemeinen Wohlstand, welcher verursacht hat, daß seit dem Sturze Napoleons die Fassaden fast aller Häuser von Verrières neu gebaut wurden"[17]. Hier ist das Sich-zeigen-Wollen also ein Element der Landschaftsänderung . . .

Wie die Anthropogeographie überhaupt, so hat auch die Sozialgeographie einen Mehrfrontenkrieg zu führen. Einmal gegen Nationalökonomen, Historiker, Soziologen und andere, die einfach vergessen, daß alles menschliche Leben in Räumen stattfindet und daß die Eigenschaften dieser Räume in die menschliche Tätigkeit „eintreten". Bei klimatischen Erscheinungen ist dies, seit der Luftverkehr sich entwickelte, allmählich auch den Unbelehrbarsten klar geworden, es gilt aber auch für andere physisch-geographische Tatsachen. Es ist geradezu erstaunlich, wie „geographieblind" z. B. manche Ethnographen sind. Da reden sie dann von Kulturkreisen, Stilen usw. und sehen nicht, wie das „Material" der Kultur, die Rohstoffe so oft klimatisch (z. B. „Bambuskultur") oder geologisch (Abwesenheit von Steinen z. B. im Amazonasschwemmland oder im Gran Chaco) bedingt sind. Die andere „Front" ist die der Überschätzung geographischer Umstände, wobei der Mensch, der menschliche Wille, die menschliche Intelligenz als Zwischenglied vergessen werden. Über die Falschheit der Meinung „Die Engländer sind Seeleute, weil sie auf einer Insel wohnen" sprachen wir schon. Andere erklären die hohe Seemannskunst der Norweger mit den

---

[14] Ich entnehme dies Zitat dem Buche von Gaëtan Picon: Balzac par lui-même, Paris, Editions du Seuil, 1956, S. 125. Die Übersetzung stammt von mir. Der „Curé de Village" erschien 1838.
[15] „Les Paysans", erschienen 1844.
[16] Ich zitiere nach der Ausgabe Paris, Ed. Grund, 1942. Das Werk erschien 1831. Das erste Zitat steht I, S. 7.
[17] Ebenda I. 5.

dortigen Fjorden. Aber in Patagonien gibt es auch Fjorde und hier entwickelte sich keine Seeschiffahrt. Man wird den Satz von Marc Bloch „Wirkt die physische Welt jemals auf die soziale, ohne daß ihre Aktion vorbereitet, unterstützt oder erlaubt wird durch andere Faktoren, die schon vom Menschen herkommen?" nicht oft genug den Anhängern eines geographischen Materialismus (meist übrigens Nichtgeographen) entgegen halten können.

Die Menschen verändern die Erdoberfläche vermittels ihres Geistes, so entstehen die Kulturlandschaften, deren Gesamtheit man als Noosphäre bezeichnen kann. Der Eindruck der Noosphäre, d. h. der vom Menschen gestalteten Umwelt ist am stärksten in Städten und Industriegegenden. Solche müssen daher Objekt sozialgeographischer Forschung sein. Wir bringen daher in diesem Buche zwei Kapitel, die sich damit befassen. Aber die Industrielandschaften sind erstens verhältnismäßig neu, in heutiger Form höchstens 200 Jahre alt, dann aber sehr gleichartig: ein Stahlwerk in Indien unterscheidet sich nicht sehr von einem in den USA oder in Europa und die drei in Indien von Deutschen, Engländern und Russen geschaffenen Stahlwerke unterscheiden sich auch nicht sehr. Denn hier ist der „Geist" der Erbauer der Geist der Mathematik, und die mathematischen Formeln gelten genau so unter allen Himmelsstrichen.

Größere Unterschiede finden wir dagegen in den Agrarlandschaften, einmal weil der Zusammenhang der Landwirtschaft mit Boden und Klima stärker ist, andrerseits weil sich hier der Einfluß der verschiedenen Gemeinschaftsformen der Menschen am stärksten geltend macht: Großgrundbesitz, Bauerntum, Kolchose, Volkskommune, Kibbutz das sind wirkliche sozialgeographische „Faktoren" oder „Elemente". Die Siedlungsformen z. B. sind daher seit alters Objekt geographischer Untersuchungen, aber vielleicht nicht immer sozialgeographischer. Daher bringen wir solche in einem früheren Kapitel. Es wird sich zeigen, daß die Art der Wirtschaft z. B. die Dreifelderwirtschaft den Anblick der Agrarlandschaft stark beeinflußt, daher also ein Kapitel hierüber.

Wieviele Menschen es auf der Erde oder in den einzelnen Gebieten gebe, ist seit alters geographisches Fragegebiet. In Frankreich entwickelte sich daraus die Sozialmorphologie, wir betrachten diese Fragen als sozialgeographisch und behandeln sie in einem besonderen Kapitel. In agrarischen Gebieten wird die Volksdichte oft von der Agrarstruktur abhängen, das Wie? ist das Thema eines anderen Kapitels.

Aber: The proof of the pudding is in the eating, d. h. wir wollen an regionalen Beispielen sozialgeographische Fragestellungen und Methoden der Beantwortung vorführen. Wir fangen mit Deutschland an und bringen hier recht verschiedene Problemkreise vor. Dagegen haben wir uns in Frankreich und in England auf die Siedlungsgeographie beschränkt. In

Frankreich zeigen wir die vielfachen Einflüsse geographischer Faktoren einerseits, sozialer andrerseits auf Art, Form und Verteilung der Siedlungen. Oft müssen wir als Historiker vorgehen, das ist noch stärker der Fall in dem der Sozialgeographie Polens im 18. Jahrhundert gewidmeten Kapitel, wo wir wieder verschiedene sozialgeographische Tatsachenbestände beleuchten. In England, dessen Bauernhäuser oft mit geologischem Determinismus beschrieben wurden, zeigen wir, daß freilich das Baumaterial eine große Rolle spielt, aber keine ausschließliche, Geographie schon, aber eben Sozialgeographie. Wir kommen dann auf die Fragen der Verstädterung zu sprechen, die ja gerade hier besonders wichtig sind. Das führt dann logisch zu den beiden erwähnten Kapiteln über die Städte und über den Einfluß der Technik im Landschaftsbild.

Die Sozialgeographie ist eine sehr neue Wissenschaft, aber sie hatte ihre Vorläufer. Solche aus dem Altertum zeigen wir im 13. Kapitel.

Das Schlußkapitel dient noch einmal der Besinnung: was ist und was soll Sozialgeographie? Wir beschränken uns da oft auf Niedersachsen (denn das Kapitel ging hervor aus einem Vortrag vor niedersächsischen Lehrern), aber Geographen (dies Wort heißt Erdbeschreiber!) kann man nicht heimatkundliche Scheuklappen vorbinden, sie müssen ihre Beispiele überall suchen. Dies taten wir in den ersten agrargeographischen und in den beiden urbangeographischen Kapiteln. Aber natürlich: ich kann nur die Länder beschreiben, die ich gesehen habe, und da bin ich noch weit von Erdumspannung : : :

Siedlungsformen

Die deutsche erdkundliche Forschung seit dem ersten Weltkriege hat sich speziell der Erforschung der verschiedenen Kulturlandschaften zugewandt. W. Geisler sagt: „Da die Einwirkung des Menschen auf die Landschaft eine Funktion seiner Wesenheit ist, da der Mensch gemäß seiner Rasse und seines Kulturzustandes in ganz verschiedener Weise auf die Landschaft einwirkt, haben wir in der Kulturlandschaft ein untrügliches Zeichen der Leistung der Völker. Jedes Volk wandelt die Landschaft seinem Wesen nach um und drückt ihr den nationalen Stempel auf. Es kann also eine einheitliche große Naturlandschaft durch die Leistungen der Völker in verschiedene Kulturlandschaften gegliedert werden"[1]. Auf dem Geographiekongreß 1938 in Amsterdam stand der deutschen Auffassung von Kulturlandschaften die Französische gegenüber. Die Deutschen gingen von der Tatsache verschiedener Kulturen aus, die dann verschiedene Kulturlandschaften hervorrufen, die Franzosen bestanden auf ihrem Begriff der Civilisation, die als einheitlich gedacht wird, so kommen sie dann zum „paysage humanisé" (P. Vidal de la Blache). Während die Deutschen unter Umständen zwar eine Hierarchie von Kulturlandschaften zugeben (die deutsche Kulturlandschaft hat die Landschaft stärker modifiziert als etwa die polnische), kommen Franzosen dann zu Formulierungen wie Barrès „la Germanie au paysage mal humanisé". Doch wird man wohl sagen können, daß wenige heute bezweifeln, daß es Kulturlandschaften gibt, d. h. daß Kulturverschiedenheiten sich verschieden in der Landschaft widerspiegeln. Die Frage ist, wieweit diese Kulturlandschaften Ergebnisse der Volkstümer oder der Staaten sind. Ich schrieb 1937 (DMP III, 564) über eine Arbeit von F. Mager[2]. Der Verfasser sagt: „Eine Kulturlandschaft ist gewissermaßen das Gesicht des dazugehörigen Volkes und Staates bzw. als der sichtbare Ausdruck des größeren oder geringeren Kulturwillens des betreffenden Volkes und Staates zu werten". In diesem Sinne will er Westpreußen behandeln. Ein interessantes Programm. Schade nur, daß er sich selber den Weg versperrt, indem er nur die Hälfte des obigen Satzes berücksichtigt: er spricht nur vom Volke und läßt den Staat völlig im Hintergrund. Er stellt das Gegensatzpaar deutscher Kulturwille, polnische Mißwirtschaft auf, welches Thema er dann sehr in Schwarz-Weiß-Manier

---

[1] Geisler: Comptes rendus du Congrès International de Géographie, Amsterdam 1938, Section V. 6.

[2] F. Mager: Geschichte der Landeskultur in Westpreußen und dem Netzedistrikt bis zum Ausgang der polnischen Zeit, Berlin 1936.

abhandelt. Er sieht nicht den wahren Gegensatz zwischen dem zentralisierten Wirtschaftsstaat des Deutschen Ordens und der Adelsrepublik Polen mit ihren anti-ökonomischen, reinpolitischen Prinzipien. Daß es aber weitgehend der Staat (und nicht allein das Volkstum) ist, das über den Charakter einer Kulturlandschaft entscheidet, beweist z. B. Niederschlesien vor und nach 1740". Nun kann man freilich sagen, daß eine bestimmte Staatsform eben auch Ausfluß eines bestimmten Volkstums ist. Doch wird man wahrscheinlich sagen müssen, daß sich sowohl Volks- wie Staatseinflüsse finden. Die deutsch-slavische Kulturgrenze innerhalb des alten Österreich-Ungarns (Beskidengrenze Hansliks[3] z. B.) war sicher volkstumsbedingt, aber die Unterschiede an der Grenze von Belgien und Frankreich, wo zu beiden Seiten Flamen wohnen, sind staatsbedingt, wie auch solche der deutsch-holländischen Grenze. Dazu eine Zeitungsnotiz: „Über den Umfang der Kolonisationspläne belehrt der Besuch des Hasselberges, einer rittlings auf der deutsch-holländischen Grenze gelegenen Bodenwelle . . . Das erstaunliche ist, wie sich zwei Länder, die durch keine geographische Grenze geschieden sind, von einander abheben wie farbige Felder einer Landkarte, grünes Holland, braunes Deutschland. Der landhungrige Kleinstaat hat seit 150 Jahren dem Moorland Wiesen, Äcker, Bauernhöfe abgerungen; in Deutschland bedurfte es des Dritten Reiches mit seinem Autarkiegedanken und seinem auf die Bevölkerungsvermehrung gerichteten Ehrgeiz, um diese trostlos einsame Gegend, wo kein Baum wächst und kein Vogel flattert, zu erschließen. Soweit der Blick nach Osten reicht, dehnen sich Ödland und Sümpfe von 2 – 4, an den ungünstigsten Stellen sogar bis 12 m Tiefe"[4]. Für die Schweiz haben Biermann und Brockmann-Jerosch festgestellt, daß die verschiedenen Dorf- und Hausformen nicht national, sondern sozial bedingt sind. Staat *und* Volk (infolge der deutschen Kolonisten) wirkten mit, die von 1772 bis 1919 bestehende Grenze zwischen dem Buchenland und Altrumänien zu einer solchen Kulturgrenze zu machen, daß ich sie 1927 vom fahrenden Zug aus angeben konnte, ohne je vorher in dieser Gegend gewesen zu sein. Noch stärker hatte sich die nur ein Jahrhundert (vom Wiener Kongreß bis zum ersten Weltkrieg) bestehende Grenze zwischen Preußen und Rußland bei Kalisch als Kulturgrenze ausgeprägt, die ich 1922 vom Flugzeug aus, in 2000 m Höhe, deutlich vor mir sah. Länger bestand die Grenze Ostpreußens gegen Litauen bzw. Rußland, die als Grenze des Memellandes gegen Litauen sich deutlich noch 1928 hervorhob.

Wenn man von Belfort nach Mülhausen fährt, sieht man an der Grenze bei Altmünsterol zwar auf beiden Seiten ungeregelte Erlenhaine, aber auf

---

[3] Hanslik: Kulturgrenze und Kulturzyklus in den Westbeskiden, Gotha 1907. Petermanns Mitteilungen, Ergänzungsheft 158.
[4] Neue Zürcher Zeitung 6. 12. 1936.
[5] Biermann: IIIe Rapport de la Commission de l'Habitat rural, S. 7 – 10. Brockmann-Jerosch, ebenda, S. 43.

elsässischem Gebiet sieht man außerdem Erlenbäume in Reihen angeordnet, wie Soldaten. Sie alle sind älter als 50 Jahre und jünger als 90, d. h. sie stammen aus der Zeit der Zugehörigkeit des Elsasses zum Reiche. Zwar unterschieden sich die Wälder dieses Landes auch schon vor 1870 von denen in Innerfrankreich, aber die großen Unterschiede, die selbst der Laie sieht, entstanden 1870–1918.

Am stärksten zeigt sich der Einfluß von Volkstumsfaktoren in den Siedlungen von Kolonisten weit von ihrer Heimat. Deutsche Forscher haben darüber oft geschrieben, geben wir aber einem Franzosen das Wort: J. Brunhes[6] „In der Dobrudscha, die eine große Rückzugsinsel ist, wo die bunten Volkselemente sich erhalten haben, die Eugène Pittard studiert hat, haben die deutschen Dörfer eine ‚importierte' Physiognomie behalten und sind in erstaunlichem Maße verschieden von den slavischen Dörfern oder den Zigeunerlagern. Die Treue gegen eine Tradition scheint durch das Hineingehen in einen anderen geographischen Rahmen eher größer als kleiner zu sein." In Nordamerika, Wisconsin z. B. kann man schon an gewissen Äußerlichkeiten der Gehöftsform, Zaun, Brunnenanlage usw. sagen, ob das Dorf, in das man einfährt, von Deutschen, Skandinaviern, Iren, Slaven usw. angelegt wurde. In Australien legten die deutschen Ansiedler Dörfer an, während die Briten in Einzelsiedlungen leben, die Deutschen verwenden das fränkische Haus, mußten aber den Fachwerkbau aus klimatischen Gründen aufgeben. Schon vor 75 Jahren hat D. L. Ivanov den Einfluß der russischen Kolonisation auf die Natur des Stavropolsker Kreises untersucht[7].

Ein gutes Beispiel der innigen Durchringung siedlungsgeographischer und sozialer Bedingungen bietet Italien. Marinelli sagt[8]: Durch ganz Italien beeinflussen Eigentumsverhältnisse und Agrarverfassung die Siedlungstypen. Besonders die Teilbauverhältnisse (mezzadria) sind wichtig. Hier gibt es Familienhäuser. Der Besitzer mehrerer Güter vereinigt die Familienhäuser zu einer Großfarm. Ein größeres Haus dient ihm als Wohnung, als Weinkelterei und Ölpresse. In der Poebene und im Gebiet von Lucca, d. h. in den Gebieten intensiven Ackerbaus gibt es große Güter, bis zu acht Familien von „contadini" (ziemlich unabhängige Bauern) leben mit dem Grundbesitzer in einem Hause, das „corta" genannt wird. Wir haben hier also weder Dörfer noch eigentliche Einzelhöfe, letztere sind bezeichnend für die Gebiete der mezzadria. In Sizilien lebt die Bevölkerung in den Städten und hat auf den Weinbergen nur provisorische Wohnungen. Der Feudaladel befürchtet, die Pächter und Zinsbauern würden das Land als Eigentum betrachten, wenn sie dort feste Wohnungen hätten. Heute ist

---

[6] Brunhes: La Géographie humaine. 3ᵉEdition, Paris 1925, S. 613.
[7] D. L. Ivanov: Vliianie russkoi kolonisatsii na prirody Stavropol'skago Kraja = Izwestija der Kais. Russ. Geogr. Ges., 1886, Nr. III.
[8] Marinelli: Ier Rapport de la Commission de l'habitat Rural.

aber das provisorische Haus oft ein permanentes geworden, wie dies auch in anderen Teilen Italiens geschah. Die verschiedenen Namen der Einzelhöfe in Italien (corti in der Poebene, cascine in den Nordappeninen, masserie im Süden) bezeichnen auch soziale Unterschiede, wie Biasutti betont[9].

Holub-Pacewiczowa[10] gibt eine Karte der Umformung der Sennhütten in Dauerwohnungen und umgekehrt in den Gebirgen vom alpinen Typus. Wir sehen die Umwandlungen der Dauerwohnungen in zeitweise bewohnte in der Schweiz (Alpen und Jura), in den französischen, bayerischen und österreichischen Alpen, dagegen die Umwandlung der zeitweise bewohnten in Dauerwohnungen in den slovenischen Alpen, dem ganzen Balkangebiet, den Beskiden, Karpathen, Transsylvanischen Alpen. Mit anderen Worten: wo die Bevölkerung stark anwächst, haben wir die Bewegung zur Dauersiedlung, sonst die umgekehrte Bewegung.

In Südeuropa haben wir in der ländlichen Siedlungsweise eine Tendenz zur größeren Zerstreuung, mit der Ausnahme von Spanien. Jaranoff erklärt dies mit der geringen Zunahme der dortigen Bevölkerung[11].

In den Ebenen an der unteren Durance gab es im Mittelalter und bis in die neueste Zeit geschlossene Dörfer mit Getreide- und Obstbau, seit kurzer Zeit wird dort starker Gemüsebau, besonders Frühgemüse, betrieben, seitdem beobachtet man eine Auflösung der Dörfer, viele Kleinfarmen mit 1½ bis 2 ha Fläche entstehen.

In Portugal entstand im 16. Jahrhundert eine starke Vermehrung der Einzelsiedlungen unter dem Einfluß des Maisbaus (Lautensach).

Friedrich Leopold von Stolberg bemerkt 1791 beim Übergang über den Mont Cenis über die Landwirtschaft in Piemont bei der Stadt Novalese: „Gestern fuhren wir durch fruchtbare Täler, zwischen Gebürgen, welche mit Wald bedeckt sind, und zwischen Felsen. Die meisten dieser Täler sind ziemlich breit und mit großem Fleiß angebaut. Man fühlt es an der gelinderen Luft, man sieht es an den Gewächsen, daß man die Alpen gegen Norden im Rücken habe. Die Reben sind nicht nach deutscher Art, sondern in weit aus einander stehenden Reihen gepflanzt, von Baum zu Baum gezogen oder von Pfahl zu Pfahl, und hangen über kleinere Seitenlatten, Lauben bildend. Zwischen den breiten Reihen sahen wir bald Stoppeln von türkischem Weizen (Mais), bald jungen Winterweizen. Das Land wird durch breite Furchen in hohe schmale Beeten, wie Gartenbeeten, ohngefähr einer Elle breit, abgeteilt. Doch laufen noch außerdem tiefe Wasserfurchen durch die Äcker. Ich vermute, daß diese Täler, oft von den herunter strömenden Gewässern der Berge angefüllt, die vielen Fur-

---

[9] Biasutti: Ebenda.
[10] Hołub-Pacewiczowa: Comptes rendus du Congrès International de Géographie de Varsovie, 1934, III, 425–430.
[11] Jaranoff: Ebenda, S. 459–465.

chen und Erhöhung der fruchttragenden Erde notwendig machen. Ähnliche Art zu verfahren, erinnere ich mich in Böhmen gesehen zu haben; doch sind dort die Furchen nicht so breit wie in Piemont, und die Äcker dazwischen in Bogen gewölbt. Viele Maulbeerbäume stehen in Reihen zwischen den Äckern; zerstreute Pappeln, Walnußbäume, Kastanien. Wir sahen in Gärten Cypressen und Feigenbäume, von einer Höhe, welche sie jenseits der Alpen nicht erreichen". (Zitiert von R. Borchardt: Der Deutsche in der Landschaft, Berlin u. Frankfurt 1953, S. 51).

Im 19. Jahrhundert waren die deutschen Dörfer in Polen weitgehend durch ihre Beherrschung besonderer technischer Methoden erklärbar. Im Norden und in der Mitte waren die Hauländereien. Ein Teil von ihnen entspricht den Marschhufendörfern in Westdeutschland, d. h. sie entstanden bei der Sumpfaustrocknung, wobei die Holländer besondere wasserbautechnische Verfahrensweisen ausgebildet hatten, die dann auch von Westpreußen und besonders Pommern angewandt wurden. Ein anderer Teil der Hauländereien entstand auf Sandböden, die mit Kiefernwäldern bedeckt waren. Hier hatten Schlesier besondere Methoden ausgearbeitet, wie man mit unendlichem Fleiß und dauerndem Wagemut ärmsten Böden Erträge abgewinnen kann. Die Sümpfe und Sandflächen waren von den Polen gemieden worden, so konnten sich hier deutsche Dörfer entwickeln. Deutsche Siedlungen gab es aber auch am Karpathenrand, auch sie verdanken einer besonderen deutschen Technik ihr Entstehen. W. Kuhn sagt darüber: „Sudeten- und Alpendeutsche wurden im Osten zu Bahnbrechern der modernen Waldarbeitstechnik, der Benutzung der Blattsäge, des Aufstauens von Wildbächen durch Klausen zum Schwemmen der Hölzer, und so konnten sie ihre Siedlungen im ganzen Karpathenbogen begründen" (DMP VI S. 2).

Der Verlauf der ukrainischen Sprachgrenze in Galizien ist auch „sozial" zu erklären: die Ukrainer, die Boiken und Lemken, gehen in den Karpathen viel weiter nach Westen als in der Ebene, sie waren Almenhirten, die auf den Matten weiter nach Westen schritten, während die polnische (oft polonisierte deutsche) Kolonisation auf den guten Böden am Karpathenlande nach Osten vordrang, im Mittelalter und später.

Wenn man eine Karte vom ehemaligen Podlachien, also z. B. der Gegend von Przasnysz betrachtet, so sieht man viele Kleinsiedlungen, die alle fast denselben Namen tragen. Wir haben z. B. die Żebry. Es gibt Zebry-Chudele, Zebry-Falbogi, Zebry-Grzymki, Zebry-Icki, Zebry-Kordy, Zebry-Kończany, Zebry-Laskowice, Zebry-Marcisze, Zebry-Odrowy, Zebry-Parosze, Zebry-Pieczyske, Zebry-Podsędki, Zebry-Sławki, Zebry-Starawieś, Zebry-Toraty, Zebry-Wiatraki, Zebry-Wierzchlas, Zebry-Własty. Hier überall wohnten die Żebrowskis. Diese Kleinsiedlungen sind solche des masovischen Kleinadels. 1790 gab es in der Woj. Krakau 76 Mitglieder des

„besitzenden Kleinadels", in der Woj. Sandomir 77, aber in der Woj. Podlachien 7077, in der Woj. Płock 10 607. In diesen Grenzgegenden siedelte sich der Kleinadel an, er vermehrte sich rasch, gründete in der Nachbarschaft neue Kleinsiedlungen, ging dann auch weiter in den Osten. Es ist dies die wichtigste polnische Siedlungsbewegung zu altpolnischer Zeit. Noch heute sind diese Kleinadelsdörfer charakteristisch, in der Landschaft und auf der Karte, hier schon durch die Namen (siehe auch noch Maas, Dt. Forschung im Osten, 1943, S. 305).

In Wolhynien gibt es andere Siedlungstypen. Im äußersten Süden Haufendörfer, weiter nördlich regelmäßige Straßendörfer, noch weiter nördlich unregelmäßige Formen. Hier eine Beschreibung von zwei Dörfern. Mehr im Norden liegt Gródek: „Ein sehr interessantes Dorf. Eine Einzelheit drängt sich vor allem ins Auge: alle ‚Kłunie' (Art Scheunen) sind aus dem Gebiete der eigentlichen Wohnhäuser verbannt und entlang einer Straße aufgereiht. Diese Kłunie sind oval, aus Reisig geflochten und manchmal innen mehr oder weniger sorgfältig mit Lehmbewurf beklebt, in einigen ist das Geflecht völlig ‚à'jour'. Im Inneren verdienen Beachtung die Scheidewände für das Getreide, die ebenfalls geflochten und mit Lössbewurf beklebt sind, sowie die ‚Fässer' für Körner, die aus Strohseilen gemacht sind und untereinander mit Flechtwerk verbunden. Die Scheunentüren sind innen mit einer ‚Gardine' geschmückt, nämlich mit Fransen aus Stroh. Die Wohnhütten sind aus Rundholz oder Halbrundholz gebaut und meist getüncht und geweißt, um das Haus herum läuft eine Tonbank aus gestampften Ton. Das ganze Dorf sieht sehr sauber und heiter aus"[12]. Weiter südlich finden wir das Dorf Stubła: „Es unterscheidet sich von Gródek. Es ist ein Straßendorf reinster Form, wobei die Gehöfte sowohl Wohnhütten wie Wirtschaftsgebäude umfassen. An einigen Stellen finden wir die Gebäude im Viereck gebaut mit einem Tor an der Straße. Eine Eigenheit der Bauten sind hier die aus Weiden geflochtenen und mit Lehmbewurf beklebten Schornsteine, einige von ihnen sind mit kleinen Dächern versehen. Die Scheunen sind, wie fast überall in Wolhynien, geflochten, es fällt hier jedoch auf, daß sie von mehr kreisförmigen Umriß sind. Fast jedes Haus besitzt eine Weberwerkstatt. Die Webereierzeugnisse, sowohl die wollenen Kelime, die als Bettdecken dienen, wie auch die leinenen ‚nastilniki' (Tischtücher), Handtücher und Schürzen, sind sehr farbenfreudig"[13]. Über die Gründe der Verschiedenheit hat man verschiedene Ansichten geäußert. Man wollte Stammeseigentümlichkeiten darin sehen, Einflüsse alter slavischer Stämme, die heute zum Gesamtbegriff Ukrainer zusammengefaßt sind. Zaborski spricht[14] und wohl mit Recht von der Sied-

---

[12] Zawichostowicz: „Ziemia", 1928, S. 9.
[13] Ebenda, S. 10.
[14] Zaborski: Über Dorfformen in Polen und ihre Verbreitung, Breslau 1930 (Original polnisch, Krakau 1926).

lungsdauer, d. h. seit wann dort Menschen siedeln und gibt an, daß die Besiedlung von Süden her erfolgte, weiter nördlich gelegene Siedlungsstreifen also „jünger" sind. Vielleicht ist auch der Verteidigungscharakter weiter im Norden ausgeprägter als im Süden, daher das Hinausweisen der Scheunen außerhalb des Dorfes, doch ließe sich genau das Gegenteil auch behaupten (im Süden größere Nähe der Steppenvölker). Es ist oft sehr schwer, die eigentlichen Ursachen zu finden, man muß sich oft mit einer Beschreibung der Tatsachen begnügen.

Änderungen der Sozialgesetzgebung hatten auch in Dänemark seit 1770 bis 1780 Aussiedlungen aus den geschlossenen Dörfern, die bis dahin einzig bestanden, zur Folge. Ahlmann gibt zwei Karten eines Dorfes in Seeland 1770 und 1920, aus denen dies hervorgeht (Geographical Review 1920, S. 113—118). Aber überschätzen wir die juristischen Dinge, die ganz neuzeitlichen Einflüsse nicht. Oft sind es allerälteste Strömungen, Dinge, die aus ältesten Rassetagen zu uns herabgekommen sind, die wir in siedlungskundlichen Tatsachen dann wiederfinden. So haben nach Bowen[15] die Einzelhöfe im Zentrum von Wales häufig eine Bevölkerung von Brünetten, die Dörfer dagegen von Blonden.

In Teschen-Schlesien wohnen die „Lachen", d. h. die am stärksten polnisch beeinflußten Gruppen der Siedler auf den welligen Ebenen des Vorlandes, die „Walachen", die einen starken Einschlag östlicher, wahrscheinlich wirklich walachischer Elemente verraten, auf dem Hügelland bis 400 m hinauf und noch höher hinauf die Góralen. Auf andere Wanderungen und Einflüsse deutet die Tatsache hin, daß die technischen Ausdrücke des deutschen Alpwirtschaftsbetriebes meist romanischer Abstammung sind[16], wie die des polnischen rumänischer (Dobrowolski)[17], daß das albanische opa = die Kuh in den Alpen weit nach Westen geht, durch die Schweiz bis in die romanischen Dialekte am Genfer See (Bridel)[18].

Naturverhältnisse und Großgrundbesitz drängen in Karpathorußland auf Streusiedlung, diese überwiegt daher auch im rein ukrainischen Gebiete. „Die Fälle einer ausgeprägten Zusammenballung betreffen fast immer Siedlungstypen, wo die ukrainische Bevölkerung (er sagt ‚ruthène' W. M.) in der Minderheit ist. Es unterliegt auch keinem Zweifel, daß die religiösen Unterschiede, die die verschiedenen Bewohner der Karpathorussischen Ebene stets getrennt haben, die Tendenz zur Zerstreuung noch beschleunigt haben, in vielen Dörfern liegen die Judenhäuser in einem anderen Dorfteil als die der Christen. Diese Trennung ist besonders scharf in den Straßendörfern, deren Teile von Uniaten, Juden und manchmal Orthodoxen

---

[15] Bowen: IIIe Rapport de la Commission de l'Habitat Rural, S. 35.
[16] J. Jung: Römer und Romanen in den Donauländern, 1887, S. 166 ff.
[17] Dobrowolski: Wpływy rumunsko-bałkańskie w kulturze ludowej Karpat Polskich, Warschau 1938.
[18] Bridel: Glossaire des patois de la Suisse romande. Lausanne 1866, S. 266.

besiedelt sind. Natürlich, da das Dorf anwächst und die Handelsfunktion sich entwickelt, werden diese Trennungen schwächer und verschwinden dann ganz". Die Naturbedingtheiten sind dieselben für alle Nationalitäten, aber die äußere Form verrät sehr oft die Bevölkerung, wie ein Vergleich von Nižni Apša und Mokra Německa ergibt (Mousset Annales de Géographie 1934, S. 392).

„Bei Saarburg sind die langgestreckten Dörfer, die sich an einer einzigen Straße hinziehen, häufig auf französischem Sprachgebiet, während die mehr zusammengeballten Dörfer mit vielen Straßen (Haufendörfer, villages nébuleux) auf der anderen Seite überwiegen"[19].

Auf den Geographiekongressen in Paris 1931, in Warschau 1934 wurden lange die Fragen der Zerstreuung und Häufung, dispersion und agglomération, der ländlichen Siedlungen besprochen. Einige Male kann man hier sozialgeographische Ursachen unterscheiden. In der Schweiz beobachtet man eine Abwanderung der Bevölkerung von den Einzelhöfen im Gebirge zu Dörfern, besonders an der Eisenbahn, dagegen sieht man in der Ebene eine fortschreitende Zerstreuung (Biermann)[20]. In Rumänien ist der Hauptsiedlungstypus das aufgelöste Dorf (frz. village dissocié, rum. sat resfirat), es entstand durch Aneinanderwachsen vieler Weiler infolge schneller Vermehrung der Bevölkerung. Im 19. und 20. Jahrhundert bemerkt man in Rumänien eine Tendenz zur Konzentration, Einzelhöfe verschwinden unter dem Einfluß der besseren Verkehrsverhältnisse. Auch die staatliche Agrarreform wirkt dorfbildend (Mihailescu)[21]. Der Australier Aurousseau sagte 1920: „Man fand, daß gegenwärtig in den zivilisierten Ländern, die einen hohen Grad von sozialer Freiheit besitzen, jede natürliche Region danach strebt, eine charakteristische Form der Wohnweise (arrangement) ihrer ländlichen Bevölkerung zu entwickeln, während in mehr rückständigen Ländern die soziale Organisation ein stärkerer Faktor ist als die physische Geographie" (Geographical Review 1920, S. 224). A. Lefèvre erklärt „Wenn sämtliche Bedingungen der Niederlassungsweise: natürliches Milieu, wirtschaftliche und soziale Lage, in keiner Weise die freie Wahl des Menschen hindern, dann wird die Streusiedlung überwiegen"[22]. A. Demangeon hat sich viel mit diesen Fragen befaßt. Er sagt z. B. „Nur die Prüfung der Einflüsse, die die Siedlungsformen bestimmen können, erlaubt, diese zu beschreiben und in Gruppen zu ordnen. Man kann diese Einflüsse drei Kategorien zuordnen: 1. Einflüsse der materiellen Bedingungen, 2. Einflüsse der sozialen Bedingungen, 3. Einflüsse der Landwirtschaftsweise" (Annales de Géographie 1927, S. 9). Oder: „Um zu erklären, warum manche Menschen die Gewohnheit angenommen haben, sich in Dörfern

---

[19] In Géographie Lorraine par 14 collaborateurs, Paris & Nancy 1938, S. 209.
[20] Biermann: IIIe Rapport Comm. Habitat rural, S. 10.
[21] Mihailescu: Ebenda, S. 10/11.
[22] A. Lefèvre: IIe Rapport, S. 73.

zu gruppieren, andere, in Einzelhöfen oder kleinen Weilern zu leben, muß man alle natürlichen, sozialen und landwirtschaftlichen Bedingungen ihrer Lebensweise untersuchen. Das Studium der Siedlung ist ein Kapitel des Studiums der ländlichen Zivilisationen, es muß hinaufgehen bis in ihre weit zurückliegenden Ursprünge und ihre Entwicklung bis zur Gegenwart verfolgen. Wenn wir die Siedlungstypen in Gruppen einteilen wollen, müssen wir sie als Manifestationen menschlicher Unternehmungen auffassen, die nicht notwendiger Weise durch die physische Geographie bedingt sind. In demselben Lande haben die Siedlungsfaktoren im Laufe der Geschichte nicht einheitlich gewirkt, die landwirtschaftliche Kolonisation hat nacheinander verschiedene Siedlungsweisen anwenden können. Im selben Lande hat ein fest bestimmter Siedlungstypus sich in einen anderen verwandeln können, wenn die Bedingungen der menschlichen Umwelt diese Entwicklung notwendig gemacht haben" (Annales de Géographie 1927, S. 23). Dazu dann zwei Zitate von A. Lefèvre: „Die Verschiedenheiten, die man bei den Siedlungsformen beobachtet, hängen fast immer mit den Ursprungsbedingungen zusammen. Diese Bedingungen sind mannigfaltig und viel zahlreicher als die Siedlungsmodalitäten selbst. Sie hängen z. T. vom Milieu ab, sind an Landwirtschaftssysteme gebunden oder durch wirtschaftliche Notwendigkeiten erzwungen. Da diese verschiedenen Faktoren sich im Laufe der Zeit entwickelt haben und da ihre Wirkung nicht in allen Ländern dieselbe war, ergibt sich, daß eine Klassifizierung der Siedlungstypen nicht allgemeine Anwendbarkeit besitzt. Jedes Land wird die seine haben in Abhängigkeit von seinem Milieu und seiner Vergangenheit"[23]. Oder: „Der Einfluß agrarischer Systeme genügt nicht zur Erklärung der Verbreitung ländlicher Siedlungstypen. Dagegen spielt die Landwirtschaftsweise eine bedeutende Rolle bei der Bedingtheit der Verteilung der Häuser in der Landschaft"[24]. Demangeon wollte (im Gegensatz zu Meitzen, der die Volkstumsbedingtheit der Siedlungstypen betont hatte, in zu einseitiger Weise übrigens) vor allem aus agrarischen Wirtschaftsweisen die Siedlungstypen herleiten. Ich glaube, daß dies für die *Dorf*formen schwer beweisbar ist, richtig jedoch für die *Haus*formen (siehe vor allem die Aufsätze von Demangeon in den Annales de Géographie 1920 ff., wieder abgedruckt in seiner nachgelassenen Schrift „Problèmes de Géographie humaine", bes. S. 153—205 und 261—287).

In Deutschland hat man früher die nationale Bedingtheit der Siedlungsformen sehr stark betont. Dagegen wandte sich H. Schlenger: „Nicht auf nationale Gliederung wird der Siedlungskundler schließen, sondern in erster Linie auf die wirtschaftliche und soziale Struktur der Bevölkerung und des Siedlungsraumes. Bei strenger Beachtung dieser Erwägungen wird sich manche irrtümliche Folgerung der Siedlungsformenforschung vermei-

---

[23] Ebenda, S. 75.
[24] Lefèvre: Ier Rapport, S. 7—8.

den lassen. Man wird sie nicht in dem Maße wie bisher zur Beantwortung von Fragen heranziehen, für die sie nicht zuständig ist, nämlich zur unbedingten Feststellung der Herkunft und volklichen Zugehörigkeit der Siedler"[25]. Das soll nun nicht heißen, daß man nationale Momente bei der Erklärung der Siedlungsverhältnisse ganz außer Acht lassen soll. Die einen übertreiben die Volksbedingtheit, die anderen die Naturbedingtheit, man muß aber alle Wirkungsfaktoren berücksichtigen. Kulturgründe, nicht Naturgründe sind auch bei den folgenden Tatsachen ausschlaggebend: Während die dichte Besiedlung des Talgrundes z.B. bei den Sudetenflüssen des Oderstromgebiets als Regel gelten kann, bildet sie bei den Beskidenflüssen Galiziens eine seltene Ausnahme, da die Flußauen noch wild, noch nicht festgelegt sind. Der Kulturzustand Schlesiens und Galiziens spiegelt sich darin, wie auch das Weichselstromwerk (III,45) feststellt. Hierzu stimmt die Tatsache, daß im Skawatale die Ansiedlungen auf den Terrassen liegen, z. B. die Stadt Jordanów, während bei Skawina die älteren Ansiedlungen auf den eingeebneten Höhenrücken (Abhängen) liegen, aber die neueren gewerblichen Ansiedlungen auf der Talsohle, z.B. in Skawina Francks Zichorienfabrik, eine Fayencefabrik, eine Sägemühle usw.

Eine Durchdringung physisch- und sozialgeographischer Faktoren sehen wir bei dem Studium des Baumaterials der Dörfer in Polen. Auf 82% des Staatsareals (von Versailles-Polen) sind die Bauernhäuser überwiegend aus Holz, auf 11,3% sind sie überwiegend gemauert, auf 5,1% sind es vor allem Lehmhütten (während auf 1,6% ein Gleichgewichtszustand zwischen den drei Bauarten herrscht). All dies entspricht der Geographie: in dem zur nördlichen Waldzone gelegenen Land gibt es vor allem Holzhäuser, im Steppengebiet im Südosten viel Lehmhütten, auf den Tonen des Nordwestens viel Ziegelhäuser. Auch die Maxima der drei Bauarten liegen „richtig": Kreis Dirschau 95,5% Ziegelbauten, 0,8% hölzerne, 3,6% aus Lehm, 0,2% andere Bauart. Kreis Kosow (in den Huzulischen Karpathen) 99,8% Holzhäuser, 0,2% Steinbauten, Lehm oder andere Materien sind nicht vorhanden. Kreis Husiatyn in Podolien 97,3% Lehmbauten, 2,2% Steinbauten, 0,5% Holzbauten. Aber physischgeographische Gründe genügen kaum, um zu erklären, warum der fast neben dem Kreis Dirschau liegende Kreis Karthaus nur 37,1% Steinbauten enthält, neben 37,9% Lehmbauten, 24,9% Holzbauten, 0,1% andere Materialien. Wir befinden uns hier in der Kaschubei, die Verkehrsbedingungen waren schlecht, ein gewisses Hinterwäldlertum herrschte. Ähnliche Bedingungen im Kreise Konitz, in der ein Teil der Tucheler Heide sich befindet: 44,4% Steinhäuser, 51,3% Holzhäuser, 4,2% Lehmhäuser, 0,1% andere Häuser. In Ostgalizien fällt der Kreis Lemberg aus dem Rahmen, 49,7% Lehmbauten, die hier natürlich bedingt sind, die 36,6% Holzbauten und vor allem die 14,1%

---

[25] Schlenger: Geographische Zeitschrift 1932, S. 351.

Steinbauten dagegen finden ihre Erklärung in den guten Verkehrsverhältnissen und in den Einflüssen der Großstadt Lemberg. Vergleichen wir drei kongreßpolnische Kreise, die ganz nahe beieinander liegen:

Kreis	Steinbauten	Holzbauten	Lehmbauten	andere Bauten
Kutno	38,0%	42,9%	18,9%	0,2%
Koło	31,7%	36,5%	31,7%	0,1%
Konin	24,1%	43,6%	32,1%	0,2%

Nach den Bodenverhältnissen sollte es die meisten Lehmbauten im Kreise Kutno geben; hier gibt es am wenigsten; eine ähnliche Lage besteht für die Holzbauten des Kreises Koło. Die Eisenbahn Thorn—Warschau, die an Kutno vorbeiführt und die beginnende Industrialisierung dieser Gegend erklären den hohen Anteil an Steinbauten. In Koło und Konin sollten diese etwa gleichmäßig vorhanden sein, da es aber im Kreise Koło mehr deutsche Siedler gibt, finden sich hier mehr Steinbauten (Zahlen nach Ormicki)[26].

Wir geben über diese wichtige Frage noch einige Tabellen:

Material der Bauernhäuser in Polen

Art	unter 10%	10—25%	25—50%	50—75%	75—90%	über 90%	auf qkm
gemauert	274 578	55 708	14 619	23 619	18 913	1 531	qkm
hölzern	25 412	13 976	19 869	25 784	48 873	243 382	qkm
Lehm	321 020	33 197	14 629	7 828	5 545	6 462	qkm
		d. h. % des Staatsgebietes					
gemauert	70,70	14,34	3,76	6,00	4,87	0,39	
hölzern	6,59	3,65	5,12	6,69	12,68	62,75	
Lehm	82,77	8,55	3,67	2,00	1,40	1,64	

(Czasopismo geograficzne 1928, S. 89)

Im Zusammenhang damit steht die Frage der Bedachung, worüber diese Tabelle:

Dachbedeckung der Bauernhäuser in Polen

Art	unter 10%	10—25%	25—50%	50—75%	über 75%	
feuerfest	229 435	82 963	17 165	23 403	22 764	qkm
hölzern	314 940	50 555	11 074	3 422	3 749	qkm
Stroh	799	28 688	22 002	36 353	294 716	qkm
		d. h. % des Staatsgebietes				
feuerfest	39,15	21,96	4,02	6,03	5,86	
hölzern	81,65	13,02	2,85	0,88	0,97	
Stroh	0,21	7,38	5,66	9,66	75,94	(ebenda)

Danach könnte man die Wojewodschaft Lublin als typisch auffassen: nach A. Fischer Zarys etnografji woj. Lubelskiego, Lublin 1931, gab es hier 90% Holzhäuser und 75% Strohdächer.

---

[26] Ormicki: Zewnętrzne oblicze wsi polskiej = Wiadomości geograficzne 1929, S. 95.

Der Geistliche Strada[27] hat 703 Dörfer in Polen studiert mit zusammen 10 025 Häusern. Von diesen Dörfern liegen 12 Dörfer bei Gdingen, 161 in Südposen, 356 bei Kalisch, 98 bei Kielce, 42 bei Grodno, 9 bei Złoczów in Ostgalizien, 20 bei Przemyśl Er unterscheidet 5 Dorftypen, d. h. Haustypen:

I a Häuser aus Holz, Lehm, Stroh mit Vollwalmdach
I b Häuser aus Holz, Lehm, Stroh mit Halbwalmdach
II a Häuser aus Ziegeln, Dach aus Stroh
II b Häuser aus Holz, Dach aus Ziegeln
III Häuser aus Ziegeln, Dach aus Ziegeln

Es gibt folgende Tabelle der Intensität:

Typ	1–25%	26–50%	51–75%	76–100%	
I a	301	426	59	6	Dörfer
I b	167	281	298	28	Dörfer
II a	162	29	0	0	Dörfer
II b	287	182	26	1	Dörfer
III	295	51	7	0	Dörfer

Kehren wir zu den Dorfformen, oder vielmehr den Flurformen zurück. R. Dion[28], der sonst historischen Gründen mehr Bedeutung zumißt, sucht die geschlossenen Dörfer Nordostfrankreichs mit Gründen der Agrartechnik zu erklären: „Man könnte ohne Ungenauigkeit den Flurzwang definieren als eine Maßnahme, die eingeführt wurde, um die Ernährung des Viehs zu sichern mit ungenügenden Grasflächen. Ehe man diese Frage durch den Anbau von Futterkräutern zu lösen gelernt hatte, waren die zwangsweise Brache und die Praxis der freien Weide auf den Feldrainen usw. (vaine pâture) die einzigen Mittel, über die man verfügte, um den Unterhalt einer Herde auf einem trockenen Plateau zu sichern". Es läßt sich nicht leugnen, daß diese Brachenstreifen im Anblick der damaligen Landschaft eine große Rolle spielten, sie waren ein sozialgeographisches Phänomen. Sie gehörten zum System der Dreifelderwirtschaft, über die wir gleich sprechen werden. Für die damalige Wirtschaft waren auch die „Schachbrettfelder" der Fluren charakteristisch – im Osten sind sie es noch –, Dobrowolski[29] hat eine schematische Erklärung der Bildungsarten des Schachbrettes gegeben, die wir nun bringen wollen: „Einmal gibt es ein Schachbrett dadurch, daß es früher keine festen Grenzen zwischen den Dörfern gab und von beiden Seiten her Rodungen in den Wäldern vorgenommen wurden, dann wurden die Grenzen schließlich festgelegt und es ergaben sich Enklaven und Exklaven. Innerhalb desselben Dorfes ergaben sich verschiedene Möglichkeiten zur Entstehung des Schachbrettes

---

[27] Strada: Comptes rendus du Congrès Int. de Géographie, Varsovie III, 508–512.
[28] Dion: Essai sur la formation du paysage français, Tours 1934, S. 96.
[29] Dobrowolski: Najstarsze osadnictwo Podhala, Lemberg 1935.

bei der Erbteilung: a) wenn der Erblasser mehrere Enklaven hatte, so hinterließ er jede geschlossen an einen Erben; b) er teilte die Enklaven in je zwei Teile und gab jedem Erben einzelne dieser Hälften, jedoch nicht so, daß jeder Erbe in jeder Enklave ein Stück bekam; c) die Teilung erfolgte auch so, daß die einzelnen Ackerstücke in 4 Teile (kreuzweise) geteilt wurden und dann in jedem Teile soviel Streifen, wie es Erben gab, gemacht wurden, und zwar bekam jeder je 4 Streifen in den einzelnen Vierteln oder neuen ‚Gewannen'; d) die Teilung eines größeren Ackerstückes wurde auch so vorgenommen, daß in ihm nach der Bodengüte mehrere ‚Gewanne' abgesteckt wurden und dann jedes einzelne so geteilt wurde, wie in c) angegeben; e) bei Waldhufen, die gewöhnlich 160–210 m breit, aber bis zu mehreren Kilometern lang sind, teilte man entweder der Länge nach jeden Streifen oder man teilte, möglichst nach Bodengüte, den einzelnen Streifen in Teile, die nun nicht nebeneinander, sondern hintereinander. Die Methode d) ist wohl die älteste, sie ist einfach und entspricht sowohl den geographischen Gegebenheiten wie moralischen Grundsätzen. Ein sehr unregelmäßiges Schachbrett wird durch b) bewirkt, während c) zu einem solchen führen kann, wenn die Teilung oft nicht der Länge, sondern der Breite nach erfolgt."

Regelmäßiger sind die Schachbretter in den Gewanndörfern des Systems der kollektiven Dreifelderwirtschaft, dem wir uns nun zuwenden wollen.

Dreifelderwirtschaft

Bis zu den agrarischen Reformen des Liberalismus, populär als Bauernbefreiung bezeichnet, war fast in ganz Ostdeutschland und weit darüber hinaus die Dreifelderwirtschaft üblich, bei der die Felder des Dorfes in drei „Felder", „Gewanne", „Jahreszeiten" (noch andere Namen finden sich) geteilt waren, in deren einem eine Sommerfrucht, im anderen eine Winterfrucht angebaut wurde und deren drittes brach lag. Jeder Dorfbewohner, oder zumindest jeder Bauer, Hüfner, Halbhüfner (gelegentlich auch Viertelhüfner) hatte in jedem Felde einen Anteil. Der Flurzwang hatte zur Folge, daß alle zur selben Zeit pflügten, eggten, säeten, die Felder bearbeiteten, mähten usw. und natürlich alle im selben Feld dasselbe anbauten. Dies System war Jahrhunderte alt und, wie gesagt, weit verbreitet. Es ist daher wohl der Mühe wert, sich zu fragen, woher es kam und seit wann es bestand. Das Schrifttum, das dieser Frage gewidmet wurde, ist überreich. Die deutschen, polnischen, französischen, englischen Werke darüber wurden 1935 von K. Dobrowolski[1] durchgearbeitet. Beim Durchlesen seiner Schrift staunt man über die Fülle der vorgetragenen Ansichten.

Einige Forscher behaupten, Dreifelderwirtschaft hätte es schon im Altertum gegeben, in Ägypten im 3. Jh. v. Chr. (Schnabel)[2] oder zu römischer Zeit (Wilckens)[3], im 4. Jh. in Griechenland (Beloch)[4], in Italien (Schnabel[5], Magerstedt[6], Meyer[7]), in Gallien zur Römerzeit (Flach[8], Biermann[9]) oder gar schon vorher (Demangeon[10]), in England auch schon zu vorgeschichtlicher Zeit (Peake[11]). In Deutschland wird ein Satz des Tacitus als für

---

[1] Dobrowolski: Najstarsze osadnictwo Podhala, Lemberg 1935, S. 70 ff.
[2] Schnabel: Die Landwirtschaft im hellenistischen Ägypten, München 1925, I, 230–236.
[3] Wilckens: Papyrus-Urkunden, in Archiv für Papyrusforschung, 1901, I, 157–159.
[4] Beloch: Griechische Geschichte, 2. Auflage, Berlin 1922, Bd. III, Abt. I, 315.
[5] Schnabel, a.a.O., S. 219.
[6] Magerstedt: Bilder aus der römischen Landwirtschaft, Sondershausen 1861, V, 227.
[7] J. Meyer: Die drei Zelgen. Ein Beitrag zur Geschichte des alten Landbaus. Programm der Thurgauischen Kantonschule 1879/80, Frauenfeld 1880, S. 49–50.
[8] Flach: L'origine historique de l'habitation et des lieux habités en France, Paris 1899, S. 41.
[9] Biermann: L'habitat rural en Suisse, in IIIe rapport de la commission de l'habitat rural, Florenz 1931, S. 9.
[10] Demangeon: La géographie de l'habitat rural – Ier rapport de la commission de l'habitat rural, Newtown 1928, S. 64–66.
[11] Peake: The English Village, London 1922, S. 88, 103.

Dreifelderwirtschaft sprechend aufgefaßt (Meitzen[12], Meyer[13]). In Frankreich sind seit sehr alter Zeit zwei Gebiete zu unterscheiden, nördlich einer Linie von der Rhone zur Loire und zur Seinemündung. Südlich davon ist die Zweifelderwirtschaft üblich, assolement biennal, nördlich davon ist die Dreifelderwirtschaft (Demangeon[14], Harris[15], Dion[16]). M. Bloch[17] wollte dies erklären durch die Benutzung des römischen Pfluges ohne Räder, dieser sei leichter zu wenden und daher auf mehr quadratischen Feldern benutzt, während der Räderpflug, um ein öfteres Umwenden zu vermeiden, lange, schmale Ackerstücke „erzeugt" habe. Da aber so schmale Ackerstücke individuell bearbeitet große Verluste bedeuten würden, so kam es zum Flurzwang, zur geschlossenen Dorfsiedlung, damit (Viehhaltung) zur Dreifelderwirtschaft. Diese Meinung ist jedoch falsch, nicht die Frage des Umwendens entscheidet über die Pflugform, sondern im Wesentlichen die Bodenart. In Polen z. B. wurden Pflug, Hakenpflug radło und Socha gleichzeitig benutzt, der Pflug auf schweren Böden, die gut umgewendet werden müssen, der Hakenpflug auf leichten Sandböden, die Socha auf Rodeland, wo es noch Wurzeln unter der Erde gibt (Bujak[18], Dobrowolski[19]). In Podhale wurden noch im 19. Jh. Hakenpflüge in den von K. Dobrowolski beschriebenen Gewanndörfern benutzt. Auch anderswo ist es keineswegs richtig, daß Gewann und Pflug in ihrer Verbreitung übereinstimmen. Lange Flurstreifen gibt es auch in Ländern, in denen der Pflug unbekannt ist, wie z. B. in Syrien (Latron[20], Parmentier[21]). Demangeon sagt „Warum soll man, wie Herr Dion, den araire, das Pfluginstrument der Römer für ein verächtliches Werkzeug halten? In Wirklichkeit ist es ein Werkzeug, das den wenig mächtigen Böden des Südens wohl angepaßt ist, eine tiefer gehende Pflugschar, die den Unterboden erreicht, würde nur Steine an die Oberfläche bringen; geeignet ist er auch für das oberflächliche Kratzen, das während der Brache die lockere Bodenschicht unterhält" (Annales de Géographie 1935, S. 539).

Man muß zunächst die Frage der Dreifelderwirtschaft genauer untersuchen. Unter dem Begriff „Dreifelderwirtschaft" verbergen sich nämlich

---

[12] Meitzen: Siedlung und Agrarwesen der Westgermanen und Ostgermanen, der Kelten, Römer, Finnen und Slaven, Berlin 1895, I, 72–83, II, 684.
[13] Meyer, a.a.O., S. 56.
[14] Demangeon, a.a.O., S. 42–43.
[15] Harris: Rural habitation in Western France and the Channel Islands, in Ile rapport de la commission de l'habitat rural, Florenz 1930, S. 86–91.
[16] Dion: Essai sur la formation du paysage français, Tours 1934, S. 10, 73–81.
[17] M. Bloch: Les caractères originaux de l'histoire rural française, Oslo und Paris 1931, S. 30–56.
[18] Bujak: Studja nad osadnictwem Małopolski in Rozprawy Akad. Um. hist. fil. t. 47, Krakau 1905, S. 403–407.
[19] Dobrowolski, a.a.O., S. 82.
[20] Latron: En Syrie et au Liban, in Annales d'histoire économique et sociale 1934, S. 228–231.
[21] Parmentier: L'agriculture en Syrie et en Palestine, Paris 1922, S. 6.

drei verschiedene Tatsachen. Einmal ist die Dreifelderwirtschaft nicht gleichbedeutend mit dreijährigem Fruchtwechsel. Man kann nämlich einen Anbauplan für drei Jahre haben, ohne daß man drei verschiedene „Felder", „Gewanne" usw. sieht. Dann ist die Frage zu klären, ob bei Vorhandensein dreier Felder, von denen eines brach liegt, die Dreifelderwirtschaft in jedem landwirtschaftlichen Betrieb individuell durchgeführt wird oder aber ob die Dorfgemeinschaft drei Felder hat, in denen jeder Dorfgenosse Anteile hat. Wenn man diese genauere Einteilung vornimmt und sich nicht durch das Wort „Dreifelderwirtschaft" hypnotisieren läßt, so ergibt sich, daß es in Italien und Griechenland zur Römerzeit zwar Dreijahresfruchtwechsel gab, neben dem vorherrschenden Zweijahresfruchtwechsel (Billiard)[22]. Heute und wahrscheinlich schon im Altertum überwiegt in den Ländern um das Mittelmeer die Zweifelderwirtschaft (Harris[23]). Plinius (Hist. Nat. XVIII, 50, 52) empfiehlt auf leichtem, fruchtbaren Boden gar keine Brache zu machen, sondern den Boden dauernd zu bebauen, auf fettem Boden solle man nach dem Getreide ein Jahr Brache lassen und dann eine Hackfrucht anbauen, magere Böden könne man zwei Jahre hintereinander brach liegen lassen. Die Zweifelderwirtschaft auf allen Böden, die Virgil empfohlen hatte, sollte man anwenden, wenn genug Boden vorhanden wäre. So könnte hier also eine Art Dreifelderwirtschaft entstehen, aber individueller Art. Die römische Kolonisation schuf Städte oder Einzelhöfe, keine geschlossenen Dörfer, also auch keine kollektive Dreifelderwirtschaft (Max Weber[24]). Die Ausführungen des Tacitus über den Ackerbau der Germanen haben viele Forscher (z. B. Maurer, Meitzen, von Below) an eine Art Agrarkommunismus bei ihnen glauben lassen. Fustel de Coulanges hat aber gezeigt[25], daß die Germanen den Boden individuell besaßen, worauf auch Dopsch[26] stark hingewiesen hat. Die Stelle bei Tacitus weist nach Cunow[27] und Kulischer[28] auf Feldgraswirtschaft, aber nicht auf Dreifelderwirtschaft hin. Gegen eine solche bei den Germanen zur Zeit des Tacitus sprach sich schon 1858 Roscher aus[29]. Die ersten urkundlichen Zeugnisse über die Dreifelderwirtschaft datieren

---

[22] Billiard: L'agriculture dans l'antiquité d'après les Géorgiques de Vergile, Paris 1928, S. 74.
[23] Harris: Some notes on Field Systems in Mediterranean Lands and in the Atlantic coastal lands of SW Europe, in The Sociological Review, London 1928, XX, 205 ff.
[24] Max Weber: Die römische Agrargeschichte, Stuttgart 1891, S. 52.
[25] Fustel de Coulanges: Histoire des institutions politiques de l'ancienne France, Paris 1889, IV, 171–198.
[26] Dopsch: Wirtschaftliche und soziale Grundlagen der europäischen Kulturentwicklung . . . ., Wien 1918, I, S. 347.
[27] Cunow: Allgemeine Wirtschaftsgeschichte, Berlin 1927, I, 174–179.
[28] Kulischer: Allgemeine Wirtschaftsgeschichte des Mittelalters, Berlin 1928, I, 12–13.
[29] Roscher: Haben unsere deutschen Vorfahren zu Tacitus' Zeiten ihre Landwirtschaft nach dem Dreifeldersystem getrieben? In Bericht über die Verhandlungen der kgl. sächs. Ges. d. Wiss., Leipzig 1858, S. 70–74.

erst aus dem 8. Jh. Arnold[30] und Inama-Sternegg[31] wiesen darauf hin, daß die Dreifelderwirtschaft in der Karolingerzeit sich auf dem Großgrundbesitz entwickelte, dieser war immer ein Faktor des wirtschaftlichen Fortschrittes. Ähnliche Ansichten vertraten Fleischmann[32], Dopsch[33], Koetzschke[34]. Auch Meitzen[35] hebt hervor, daß die Dreifelderwirtschaft den Interessen des Großgrundbesitzes mehr entsprach als denen der Bauern.

Und gewiß war die Dreifelderwirtschaft ein Fortschritt gegenüber der Zweifelderwirtschaft (oder noch älteren Methoden), die Getreideerträge erhöhten sich. Möglich war er infolge besserer Düngung (bei stärkerer Viehhaltung) und besserer Ausnutzung der menschlichen Arbeitskraft. Wo entwickelte sich nun die Dreifelderwirtschaft zuerst? In Nordostfrankreich, Süddeutschland, der Schweiz (Lamprecht[36], Sée[37]). Im heutigen Belgien gab es sie nicht vor dem späten Mittelalter (Des Marez[38]). In England gibt es urkundliche Nachrichten erst aus dem 12./13. Jh. Vorher ging fast überall die Zweifelderwirtschaft, die im 13.−15. Jh. von der Dreifelderwirtschaft abgelöst wurde, in Südengland blieben Reste der römischen Agrarverfassung bestehen, in Irland, Wales, Cornwall, Schottland gab es die Dreifelderwirtschaft nicht (Gray[39], Gras[40]). In Dänemark finden wir sie im 13. Jh. (Nielsen[41]), in Schweden war sie selbst im 18. Jh. noch nicht überall eingeführt (Heckscher[42]). Auch in Rußland gab es wirkliche Dreifelderwirtschaft nicht vor Ausgang des Mittelalters (Meitzen[43], Schneeweis[44], Zelenin[45], Moszyński[46]). In Ungarn wird sie zuerst mit der deutschen Kolonisation zusammen erwähnt. Bei den Alpenslaven will sie

---

[30] Arnold: Deutsche Urzeit, Gotha 1879, S. 222.
[31] Inama-Sternegg: Deutsche Wirtschaftsgeschichte, Leipzig 1879, I, 402−403.
[32] Fleischmann: Bemerkungen zu den über altgermanische Wirtschaftsverhältnisse herrschenden Lehrmeinungen und deren Quellen. In Journal für Landwirtschaft 1911, Bd. 59, S. 225−228.
[33] Dopsch, I, 84−86 und Dopsch: Verfassungs- und Wirtschaftsgeschichte des Mittelalters, Wien 1928, S. 294.
[34] Allgemeine Wirtschaftsgeschichte des Mittelalters, Jena 1924, S. 267.
[35] Meitzen, a.a.O., I, 462.
[36] Beiträge zur Geschichte des französischen Wirtschaftslebens im 11. Jahrhundert, Leipzig 1878, S. 33.
[37] H. Sée: Französische Wirtschaftsgeschichte, Jena 1930, S. 17.
[38] Des Marez: Le problème de la colonisation franque et du régime agraire en Belgique, Brüssel 1926, S. 135−161.
[39] H. L. Gray: English Field Systems, Cambridge 1915, S. 62, 71−78, 403−418.
[40] N. S. B. Gras & E. C. Gras: The economic and social history of an English village, Cremley, Hampshire A. D. 909−1928, Cambridge 1930, S. 36.
[41] Nielsen: Dänische Wirtschaftsgeschichte, Jena 1933, S. 14.
[42] E. T. Heckscher: The Place of Sweden in Modern Economic History, in The Economic History Review IV, 1−22, London 1934.
[43] Meitzen, a.a.O., II, 221, III, 327.
[44] Schneeweis: Studien zum russischen Dorf im Alt Novgoroder Ujezd, in Österr. Zeitschr. für Volkskunde, 1913, XIX, 5.
[45] Zelenin: Russische (ostlavische) Volkskunde, Berlin 1927, S. 8.
[46] Moszyński: Kultura ludowa Słowian, Krakau 1929, I, 142−143.

Dopsch bereits im 10. Jh. finden, gibt aber keine urkundlichen Beweise[47]. Auch Kazinov[48] gibt für die Tschechen nur Vermutungen für das 10. Jh. Als Entstehungszeit in Deutschland nehmen Meitzen[49] und Weber[50] das 8. Jh. an, im 9. Jh. war die Dreifelderwirtschaft noch in weiten Teilen von Süddeutschland und Nordostfrankreich unbekannt, im 12. und 13. Jh. hatte sie noch Kämpfe mit der Zweifelderwirtschaft auszufechten (Lamprecht[51]). Auf der Pyrenäen-, Appeninen- und Balkanhalbinsel hat die kollektive Dreifelderwirtschaft nie Fuß gefaßt, obwohl es z. B. in Spanien Gemeineigentum an Weiden und Wäldern gibt und in Italien Kollektivarbeit auf den Feldern (Harris[52]).

Man hat öfter eine angebliche Gleichheit germanischer und altindischer Agrarverhältnisse behauptet, z. B. H. S. Maine[53]. Maine hat sogar behauptet, daß das sog. joint village die Urform des arischen Dorfes gewesen sei[54]. Es handelt sich um Sippenansiedlungen, deren Felder in Gewanne geteilt sind, verschieden nach der Bodengüte. Diese sind in schmale Streifen geteilt. Die Grundeinheit ist das sog. plough land, d. h. die Fläche, die von einem Paar Ochsen bearbeitet werden kann. Diese Einheit ist wie die Hufe nicht ein einzelnes Bodenstück, sondern sind Anteile in den verschiedenen Gewannen. Die nichtgeteilten Flächen sind Gemeineigentum. Die Siedlungen sind geschlossene Dörfer, oft unregelmäßig, die möglichst in der Mitte der Dorfflur liegen. Die besten Beschreibungen gab Baden-Powell[55]. Aber neuere Untersuchungen haben ergeben, daß das Grundeigentum in den indischen Dörfern, ob Sippensiedlungen oder nicht, individuell ist, daß das Dorf nach außen hin zwar eine geschlossene Einheit bildet, dies jedoch, weil es solidarisch haftbar ist für die Bezahlung der Steuern (Altekar[56], Krauss[57]). Eine kollektive Steuerhaftung bestand und besteht auch auf Ceylon (Hayley[58]). Übrigens meint Dobrowolski[59], daß sich dies System erst in jüngerer Zeit in Indien ent-

---

[47] Dopsch: Die ältere Sozial- und Wirtschaftsverfassung der Alpenslaven, Weimar 1909, S. 118.
[48] J. Kazinov: Histoire de l'agriculture tchéco-slovaque, in Encyclopédie tchéco-slovaque, Agriculture, Paris 1928, S. 850.
[49] Meitzen, a.a.O., I, 614.
[50] Max Weber: Wirtschaftsgeschichte, München 1924, S. 6.
[51] Lamprecht: Deutsches Wirtschaftsleben im Mittelalter, Leipzig 1886, I, 545—546.
[52] Harris: Sociological Review, 1928, XX, 212.
[53] H. S. Maine: Village Communities in East and West, 3rd Edition London 1876, S. 12, 78, 103, 107.
[54] Ebenda, S. 103—128, 220—225.
[55] Baden-Powell: The Indian Village Community, London 1896, S. 269, 275—276, 280, 283 und Baden-Powell: The Origin and Growth of Village Communities in India, London 1899, S. 10—19, 68, 87, 95—118.
[56] Altekar: A history of village communities, S. 82.
[57] Krauss: Das indische Dorf, in Jahrbuch für Soziologie, 1927, III, 303.
[58] Hayley: A treatise on the Laws and Customs of the Singhalese, Colombo 1923, S. 263.
[59] Dobrowolski, a.a.O., S. 95.

wickelte, jedenfalls erklärt Altekar[60], daß Gemeineigentum in Indien auch in den ältesten Zeiten nicht bestand. Es scheint, daß hier ähnliche geographische, soziale und wirtschaftliche Bedingungen ähnliche Folgen zeitigten hinsichtlich der Dorfgemeinschaften wie in Europa oder auch in Rußland. Zwar herrscht noch Streit über die Entstehung der russischen Dorfgemeinschaft mit ihrer periodischen Neuverteilung der Grundstücke, aber es unterliegt keinem Zweifel, daß staatliche Anordnungen und Steuersysteme dabei die Hauptrolle spielten, wie Kulischer[61] mit kritischer Anführung des gesamten Schrifttums darlegt. Auch Miller[62] betont den Zusammenhang zwischen staatlichen, grundherrschaftlichen Anordnungen und dem periodischen Neuverteilen des Bodens. Ähnliches besteht in Ägypten. In den Gebieten, die weiter weg vom Nil liegen und in denen daher die Schlammablagerung (und damit „Düngung") nicht regelmäßig erfolgt, besteht die Sitte der periodischen Neuverteilung der Bodenstücke an die Bauern, um ihnen die Steuerzahlungen zu erleichtern. Die wichtigeren Feldarbeiten erfolgen unter der Aufsicht der Scheiche, d. h. der Verwaltungs- und Steuerbeamten (Hug[63]). Dobrowolski sagt: „Man kann es für sicher halten, daß der Herrenhof der Schöpfer der kollektiven Dreifelderwirtschaft war. Die außergewöhnliche Planmäßigkeit der Feldeinteilung, verbunden mit dem Arbeitszwang der Dorfgemeinschaft und mit der Einteilung des Bodens in Hufen als Steuereinheiten, konnte nur das Werk des Großgrundbesitzes sein, der sich auf diese Weise die Regelmäßigkeit der Leistungen von Seiten der untertänigen Bauern sicherte. Für den Großgrundbesitz als Schöpfer des genannten Systems spricht auch die Tatsache, daß die Planmäßigkeit und Regelmäßigkeit der Feldeinteilung entweder bei der Begründung eines neuen Dorfes angewandt werden konnte oder bei der Verbesserung der Bodenverhältnisse in einer schon bestehenden Ansiedlung. Beide Tätigkeiten beanspruchten ein größeres Kapital und eine starke Ausführungsmacht. Die Quellen bezeugen auch deutlich, daß die räumliche Verbreitung des genannten Systems im engsten Zusammenhang stand mit der kapitalistischen Tätigkeit des Großgrundbesitzes, der die Siedlungsaktion auf unbesiedelten Flächen oder die Reform der Grundbesitzverfassung in früher gegründeten Orten vornahm, um aus dem besessenen Grund und Boden höhere Einkünfte herauszuholen".

Wir glauben erwiesen zu haben, daß die Dreifelderwirtschaft von der Grundherrschaft geschaffen wurde. Es bleibt die Frage zu klären, ob und wieweit völkische Voraussetzungen dafür maßgebend sind. Oft wird be-

---

[60] Altekar, S. 81–83.
[61] Kulischer: Russische Wirtschaftsgeschichte, Jena 1925, I, 238–263.
[62] A. Miller: Essai sur l'histoire des institutions agraires de la Russie centrale du XVIe au XVIIIe siècle, Paris 1926, S. 319 ff.
[63] G. Hug: L'habitat rural dans la Moyenne Egypte, in IIe rapport de la commission sur l'habitat rural, Florenz 1930, S. 54–58.

hauptet, daß Gewanndörfer mit Flurzwang und Kollektivarbeit ein Charakteristikum der Germanen wäre. Dies ist in dieser allgemeinen Form jedoch falsch. Es gibt Gewanndörfer bei außereuropäischen Völkern, in Syrien (Latron[64]), Bolivien (MacBride[65]) und anderswo (Sanderson[66]). Man muß jedoch feinere Unterschiede einführen. Fragt man sich z. B., ob im ostdeutschen Kolonialland die Gewanne deutsch oder slavisch sind, so haben früher Meitzen[67] u. a. einfach erklärt, sie seien deutsch. Potkański[68], Piekosiński[69], Bujak[70] haben sie für slavisch erklärt. Man muß jedoch einen Unterschied machen zwischen sehr regelmäßiger Anlage und unregelmäßiger Blockgewannflur. Letztere ist slavisch oder vielmehr kann slavisch sein (Niessen[71]), die regelmäßigen Formen sind deutsch (Maas[72], Dobrowolski, a.a.O., S. 100, W. Ebert[73]). Wie weit sind nun Flurformen national bedingt und wie weit geographisch? Die Spanier nahmen ihr Feldsystem aus Kastilien nach Mexiko, unbekümmert um klimatische und topographische Unterschiede (MacBride[74]). Die Dreifelderwirtschaft kam nach Podhale aus der Zips durch die dortigen deutschen Kolonisten; als mos Saxonum breitete sie sich in der mittleren und nordöstlichen Slovakei aus und kam bis nach Karpathorußland (Perfeckij[75]). In den waldigen Mittelgebirgstälern findet sich als Hauptsiedelform das Waldhufendorf. Die Sudeten, das schlesische Hügelland (siehe die Karte bei Schlenger[76]), die Beskiden und ihre Vorberge, auch die Karpathen sind von ihnen bedeckt (siehe die Karte bei Zaborski[77]). Und neben diesen der geographischen Umwelt gut angepaßten Dörfern finden sich in den Tälern Podhales die Dörfer Krauszow (erhielt 1333 deutsches Recht), Ludzimierz (1333), Szaflary (vor 1338), Klikuszowa (vor 1389), Waksmund (vor 1338), Harklowa (vor 1335), Szlembark, Grywald. Sie alle sind Gewanndörfer; und zwar sind sie es, weil sie von Deutschen aus der Zips, die fast alle Gewanndörfer hatten, im 14. Jh. gegründet wurden (Potkański[78], Dobro-

---

[64] Latron, a.a.O., S. 225–234.
[65] G. McBride: The agrarian Indian communities in Highland Bolivia, New York 1921, S. 6.
[66] Sanderson: The rural Community, Boston 1932, S. 36–434.
[67] Meitzen, a.a.O., II, 264–272, und Meitzen: Urkunden schlesischer Dörfer, in Codex diplomaticus Silesiae IV, Breslau 1863.
[68] Potkański: pisma pośmiertne I, 200 (Krakau 1924).
[69] Piekosiński: O łanach w Polsce wieków średnich, Krakau 1887, S. 44.
[70] Bujak, a.a.O., S. 376–377.
[71] Niessen: Geschichte der Neumark im Zeitalter ihrer Entstehung und Besiedlung, Landsberg a. W. 1905, S. 88, 89, 107, 175.
[72] W. Maas: Die Entstehung der Posener Kulturlandschaft, Posen 1927, S. 60.
[73] W. Ebert: Ländliche Siedelformen im deutschen Osten. Berlin 1937, S. 36, 71.
[74] McBride: The Land Systems of Mexico, New York 1923, S. 106.
[75] Perfeckij: Socialno-hospodařské poměry Podkarpatské Rusi ve stoleti XIII–XV, Preßburg 1924, S. 84–131.
[76] Schlenger: Formen ländlicher Siedlungen in Schlesien, Breslau 1930.
[77] Zaborski: Über Dorfformen in Polen und ihre Verbreitung, Breslau 1930 (Original polnisch, Krakau 1926).
[78] Potkanski, a.a.O., S. 322, 333, 334, 330.

wolski[79]). Der polnische Forscher Leszczycki[80] macht sie einfach zu Waldhufendörfern, da sie in Waldtälern liegen, auch der slowakische Forscher Martinka[81] wirft oft Waldhufen- und Gewanndörfer zusammen. Aber bei genauer Betrachtung kann man sehen, daß hier soziale und nationale Faktoren stärker waren als geographische. Eine genaue Durcharbeitung der Dorf- und Flurformen der Karpathen (wie sie z. B. Graul[82] angefangen hat) würde sicher noch viel zu Tage fördern.

---

[79] Dobrowolski, a.a.O., S. 18 ff.

[80] Leszczycki: Osadnictwo Zachodnich Karpat Polskich, in Wiadomosci geograficzne XII, 1934, 60/61 (Karte).

[81] Martinka: Morfologické typy slovanských osad, in Spornik Muzeálnej Slovanskej Společnosti 1927, XXI, 48–57.

[82] Graul: Formen des Waldhufendorfes auf dem Nordabhang der Karpathen, Die Burg, III, 1942, S. 369 ff.

Bevölkerungsdichte

Als einen Vorläufer der Sozialgeographie können wir J. J. Rousseau betrachten. Es heißt im „Contrat social" II,10: „Man kann einen politischen Körper auf zwei Weisen berechnen, nämlich vermittels der Ausdehnung des Territoriums und vermittels der Volkszahl; es gibt zwischen diesen beiden Maßen ein passendes Verhältnis, um die wirkliche Größe eines Staates zu berechnen. Die Menschen bilden den Staat und das Land ernährt die Menschen".

Alle Volksdichtestudien kann man als sozialgeographisch ansehen, einmal interessiert den Geographen schon die geringere oder größere Raumerfüllung durch die Menschen an sich, da der Anblick der Landschaft davon weitgehend abhängt, zweitens aber ist die Frage der Zunahme der Volksdichte (und damit die Verstärkung des Einflusses des Menschen durch Siedlung und Wirtschaft) ein soziales Phänomen, verschieden in den verschiedenen Gebieten, weitgehend abhängig von der Sozial- und Wirtschaftsstruktur. Denken wir nur an die so verschiedene Zunahme der Bevölkerung im Industrielande England und in Frankreich, das im wesentlichen doch Agrarland blieb:

Bevölkerungsdichte je 1 qkm

Jahr	in Frankreich	in England und Wales
1581	36	33
1770	46	47
1789	49	52
1801	51	59
1851	66	119
1872	68	150
1896	73	215
1931	76	317

Der deutsche Agrarhistoriker Georg Hanssen hat in seiner Lehre von den „Bevölkerungsstufen" einen Zusammenhang zwischen Bevölkerungszahl bzw. -dichte und wirtschaftlicher Entwicklung festzustellen gesucht. Der Übergang von der wilden Feldgraswirtschaft zur Dreifelderwirtschaft war der erste dieser von der Bevölkerungsgröße abhängigen Fortschritte, ein anderer war die Bildung der Städte. Die eigentliche Bedeutung der Städte lag nach Hanssen darin, daß sich hier neue Reservoire gebildet hatten, um den auf dem Lande vorhandenen Bevölkerungsüberschuß aufzunehmen. Adam Huefner führt dies weiter aus und sagt direkt: „In einem Lande besteht zwischen der Dichte der Bevölkerung und der Stufe seiner wirtschaftlichen Entwicklung fast stets ein unmittelbarer Zusammenhang. Zu dünn besiedelte Länder weisen meist eine rückständige Produktion, mangelhafte Verkehrsverhältnisse und eine relativ rohe und primitive Bedarfsdeckung auf, während umgekehrt die Länder mit hoher Bevölkerungsdichte fast ausnahmslos durch eine hochentwickelte Produktion auf breiter industrieller Grundlage, eine hohe Verkehrsdichte und eine vielfältige, technisch verfeinerte Bedarfsdeckung gekennzeichnet sind"[1]. Der Franzose Ad. Coste[2] vertritt ähnliche Ideen: „Im Anwachsen und in der Konzentration der Bevölkerung muß man die Ursache jeden sozialen Fortschritts suchen". Auch der russische Sozialhistoriker Kovalevski sagt: „Der Hauptmotor der wirtschaftlichen Entwicklung ist die sich ständig vergrößernde Bevölkerung"[3]. Aber ich glaube, daß der Zusammenhang zwischen beiden Tatsachen umgekehrt ist, d. h. daß die Bevölkerungsvermehrung möglich ist infolge neuer Wirtschaftsentwicklungen. Der italienische Nationalökonom Beccaria sagte („Elementi di Economia politica) 1769: „Es ist klar, daß die Bevölkerungsgröße mehr eine Folge des Anwachsens der Existenzmittel ist als daß jene eine Folge des Anwachsens der Bevölkerung sind". Bouthoul zitiert diese Worte und gibt seine eigene Meinung wie folgt: „Die Tatsachen haben gezeigt, daß, zumindest bis zum 19. Jh. es der Fortschritt der Technik war, der dann eine zahlenmäßige Vermehrung der Bevölkerung verursachte". In jedem Falle ist die Bevölkerungsdichte ein wichtiges Phänomen, das Geographen, Historiker, Soziologen, ja Biologen angeht.

Die Betrachtung der Veränderungen der Volksdichte in den letzten 90 Jahren ist zwar auch vielleicht mehr ein historisches als ein geographisches Studium, aber viele Dinge von heute sind leichter zu verstehen, wenn man sie in ihrem Werden verfolgt. Wir finden in den „Comptes rendus du Congrès International de Géographie, Amsterdam 1938", section IIIa, S. 172, eine Tabelle der Einwohnerzahl verschiedener Länder Europas in den Orten mit mehr als 5000 Einwohnern, also Städten, 1870 und 1930. Man kann daraus die Verstädterung ersehen, die in ganz Europa in der betrachteten Zeit sich nahezu verdoppelte: 20,8% 1870, aber 37,6% 1930. Wir nehmen die Zahlen für zwei Industrieländer, Großbritannien und Deutsches Reich, für ein überwiegendes Agrarland mit Verstädterung, Frankreich und für zwei Agrarländer mit forcierter Industrialisierung im 20. Jh. Polen und Sowjetrußland. Hier die Zahlen:

---

[1] Huefner: Das Reich, 9. 4. 1944.
[2] A. Coste: Principes d'une sociologie objective, S. 103.
[3] Bouthoul: La population dans le monde, Paris 1935, S. 130.
[4] Ebenda, S. 132.

Bevölkerungsdichte

Volkszahl in den Siedlungen von über 5000 Einwohnern

Staat	in Orten über 5000 Einw. leben % der Gesamtbevölkerung	von 5000 – 10 000	von 10 000 bis 25 000	von 25 000 bis 50 000	von 50 000 bis 100 000	über 100 000 Einw.
Großbritannien						
1931	74,8	4,7	8,9	11,1	9,9	40,2
1871	57,7	6,9	9,7	6,9	6,6	27,2
Deutsches Reich						
1933	53,1	6,6	7,7	6,0	5,0	27,8
1871	23,6	5,8	6,4	2,5	3,2	5,7
Frankreich						
1931	42,7	5,0	8,2	5,5	8,8	15,2
1872	21,3	3,4	5,0	2,7	2,4	7,8
Polen						
1931	26,4	4,6	5,8	3,4	2,2	10,4
1870	11,1	4,3	3,0	0,6	1,6	1,6
Sowjetrußland						
1926	16,0	1,8	3,1	1,7	2,4	7,0
1870	8,1	2,0	2,4	1,3	0,7	1,7
Europa etwa						
1930	37,6	5,1	6,7	4,6	4,3	16,7
1870	20,8	4,7	5,2	2,4	2,1	6,5

Die Sache gewinnt an Interesse, wenn man sie mit der Volksdichte in ländlichen Gegenden, hier mit der in Orten unter 5000 Einwohnern vergleicht. Wir finden a.a.O., S. 175, eine andere Liste, aus der wir Zahlen für Polen, Frankreich, Deutsches Reich, Großbritannien, Weißruthenien und Litauen entnehmen:

Volksdichte je 1 qkm in den Siedlungen unter je 5000 Einwohnern

Land	Gegend	1930	1870
Groß-	NW England	56	65
britannien	SO England	49	73
	Wales	191	147
	Schottland	23	23
	Nord-Irland	43	79
Deutsches Reich	südl. vom Main	85	63
	Rhein-Weser	89	74
	Weser-Elbe	70	62
	östl. der Elbe	39	33
	Schlesien	69	77
Frankreich	Norden	52	66
	Westen	49	57
	Südwesten	39	51
	Südosten	36	44
Polen	Mitte	71	42
	Osten	39	23
	Westen	53	46
	Süden	86	62
	Schlesien	100	74
Weißruthenien		31	16
Litauen		40	29

Im Reiche sehen wir überall eine Erhöhung der Volksdichte, außer in Schlesien, wo infolge der starken Industrialisierung die „Ländliche", d. h. in Orten unter 5000 Einwohnern wohnende Bevölkerung sinkt, da sie „städtisch" wird, d. h. in Orten von mehr als 5000 Einwohnern wohnend, sie werden solche durch die Volksvermehrung. In Polen sehen wir auch überall eine Volksvermehrung, desgleichen in Litauen und Weißruthenien, alles agrarische Gebiete mit beginnender Industrialisierung. In Großbritannien sehen wir fast überall eine Verminderung: die Bevölkerung wandert (außer in Wales) in die Städte ab, was noch stärker in Frankreich in Erscheinung tritt. Man beachte auch die absolute Höhe der Volksdichte, die nach Westen zunimmt: Weißruthenien 16, Ostpolen 23, Westpolen 46, Rheinland 74, Ostfrankreich 66, Wales 147 und dies schon 1870, 1930 lauten die Zahlen in derselben Reihenfolge 31, 39, 53, 89, 49 (!), 191.

Volksdichteberechnungen interessieren Geographen und Soziologen, für erstere sind manchmal Siedlungsdichtezahlen wichtiger. Wir geben nun eine Zusammenstellung der Dichte der ländlichen Häuser je Geviertkilometer und der ländlichen Bevölkerung je Haus in den einzelnen Wojewodschaften von Versailles-Polen 1921:[5]

Wojewodschaft	ländliche Häuser je 1 qkm	ländliche Bevölkerung je Haus	ländliche Bevölkerung je 1 qkm
Warschau (ohne die Stadt Warschau)	7,1	7,85	49
Lodz	9,8	7,58	64
Kielce	11,1	6,83	61
Lublin	8,0	6,77	49
Białystok	5,0	6,06	29
Wilna (z. T.)	5,2	5,72	29
Nowogródek	5,4	5,67	30
Polesie	3,2	5,70	17
Wolhynien	6,9	5,73	39
Posen	5,6	8,58	41
Pommerellen	5,4	8,00	35
Teschen-Schlesien	11,9	8,36	52
Krakau	15,8	5,61	75
Lemberg	14,1	5,56	72
Stanislau	11,6	5,13	56
Tarnopol	13,8	5,28	71

In Südpreußen kamen 1800 sechs Menschen auf dem Lande auf ein Haus (in der Stadt 9). Was lehrt uns die Tabelle? Wir sehen in Galizien, Teschen-Schlesien und Südkongreßpolen die starke Bodenzersplitterung durch das Kleinbauerntum (wovon wir noch in anderem Zusammenhang sprechen werden) sich durch viele aber kleine Häuser in der Landschaft widerspiegeln, in Posen, Pommerellen, Wolhynien sehen wir den Einfluß des Großgrundbesitzes: größere Häuser, aber weniger Bewohner je Ge-

---

[5] Nach Kwartalnik Statystyczny, 1931, VIII, 873.

viertkilometer. Die Einöden Polesies zeigen sich sowohl in der geringen Häuserdichte wie in der ganz geringen Dichte der ländlichen Bevölkerung, der Nordosten Polens (Wojewodschaften Wilna, Nowogródek, Białystok) zeigt den Übergang zum mittelpolnischen Gebiet auch in dieser Hinsicht an. Vergleichen wir dies nun mit einer Tabelle der Dichte der Städte und Dörfer[6]. Es entfiel 1921 auf je .... qkm:

Wojewodschaft	eine ländliche Siedlung	eine städtische Siedlung
Warschau	2,2	516
Lodz	2,3	453
Kielce	2,9	735
Lublin	4,2	974
Białystok	4,5	692
Wilna (z. T.)	2,4	2171
Nowogródek	3,6	1437
Polesie	11,4	1536
Wolhynien	8,5	966
Posen	3,7	225
Pommerellen	4,2	529
Teschen-Schlesien	8,8	202
Krakau	8,5	349
Lemberg	8,7	450
Stanislau	14,0	633
Tarnopol	9,8	464

Das Bild ist etwas weniger klar als es sein könnte, weil der Begriff „Siedlung" in den verschiedenen Gebieten verschieden definiert wurde. Trotzdem zeigt ein Vergleich der beiden Tabellen die großen Dörfer in Südpolen, die Streusiedlungen in Mittel- und Ostpolen, die Mischung beider Siedlungsformen im Westen. Bei den Städten zeigt sich das Kulturgefälle, wie stets in Polen, nach dem Osten. Hier im Osten gibt es fast keine Städte. In Posen gibt es freilich zuviel Städte, eine Folge der auf Ausbeutung bedachten Städtepolitik des polnischen Adels, während in Pommerellen (Westpreußen) sich die gesunde Städtepolitik des Deutschen Ordens noch heute zeigt.

Die Volksdichte ist am größten in den Städten, am geringsten in Sumpfgebieten, den Wäldern, den Bergmatten. Fangen wir mit einer Betrachtung der Matten der Karpathen an.

Vor 90 Jahren waren die Almen der Ostkarpathen durch zahlreiche Schaf- und Rinderherden belebt. Heute ist das Almenwesen stark zurückgegangen. Zwei Faktoren der Sozialordnung sind als Gründe dafür anzuführen. Einmal die Konkurrenz der australischen Wolle, gegen die Österreich-Ungarn nicht genügend zollpolitische Maßnahmen traf. Zweitens hatte der Bau von Eisenbahnen und Landstraßen die Holzverwertung in den Bergwäldern rentabel gemacht, die Wälder waren bei der sog. Bau-

---

[6] Ebenda, S. 880.

ernbefreiung meist dem Großgrundbesitz zugesprochen worden, dieser verbot den Durchtrieb der Herden durch den Wald auf die Matten. Das Almenwesen hat sich nur dort erhalten, wo entweder der Wald den Gemeinden gehörte oder wo er wegen zu großer Entfernung von den Bahnen z. B. in den Gorgany oder den Czarnahora forstlich wenig Nutzen brachte. Hier leben die Huzulen. Sozialgeographische, physischgeographische und ethnographische Gründe zusammen haben die Huzulen als Typus geschaffen und konserviert. Sie sind eine Mischung von walachischen (dakorumänischen) Hirten von dinarischem Typus mit ukrainischen Hirten von sarmatischem Typus. Sie sprechen ukrainisch, jedoch durch rumänische und andere Einflüsse und einer Sonderentwicklung ist ihre Sprache für andere Ukrainer schwer verständlich. Die Namen der Almen und der Bergspitzen sind oft rumänischen Ursprungs: Tomnatyk, Turkul, Breskul, Foresek, Honnul usw. Die Huzulen entstanden als ethnographische Gruppe in einem bestimmten, physiographisch fast prädestinierten Gebiete. Die Bergrücken sind hier wenig bewaldet, daher gibt es viele mähdige Wiesen (caryny) und Almen. Die Siedlungen liegen inmitten der Almen, zerstreut, die Talsiedlungen, eine Art Reihendörfer, sind nicht von Huzulen bewohnt, sondern von Einwanderern. Die Häuser der Huzulen befinden sich stets in der Nähe des Waldes. Die starke Zerstreuung der Siedlungen (oft mehrere Kilometer zum nächsten Nachbar), der auch dadurch bedingte geringe Einfluß der weitentfernten Kirche, hat bei den Huzulen die Erhaltung vieler heidnischer Gebräuche bewirkt, die eine Art zweiter Religion für sie darstellen. Hierbei spielt auch die Abwesenheit von Ärzten und Apothekern eine Rolle. Die Wälder gehören meist den Gemeinden. Der Huzule hat so die freie Benutzung des Holzes. Dies mag die Entwicklung der Holzkunst gefördert haben. Wegekreuze, Holzkirchen, Glockentürme schmücken die Landschaft, alle Möbel und Geräte sind aus Holz. Trotz starker Schafzucht gab es früher wegen der Verkehrsschwierigkeiten kaum Wollausfuhr, wodurch eine starke Ausnutzung an Ort und Stelle in der reich geschmückten Kleidung erfolgen konnte. Selbst Frauen und Kinder sind stets im Sattel, die weiten Entfernungen haben die Huzulen zu einem Reitervolk gemacht[7].

Man kennt die Arbeit von Brunhes über das Val d'Anniviers, wo die Bevölkerung je nach den auszuführenden Arbeiten die Wohnung wechselt, bald tief im Tale, bald hoch auf der Alm, bald auf dem Abhang wohnt. Ähnliches kann man auch in der Czarnahora feststellen. Das Dorf, die Dauerbehausung liegt in etwa 600 m Meereshöhe. Dort ist die gesamte Bevölkerung von Mitte Dezember bis Anfang April. Alsdann steigt sie bis auf 1000 und 1100 m, wo sich die „zimarki", eine Art Sennhütten befinden. Ende Mai ziehen die Leute wieder ins Dorf, um die Feldarbeiten

---

[7] Nach Gąsiorowska: Wierchy, IV, 80–114.

auszuführen, einige Hirten bleiben oben. Mitte August kommen wieder alle auf die Höhen, viel Gras wird gemäht. Ende September geht man der Kartoffeln wegen wieder ins Dorf und einen Monat später sind wieder fast alle in den „zimarki", wo allerlei Herbstarbeiten im Sennbetrieb ausgeführt werden bis Mitte Dezember, wenn das gesammelte Heu der Matten vom Vieh aufgebraucht ist. Dann geht alles ins Dorf. Die „zimarki" bestehen nicht in Gebieten zu großer Entfernung von den Dörfern. Man vergleiche darüber Arbeiten von Kubijowicz und anderen Ukrainern, den schön bebilderten Aufsatz von Woźnowski „Ziemia", 1930, S. 150 – 156, und meinen Aufsatz in der Zeitschrift der Gesellschaft für Erdkunde 1930.

Man hat öfter die Sennen als „Nomaden" bezeichnet. Das stimmt zumindest für die in den Alpen nicht, aber es gibt fast überall in Europa Almenwirtschaften und man muß Unterschiede machen. Hołub-Pacewiczowa[8] stellt auf der Balkanhalbinsel einen reinen Nomadismus fest, der hier den Übergang zwischen den Formen der Hirtenwanderungen in Europa und Asien darstellt. Sie zeigt weiter die Existenz einer „Transhumance" im engeren Sinne des Wortes in den Mittelmeerländern und stellt endlich in den Alpen, in den Karpathen und in einigen Mittelgebirgen Europas das Vorhandensein eines Saisonhirtenlebens fest, das auch in seiner Eigenart in typischen zeitweise bewohnten Siedlungen, in den sozialen, wirtschaftlichen und sonstigen Verhältnissen zum Ausdruck kommt.

Saisonsiedlungen sind jedoch nicht auf die Berge beschränkt. Wie es in Finnland und zwar in Ostbothnien Saisonsiedlungen gibt, über die Numelin berichtet[9], so finden sich auch in Polesie Saisonsiedlungen, über die Szaflarski schrieb[10]. In Westpolesien bei Ratno und Luboml gibt es eine Art Sennhütten in einiger Entfernung von den Dörfern, besonders typisch bei Chocieszowa, östlich von Ratno. Vier bis fünf Kilometer vom Dorf treten die Sennhütten und zwar immer paarweise auf, sie sind aus Weiden geflochten, die eine hat ein Dach, die andere nicht. Letztere heißt zahoda und dient für das Vieh, während die erstere, stanok genannt, eine Wohnung ist. Häufig gibt es daneben noch eine Art Koppel. Manchmal sind sie in Pfahlwerk errichtet. Bewohnt werden sie von der Heuernte bis zum Herbst. Hier hält sich das Vieh auf, wodurch dann manchmal im Dorf Milchknappheit entsteht. Diese Erscheinung findet sich besonders in der Nähe großer Dörfer mit viel Viehzucht z. B. Tur, Ratno, Krym, Świtjaź (hier gibt es gegen 30), sie hat in letzter Zeit keine bemerkenswerte Verringerung erfahren. Anfänge dazu sehen wir im Becken von Stryj. Hier erstreckt sich neben dem Dniestr das Wielkie Błoto, der Große Sumpf, in dem es einige Sumpfinseln gibt. Letztere werden vom Vieh ge-

---

[8] Hołub-Pacewiczowa: Z badań nad pasterstwem karpackiem i alpejskiem, in Wierchy, 1930.
[9] Numelin: Les migrations humaines, Paris 1936, S. 171.
[10] Szaflarski: Ziemia, 1931, S. 287 ff.

nutzt, besonders podolische Ochsen werden hierher geführt. Kommt Hochwasser, so stehen häufig Hunderte von Ochsen dichtgedrängt auf den Inseln und warten mit ihren Hirten, hungernd und frierend auf das Fallen des Wassers. Die Wiesen sind gut, sie sind besser, je weiter sie vom Fluß entfernt sind. Aber mit dieser Entfernung wächst auch die Zahl der Maulwürfe und daher kann man wegen der Maulwurfshügel die Wiesen nicht mähen. Daher wird das Vieh hinaufgetrieben, wie Rehman 1880 mitteilte[11]. Die inzwischen eingetretenen sozialen und wirtschaftlichen Veränderungen in Ostgalizien haben dies System weitgehend verschwinden lassen.

Veränderungen gab es auch in Polesie. Wenn man die russische Karte 1:126 000, die etwa 1880 aufgenommen ist und für jedes Dorf die Häuserzahl angibt, mit den Verhältnissen ein halbes Jahrhundert später vergleicht, so ergeben sich starke Unterschiede.

Blatt der Karte	Name des Ortes	Zahl der Häuser	
		„1880"	„1926"
Słuck	Stadt Słuck	543	1836
	Stadt Starobin	165	474
	Stadt Urzecze	64	417
	Stadt Luban	136	399
	Pohost	78	156
	Omhrodniki	14	74
	Carowce	41	165
	Sieliszeze	61	170
	Czepiele	52	210
	Tiesowa	69	188
	Durasino	39	216
	Tal	77	519
Kopatkowice	Stadt Kopatkowice	34	505
	Bubnówka	17	70
	Laskawska Słoboda	34	120
	Laskowicze	48	150
	Kaszewicze	34	122
	Kopcewicze	40	125
	Iwaszkiewicze	37	150
	Kopcewicze Bahnhof	36	89
	Michedowicze	74	177
Łojow	Stadt Łojow	361	872
	Stadt Cholmycz	95	285
	Kozierogi	39	105
	Krupejki	111	320
	Derażycze	60	190
	Cenierzycze	82	129
	Domanecki	43	120
	Kołpien	48	110

Zahlen für 1880 wie gesagt nach der russischen Karte 1:126 000; für 1926 nach Niezbrzycki[12].

---

[11] Rehman: Ziemie dawnej Polski, Lemberg 1895, II, 66.
[12] Niezbrzycki: Polesie, Warschau 1927, S. 345.

Fast die gesamte Verdichtung erfolgte hier durch Geburtenüberschuß, der Wanderungsgewinn war sehr gering. Die Bevölkerung ist weißruthenisch, wir haben gesehen, daß ganz Weißruthenien zwischen 1870 und 1930 seine Volksdichte verdoppelte. Die Volksdichte Polesies betrug 31 je Geviertkilometer, sinkt allerdings im Kreise Kamien Koszyrski auf 13 ab. Dies ist der Kreis mit dem größten Sumpfanteil, d. h. Ödlandanteil, der in ganz Polesie 21,2% beträgt und damit in ganz Versailles-Polen der höchste war, während die Wojewodschaft Lemberg mit 4,8% den niedrigsten hatte. Vergleichen wir Volksdichte und Ödlandhundertsatz in den einzelnen Wojewodschaften:

Wojewodschaft	Einwohner je qkm	Ödland % der Gesamtfläche
Lemberg	110	4,8
Krakau	132	4,9
Stanislau	88	4,9
Posen	79	5,9
Tarnopol	97	6,3
Schlesien	307	7,1
Lublin	79	7,5
Warschau	86	7,9
Lodz	138 (106)	8,0
Kielce	115	8,4
Pommerellen	66	9,6
Białystok	51	11,7
Nowogródek	46	12,0
Wolhynien	58	14,8
Wilna	44	16,2
Polesie	31	21,2

Polesie hat aus Naturgründen (Rokitnosümpfe am Pripjet) viel Unland. Daß Lemberg, Krakau, Stanislau so wenig Unland haben trotz ihres Anteils an den Karpathen ist auf den Bevölkerungsdruck zurückzuführen, der zur Ausnutzung von Böden zwingt, die eigentlich landwirtschaftlich nicht nutzbar sind, während in den menschenarmen Gebieten des Ostens (Nowogródek, Białystok Wilna) dies nicht notwendig ist, selbst im fruchtbaren Wolhynien gibt es 14,8% Unland, fast 1/7 des Bodens (z. T. kommt das daher, daß die Grenze zwischen den Wojewodschaften Polesie und Wolhynien „schlecht" verläuft, würde sie mehr nach Naturgebieten, also weiter südlich verlaufen, wäre der Ödlandanteil Wolhyniens viel niedriger). Posen und Warschau haben etwa die gleichen Naturverhältnisse, hier ist die Moormeliorierung und die Aufforstung durch den preußischen Staat der Grund für den geringen Wert in Posen, die sinnlose Zerstörung von Kiefernwald auf reinen Sand der für den hohen Wert in Warschau. In Pommerellen dürfte der Sandstrand der Seeküste und gewisse Gebiete in der Kaschubei den Wert für das Ackerland (55% gegen 63% in Posen) herabdrücken und das Unland erhöhen, wie die Halden der Industrie und gewisse Beskidenteile in Schlesien. Aber im allgemeinen ist das Unland in Polen in jüngster Zeit vom Menschen geschaffen[13]. Bleiben wir noch etwas beim Einfluß des Staats auf die Landschaft, ohne von direkten staatlichen Maßnahmen zur Landschaftsumgestaltung zu sprechen, die anderswo behandelt werden. Ich schrieb 1919: „Wer lange im Posener Land gewandert ist, kann da von jedem Walde, von jedem Dorfe in der Ferne, ja fast von jedem Felde sagen, ob es deutsch oder polnisch ist. Der Unterschied zwischen einer deutschen Ansiedlung und einer polnischen Kossätenbude ist gewaltig und zeigt, was die deutsche Verwaltung dem Lande gebracht hat"[14]. Wenn nun die polnische Bevölkerung zunimmt, die deutsche abnimmt, dann muß sich das im Landschaftsbilde ausdrücken. Ich habe nun 1927 nachgewiesen, daß der Großgrundbesitz in Posen polonisierend gewirkt hat, daß da, wo der Großgrundbesitz zunahm, gleichblieb oder wenig abnahm, das Polentum zunahm, da der polnische Gutsarbeiter sich alles gefallen ließ (er war willig und billig), da, wie man sagt, eine Unterwanderung von Polen stattgefunden hat[15].

Agrarreformen ändern das Landschaftsbild. Der Ersatz von Großgrundbesitz durch Kleinbesitz macht sich im Landschaftsbild durch eine Vermehrung der Häuser und Wege, durch eine Verkleinerung der einzelnen Feldflächen geltend. Gewöhnlich führt der Ersatz des Großgrundbesitzes durch Kleinbesitz zur Rodung des Waldes. Oft, wie bei den östlichen Agrarreformen nach dem ersten Weltkrieg, wurden die Gutshäuser zerstört (im Posener Kreise Birnbaum sprengten polnische Pioniere das Gutshaus eines meiner Bekannten), die hingebauten Behausungen der Neusiedler sind oft menschenunwürdig, gegen die „Poniatówki", die Buden der vom Landwirtschaftsminister Poniatowski im Posener Land angesetzten Kongreßpolen protestieren selbst die Posener Polen. Ähnliches sah ich in Lettland und Litauen. Und man muß bedenken, daß Agrarreformen nach 1918 in Rumänien auf 20%, des Bodens, in Ungarn auf 7%, in der Tschechoslowakei auf 29% des Bodens erfolgten, über Polen und Jugoslawien gab die Neue Zürcher Zeitung (vom 28. 3. 1931), der ich dies entnehme, keine Zahlen.

W. Geisler[16] hatte 1922 nachzuweisen versucht, daß der Großgrundbesitz sich an schlechten Boden halte, da nur er durch intensive Wirtschaft diesen zu nutzen verstehe. Das stimmt in Posen z. B. für den Kreis Birnbaum, stimmt aber in anderen Kreisen sehr häufig nicht (wie Geisler übrigens

---

[13] Maas: Preußens Kampf gegen den Sand, in DMP 1941/42, VIII, 362—364, wiederabgedruckt in An Warthe und Weichsel, S. 117 ff.
[14] Maas: Wandervogelbundeszeitung 1919, Heft 8/9, S. 218, wiederabgedruckt in An Warthe und Weichsel, S. 5.
[15] Maas: Jahrbuch der Bodenreform 1927, S. 215—220, wiederabgedruckt in Maas „Bauernleben in Mittel-, Nord- und Osteuropa", Braunschweig 1960, S. 106—111.
[16] Geisler: Die Gutssiedlung und ihre Verbreitung in Norddeutschland, in Geographischer Anzeiger 1922.

1941 eingesehen hat)[17], da der Großgrundbesitz seit langem durch Bauernlegen sich den besten Boden angeeignet hat (Beispiele Kreis Samter, Schroda, Hohensalza, Strelno, Koschmin usw.). Überhaupt läßt sich in Posen diese Formel mathematisch beweisen (siehe die Kurven in meinem Buche „Wandlungen im Posener Landschaftbild zu preußischer Zeit" Karte IV): Guter Boden = viel Großgrundbesitz = wenig Menschen = relativ starke Abwanderung = viele Polen. Genauer schrieben wir darüber 1927 in einem Aufsatz im „Jahrbuch der Bodenreform" (XXIII, 215 – 220).

Sehen wir überhaupt, wie Bevölkerungsdichte und Agrarstruktur zusammenhängen.

---

[17] Geisler: Landschaftskunde des Warthelandes, Posen 1943, Bd. II, 22.

Agrarstruktur

Wir hatten gesehen, daß wir in der Wojewodschaft Krakau auf einem Geviertkilometer 75 Landwirte in 16 Häusern antreffen, wobei Landwirte natürlich die Familienangehörigen mit begreift, in der Wojewodschaft Lemberg gibt es je 1 qkm 72 ländliche Bewohner in 14 Häusern. Es handelt sich hier um Zwergwirtschaften und zwar um je mehr und je kleinere, je weiter die Zeit fortschreitet, der Bauernbesitz zerstückelt sich immer mehr: Hier einige Zahlen: 1859 betrugen die Wirtschaften unter 5 ha 60% aller Bauernwirtschaften in Galizien, 1902 80%, 1921 87%. Diejenigen unter 2 ha betrugen in denselben Jahren 35%, 42%, 54%. In Ostgalizien kamen 1819 auf jede Bauernwirtschaft 14 Joch (1 Joch = 0,5746 ha), 1859 9,35 Joch, 1883 5,25, 1894 keine 5 Joch, in demselben Jahre hatten 70% aller weniger als 5 Joch. Wie sah es 1921 aus? In der Wojewodschaft Krakau bildeten die Wirtschaften unter 2 ha 44,3% der Gesamtfläche, diejenigen von 2 - 5 ha 37,9%, in der Wojewodschaft Lemberg 52,5% und 35,7%. In der Wojewodschaft Krakau gab es 1921 290 143 Wirtschaften, dabei 71 901 von unter 1 ha, 74 592 von 1 - 2 ha, 108 322 von 2 - 5 ha, über 5 ha also nur 35 328. Die Wirtschaften unter 2 ha bestehen oft aus 20 Stükken, diejenigen bis 5 ha aus bis 80 Stücken, Folgen der Erbteilungen und des Mißtrauens der Bauern. Geben wir ein Beispiel eines galizischen Dorfes. Der Krakauer Universitätsprofessor Fr. Bujak stammte aus dem Dorfe Maszenice Kreis Brzesko. Er veröffentlichte über sein Heimatdorf 1901 eine Schrift[1]. Wir entnehmen ihr: Es hatte dies Dorf 1873 bei einer Größe von 660 ha (dabei 100 ha der ‚Hof') 4209 Parzellen, 1899 waren es 5036, d. h. 20% mehr! Die Parzellen liegen bis 5 km von der Hütte und zwar oft an den entgegengesetzten Dorfenden (z. T. als Folgen der Mitgiften). Die Parzellen sind sehr schmal, solche über 6 m Breite sind selten, dagegen gibt es über 80, die weniger als 5 - 9 Pflugfurchen (1,50 - 2,70 m) breit sind. Und es gibt nicht etwa Flurzwang, nach Bujak gibt es dafür gar kein polnisches Wort, jeder bestellt also wann und wie er will, welcher Verlust an Wegen und Rainen! Bis 1830 etwa besaß das Dorf als Gemeineigen etwa 80 Morgen Weide. Dann nahmen die viehlosen Leute (die ja von der Weide nichts hatten) dies Land als Individualeigentum an sich. Sie mußten in der ersten Zeit mit der Axt in der Hand die Feldarbeiten verrichten, Blut floß im Kampfe um dies Land, aber als der Herrenhof auch einen Teil dieses Landes nahm, blieb es dabei. Da der Bauer als

---

[1] Bujak: Maszkiennice, wieś powiatu brzeskiego. Rozpr. Ak. Um. hist. fil. t. 41, Krakau 1901.

Sachsengänger oder sonst erworbenes Geld nur in Land anzulegen pflegte, stieg der Bodenpreis 1870–1899 um etwa 50%. Ähnlich waren die Verhältnisse im Dorfe Żmiąca, welches Bujak 1903 beschrieb[2].

Sir John Russel (Director, Rothamstead Experimental Station) berichtete nach polnischen Quellen über die Verhältnisse in 20 ostgalizischen Dörfern. Danach betrug die jährliche Veränderung in %:

		1787 b. 1820	1820 b. 1850	1850 b. 1883	1883 b. 1931
Bevölkerung	Zunahme	0,439	0,610	0,515	0,822
Zahl der Bauernwirtschaften	Zunahme	0,334	0,903	1,047	1,098
Felderfläche insgesamt	Zunahme	0,154	0,116	0,003	0,349
Größe der einzelnen Bauernwirtschaft	Abnahme	0,163	0,618	0,778	0,492

Geographical Journal 1941, Bd. 98, S. 285.

Eins der schwierigsten Probleme war die Felderzersplitterung, dem die Verkopplung (Kommassation) abhelfen sollte. Aber bei dem Mißtrauen der Bauern und den Kosten war nichts zu machen. Auch das polnische Gesetz über die Kommassationen vom 31. 7. 1923 half nicht viel, mehr schon das vom 18. 12. 1925, das den Anteil der Bauern, die zum staatlichen Plan ihre Zustimmung geben mußten, auf 10% herabsetzte und die Hälfte der Kosten (sie betrugen je Hektar rund 80 złoty) auf den Staat übernahm. Die folgenden Zahlen, die der Gazeta administracji 1928 S. 803 entnommen sind, zeigen die Schwere des Problems. Bei den Betrieben unter 50 ha gab es 2 110 587 Betriebe mit unter 5 ha, d. h. 65,3% der Bauernbetriebe. Sie hatten zusammen 4 507 002 ha.

Dabei gab es:

```
333 859 Betriebe mit unter  ½ ha   zusammen     98 931 ha
271 986 Betriebe mit     0,5 – 1 ha zusammen    208 444 ha
502 913 Betriebe mit       1 – 2 ha zusammen    768 235 ha
379 437 Betriebe mit       2 – 3 ha zusammen    962 122 ha
345 790 Betriebe mit       3 – 4 ha zusammen  1 222 152 ha
276 624 Betriebe mit       4 – 5 ha zusammen  1 248 286 ha
```

Es waren nun bei den Betrieben unter 50 ha (es gab 3 232 734 solcher mit 15 966 612 ha) 46,8% nicht kommassiert (1 513 778 Wirtschaften mit 7 486 414 ha), jedoch sind manche angeblich kommassierten Wirtschaften doch noch so gestückelt, daß diese Zeitung des Innenministeriums 9 Millionen ha als kommassationsbedürftig erklärt. Es bestanden:

```
aus       2 Parzellen 22,8% dieser Wirtschaften
aus       3 Parzellen 19,5% dieser Wirtschaften
aus       4 Parzellen 12,3% dieser Wirtschaften
aus  6 – 10 Parzellen 23,5% dieser Wirtschaften
aus 11 – 20 Parzellen  9,6% dieser Wirtschaften
```

[2] Bujak: Żmiąca, wieś powiatu limanowskiego. Krakau 1903.

Der Anteil der nichtkommassierten Bauerngüter, der wie gesagt, mindestens die Hälfte aller solcher in ganz Versailles-Polen betrug (alle Zahlen beziehen sich auf 1921) war in den einzelnen Gegenden sehr verschieden, am geringsten im preußischen Teilgebiet: 12,3% in Pommerellen, 19,4% in Posen, etwa doppelt so hoch schon in Kongreßpolen: 38,0% in der Woj. Warschau, 41,7% Woj. Lodz, Kielce 49,5%, Lublin 50,3%. Ähnlich sind die Zahlen im Südosten: Woj. Lemberg 44,7%, Woj. Stanislau 45,4%, Tarnopol 58,0%. Dies ist auch etwa der Anteil der Ostgebiete: Wilna und Białystok 55,2% (die Gebiete, die 1921 schon zu Polen gehörten), Wolhynien 59,2%, Nowogródek 61,3%, Polesie 62,9%. Aber den Vogel schießen nicht diese Hinderwäldler ab, sondern die Woj. Krakau: hier betrug der Anteil der nichtverkoppelten Bauernwirtschaften 65,0%.

Von 1919 bis 1927 wurden 1264 Dörfer mit 51 432 Wirtschaften mit 434 624 ha verkoppelt. ‚Wenn es so weiter geht, wird die Kommassation 180 Jahre dauern'. Über die Verkopplungsaktionen des 19./20. Jh. in Kongreßpolen vgl. Maas[3]. Es ist vielleicht nicht uninteressant, sich zu fragen, wie die 98 931 ha der 333 859 Wirtschaften mit je unter ½ ha zusammengesetzt waren: es gab da 58 061 ha Acker, 20 228 ha Gärten, 16 946 ha Gebäude und Wege. All dies ist mehr oder minder normal; weniger schon, daß es nur 2130 ha Wiesen gab, neben 539 ha Weiden, unverständlich aber sind die 284 ha Wald, 652 ha Unland und 91 ha Gewässer.

Wir gaben oben die Zahlen über den Kleinbesitz in Galizien, das Korrelat dazu ist der Großgrundbesitz. 1902 gab es in Galizien 139 Güter mit je über 5000 ha (dabei 21 mit je über 10 000 ha). Der größte Grundbesitzer war der Baron Liebig, der 66 700 ha besaß, dann folgte Roman Graf Potocki mit 50 000 ha usw. die großen Güter (,Tabulargüter' genannt, was etwa den Rittergütern in Preußen entsprach) zerfielen ihrerseits in Größenklassen, ihre Zahlen habe ich mir nicht gemerkt, nur ihren Anteil an den Gesamtgüterflächen und Gesamtfläche Galiziens[4].

Größe	% der Gesamtgüterfläche	% der Gesamtfläche Galiziens
über 5000 ha	39,2	14,6
2000 – 5000 ha	17,4	6,5
500 – 2000 ha	28,6	10,6
unter 500 ha	14,8	5,5
	100,0	37,2[a)]

a) Ebenda, S. 49.

Er beschreibt die Abnahme des Großgrundbesitzes:

1886	3 332 000 ha	= 42,4% der Fläche Galiziens
1889	3 091 000 ha	= 39,4% der Fläche Galiziens
1902	2 917 000 ha	= 37,2% der Fläche Galiziens

---

[3] Maas: Von der Provinz Südpreußen zum Reichsgau Wartheland, Leipzig 1942, S. 39–41.
[4] Diamand: Galicja, S. 50.

Agrarstruktur

Die Abnahme betrug in ganz Galizien 5,2%, in Westgalizien 7,7%, in Ostgalizien nur 4,1% (hier polnische Großgrundbesitzer und ukrainische Bauern, im Westen sind Großgrundbesitzer und Bauern Polen).

Damit sind wir bereits im Kern der Fragen, die in Versailles-Polen unter dem Namen ‚Agrarreform' die Gemüter erhitzten. Aus sozialen Gründen erschien es notwendig, den Bauern mehr Land zu geben, dies sollte auf Kosten des Großgrundbesitzes geschehen. Da dieser aber in einigen Gegenden sehr einflußreich war, wurde das Agrarreformgesetz als eine Waffe gegen den Besitzstand der nichtpolnischen Volksgruppen, besonders der Deutschen benutzt. Sehen wir den Anteilsatz des Großgrundbesitzes an, in ganz Polen betrugen die Güter über 100 ha 44,8% der Gesamtfläche, sie umfaßten 13 589 177 ha, dabei jedoch 3 892 882 ha Acker, 1 090 822 ha Wiesen, 491 936 ha Weiden, 65 031 ha Gärten, 214 960 ha Gewässer, 123 774 ha Gebäude und Wege, 7 662 687 ha Wald und 947 080 ha Unland, also über die Hälfte Wald, der nur zu einem kleinen Teil, und mehr als $^1/_{10}$ Unland und Gewässer, die gar nicht bei einer Verteilung an Kleinbesitzer zu verwenden wären. Um die Betriebe in Polen unter 5 ha auf solche von 5 ha zu bringen, brauchte man nach Rosłoniec 6 040 932 ha[5], nach W. Kępiński[6] etwas mehr, nämlich 6 054 539 ha, diese sind, wie eben gezeigt, nicht vorhanden. Kępiński sagt aber, und zwar mit viel Recht, man müsse die Betriebe auf 6 – 7 ha, in den Ostgebieten auf 10 ha bringen, um eine Ernährungsbasis für eine Bauernfamilie zu schaffen. Um die Größe des Problems zu ersehen, geben wir den Anteil der Betriebe von unter 2 ha und von 2 – 5 ha in den einzelnen Wojewodschaften von Versailles-Polen 1921, im ganzen Staate waren es 34,0% der Fläche für Betriebe unter 2 ha und 30,7% Betriebe von 2 – 5 ha.

Wojewodschaft	Betriebe bis 2 ha % der Fläche	Betriebe 2 – 5 ha % der Fläche
Stanislau	67,5	
Tarnopol	55,3	31,2
Lemberg	52,5	35,7
Teschen-Schlesien	52,8	
Krakau	44,3	37,9
Posen	46,4	
Nowogródek		38,3
Wolhynien		37,6
Lublin		31,5
Polesie		33,2
Kielce		36,8
Wilna (z. T.)		31,2a)

a) Zahlen nach Gazeta administracji 1928, S. 805. Nur diese Zahlen sind genannt.

---

[5] Rosłoniec: Rozdrobnienie gospodarstw w Polsce, in Rolnik Ekonomista 1927, Nr. 22.

[6] Kępiński: Komasacja jako podstawa naprawy ustroju rolniczego, Krakau 1927.

Geben wir nun das Ergebnis der Agrarreformen 1919–1936 nach dem Mały rocznik statystyczny 1937':

	Ganz Polen	Mitte	Osten	Westen	Süden
Gesamtparzellierung	2 422 500	791 600	945 800	319 800	365 300 ha
Es wurden selbständige					
Wirtschaften gebildet	658 700	207 100	192 100	60 800	198 700
Zahl der Siedler	629 900	196 500	185 400	54 900	193 100
dabei: Bauern	37 700	15 300	9 700	3 700	90 000
Kleinbauern	407 100	100 200	129 800	22 700	154 400
Landlose	124 100	48 400	39 600	12 300	23 800
Nichtlandwirte	61 000	32 600	6 300	16 200	5 900

Es ist klar, daß das Entstehen von 658 700 neuen Wirtschaften eine große Rolle im Landschaftsbild spielt, ganz abgesehen von den Veränderungen im Anblick der Felder, die der Übergang vom Groß- zum Kleinbesitz mit sich bringt (z. B. viel mehr Kartoffeln, weniger Futterkräuter und Zuckerrüben). Betrachten wir darum ähnliche Erscheinungen in anderen Ländern. In Frankreich sehen wir eine ganz andere Entwicklung.

Art	1892	1929	Mehr 1929 als 1892	Weniger 1929 als 1892
Betriebe bis 1 ha	2 235 405	1 014 731		1 220 674
Betriebe von 1– 10 ha	2 617 558	1 863 867		753 691
Betriebe von 10–100 ha	816 509	1 055 364	238 855	
Betriebe von über 100 ha	33 280	32 468		812
Betriebe insgesamt	5 702 752	3 966 430		1 736 322
Landw. Arbeiter	3 058 346	2 080 328		978 018

In diesen Zahlen spiegelt sich der ‚exode rural'. Einmal ziehen die Leute in die Stadt (1892 gab es außerdem unter den landwirtschaftlichen Arbeitern kaum Ausländer, 1929 aber 248 853 und 1938 fast eine halbe Million, also in den letzten 50 Jahren eine Abwanderung von 1 200 000 landwirtschaftlichen Arbeitern neben fast einer Million Kleinbauern), dann erfolgt eine Konzentration des landwirtschaftlichen Mittelbesitzes, eine Erscheinung, die sich fast nur in Frankreich findet. Dagegen gibt es auch in Frankreich keine Konzentration des Großbesitzes im Widerspruch zu den Behauptungen von K. Marx und K. Kautsky[7].

Gehen wir wieder in ein östliches Land: nach Karpathorußland. 1918 gehörten etwa 20% des Bodens 130 Großgrundbesitzern, der Graf Schönborn-Buchheim besaß allein 133 000 ha (etwa 10% der Gesamtfläche), der Staat besaß 29% 326 197 ha, die Gemeinden 231 213 ha. Die Großbauern (50 bis 260 Joch) hatten 144 513 ha, die 400 000 Kleinbauern hatten zusammen 269 225 ha (462 977 Joch) oder durchschnittlich 1,16 Joch oder 65 ar. Für 1928 haben wir Zahlen für den Distrikt Užhorod:

---

[7] Die Zahlen über Frankreich entstammen der Zeitung „Le Cri du Peuple" vom 30. 11. 1940.

34,4% gehörten dem Staat
11,4% gehörten den Gemeinden
2,9% gehörten den Kirchen
9,4% gehörten den Großgrundbesitzern
4,2% gehörten den Großbauern
1,9% gehörten den Bauern
10,4% gehörten den Kleinbauern

Die verschiedenen Kategorien sind so definiert: Kleinbauern: unter 10 Joch jeder, Bauern: 50—100 Joch, Großbauern: 100—434 Joch, Großgrundbesitzer: mehr als 434 Joch (diese Zahlen nach Annales de Géographie 1934, S. 389, die Prozentsätze zusammen ergeben 84,6%, ich nehme an, daß die fehlenden 15,4% in den Händen von Bauern waren, die 10—50 Joch besaßen, welche Kategorie oben fehlt).

Eine andere Veränderung im agrarischen Landschaftsbild (die übrigens mit der Agrarstruktur im engen Zusammenhang steht) sind die Bodenmeliorationen, z. B. die Drainierungen. In der Woj. Posen gab es 1919 602 205 ha drainierte Grundstücke, in dem viel größeren Galizien gab es nur 25 000 ha solcher Grundstücke; hier waren außerdem 8200 ha mit Gräben entwässert. Hier jetzt die Tätigkeit 1919—1935 (in Wirklichkeit 1927 bis 1935, da 1919—1926 nichts geschah):

in ganz Polen 395 500 ha Drainierungen
dabei in Westpolen 127 000 ha (2,7)
in Mittelpolen 169 200 ha (1,2)
in Südpolen 6 500 ha (0,08)
in Ostpolen 207 100 ha (1,6)
(in Klammern Angaben für je 1000 qkm)

Außerdem wurden Flußläufe und Gräben reguliert (in Galizien waren vor 1918 856 km Bäche reguliert worden):

13 100 km in ganz Polen
400 km in Westpolen (0,007)
6 200 km in Mittelpolen (0,05)
200 km in Südpolen (0,003)
6 300 km in Ostpolen (0,05)
(in Klammern Angaben für je 1000 qkm)

In Westpolen war diese Arbeit schon zu preußischer Zeit erfolgt, die Polen hatten hier nichts mehr zu tun, gewaltig war ihre Aufgabe in Mittel- und Ostpolen, aber wie man sieht, geschah nicht allzuviel. In die Augen springt hier wie bei allen Kulturerscheinungen in Polen das Kulturgefälle: nach Osten immer weniger. Dies, die klimatischen Bedingungen und die Agrarstruktur wirken zusammen bei der Herausbildung der ‚Getreideprovinzen' Polens. Zierhoffer machte folgende Angaben[8]: Nordöstlich der Linie Augustów—Brest—Zdołbunów gibt es kaum Weizen. Auf 100 dz Roggen waren nur 3,4 dz Weizen geerntet (in ganz Polen auf 100 dz Roggen 22 dz Weizen) in Podolien auf 100 dz Roggen 89 dz Weizen. In Großpolen

---

[8] Pamiętnik II Zjazdu Geografów i Etnografów Słowiańskich II, 54—55.

und Pommerellen gibt es je ha Roggen- und Weizenfelder 5,8 dz Brotgetreide, trotz des starken Konsums von 320 kg pro Kopf und Jahr wurden hier noch 3,7 Millionen dz Brotgetreide ausgeführt. Dagegen besteht in Podolien, Wolhynien und Lubliner Land eine Hungerausfuhr, denn es werden zwar 2,8 Millionen dz ausgeführt, d. h. 2,3 dz je ha, aber der Konsum je Kopf und Jahr betrug nur 240 kg im Lubliner Land, 145 kg in Wolhynien, 86 kg in Podolien. Masowien, Podlachien und das Gebiet zwischen Grodno, Stołpce und Baranowicze haben weder Einfuhr noch Ausfuhr, der Konsum beträgt etwa 260 – 300 kg je Kopf. In den Nordosten und Süden muß man Getreide einführen. Trotzdem in Galizien nur 100 bis 150 kg Brotgetreide verzehrt wurden, erfolgt an Ort und Stelle eine Deckung des Bedarfs nur zu 25 – 60%.

Man kann dies auch noch in anderer Weise ausdrücken.

Getreidefelder bilden mehr als 30% der Gesamtfläche westlich der Linie Tuchel – Thorn – Mława – Węgrów – Chełm – Sambor – Turka. Sie bilden mehr als 20% zwischen dieser Linie und westlich der Linie Szczuczyn – Kobryn – Łuck – Zdołbunów sowie östlich der Linie Zbaraż – Bóbrka – Rohatyn – Zaleszczyki. Sie bilden weniger als 10% der Gesamtfläche in den Kreisen Łuniniec, Pińsk, Stolin, Drohiczyn, Kamień Koszyrski, Sarny, etwa 10% in den Kreisen Nadwórna, Peczeniżyn, Kosów, Śniatyn, Kolomea. Noch interessanter ist der Verlauf der Linien, die die Verbreitung der Kartoffel angeben (über die Kartoffel als Kulturbarometer siehe Maas)[9]. Die Kartoffelfelder bilden mehr als 10% der Gesamtfläche westlich der Linie Wirsitz – Hohensalza – Leslau – Kutno – Lodz – Petrikau – Radomsko – Bielitz, mehr als 9% westlich der Linie Zempelburg – Thorn – Płońsk – Warschau – Radom – Tarnów – Gorlice; mehr als 8% westlich der Linie Karthaus – Graudenz – Mława – Pułtusk – Mińsk Maz. – Lubartów – Tarnobrzeg – Sanok und im Kreise Borszczków; mehr als 7% westlich der Linie Ostrołęka – Konstantynów – Chełm – Zamość – Przemyśl – Turka und östlich der Linie Skała – Trembowla – Buczacz – Śniatyn; mehr als 6% westlich der Linie Szczucin – Brest – Włodawa – Hrubieszów – Lemberg – Stryj – Dolina; mehr als 5% westlich der Linie Augustów – Białystok – Luboml – Sokal – Złoczów – Zbaraż; mehr als 4% westlich der Linie Wilna – Grodno – Kobryn – Kowel – Równo; mehr als 3% westlich der Linie Brasław – Oszmiana – Słonim – Drohiczyn – Kostipol und mehr als 2% westlich der Linie Mołodeczno – Baranowicze – Pińsk – Sarny. Die Zahlen beziehen sich auf etwa 1930, seitdem dürfte die Kartoffel weiter nach Osten vorgedrungen sein.

Ormicki[10] hat in einer komplizierten Formel die Intensität der Landwirtschaft in Polen zu berechnen versucht, er setzt 100 kg Roggen = 99 kg Wei-

---

[9] Maas: Von der Provinz Südpreußen ..., S. 48.
[10] Ormicki in Wiadomości giograficzne 1929, S. 51.

zen = 95 kg Gerste = 97 kg Hafer = 28 kg Kartoffel, addiert die Ernten je 1 ha (multipliziert mit den obigen Valorisationsfaktoren), dividiert das Ergebnis durch die Anzahl der Feldfrüchte. Der Kreis Lissa in Posen steht mit 28,45 kg Roggenernte je 1 ha an der Spitze (Intensivität 100), der Kreis Brasław an der Düna steht mit einer Roggenernte von nur 8,05 kg je ha am schlechtesten da (Intensivität 28), dazwischen liegen die anderen Werte, etwa wie die Linie der Getreide- und Kartoffelverbreitung gelagert.

In Polen sind die Ernten beim Kleinbesitz viel schwächer je Hektar als beim Großgrundbesitz, dies macht sich etwas beim Anblick der Felder geltend, viel wichtiger ist aber die Frage der Bodenbenutzung, und hier macht sich der Zusammenhang zwischen Agrarstruktur und Landschaftsbild sehr stark bemerkbar. 1921 wurden von je 100 ha Fläche benutzt

als		in Wirtschaften mit					
	überhaupt	—2 ha	2—5 ha	5—20 ha	20–50 ha	50—100 ha	über 100 ha
Acker	47,6	72,6	67,1	62,0	57,7	56,7	28,6
Wiese	10,2	8,1	12,3	12,6	11,6	10,8	8,0
Weide	5,5	2,5	5,3	7,4	9,2	8,7	3,6
Gärten	1,3	6,0	2,4	1,6	1,3	1,3	0,5
Wald	24,8	1,3	3,0	4,5	7,0	9,8	49,8
Gewässer	1,0	0,1	0,2	0,5	1,1	1,8	1,6
Gebäude und Wege	2,3	7,6	4,3	3,0	2,1	1,7	0,9
Unland	7,3	1,8	5,4	8,4	10,0	9,2	7,0
	100,0	100,0	100,0	100,0	100,0	100,0	100,0

Der Wald nimmt also beim Großgrundbesitz die Hälfte der Fläche ein, der Zwergbauer bearbeitet auch den schlechtesten Boden, daher dort wenig Unland, für seine Hofstätte und Wege muß er fast ein 1/15 seines Gesamtbesitzes hergeben, der Großgrundbesitzer noch kein Hundertstel oder mit anderen Worten: bei Kleinstbesitz gibt es acht mal soviel Gebäude in der Landschaft wie bei Großbesitz.

Beim Großgrundbesitz also weniger Häuser, bei Kleinbauerntum mehr, noch viel mehr in Städten. Mit dem Phänomen der Städte befaßten wir uns „Geographie und Soziologie", S. 199–211, und kommen darauf in einem anderen Kapitel des vorliegenden Buches zurück.

Daß auch das Wirken eines einzelnen Großgrundbesitzers auf weite Flächen hin die Landschaft verändern kann, dafür war um 1800 Frau von Friedland ein Beispiel. Der General von der Marwitz berichtet über diese Besitzerin von Kunersdorf, er habe von ihr am meisten an landwirtschaftlichen Kenntnissen gelernt, sie habe sechs große Güter geleitet. „Nicht nur war der Ackerbau im blühendsten Zustand, sondern sie hatte ihre Wälder aus sumpfigen Niederungen auf bisher öde Berge versetzt, diese Niederungen aber in Wiesen verwandelt und so in allen Stücken". Theodor Fontane berichtet über sie in seinen „Wanderungen durch die Mark Brandenburg", Albrecht von Thaer hielt sie für eine besonders gute Wirtschafterin. Dieser große Landwirt meinte, er könne schon von weitem den Unterschied feststellen zwischen Ländereien, die durch Hofdienste bestellt würden, und solchen, bei denen die Arbeiten durch herrschaftliche Gespanne erfolgten. Zwei Hofgespanne leisteten nach ihm soviel wie ein Dienstgespann, drei Handdienste soviel wie zwei Tagelöhner. (Grundsätze der rationellen Landwirtschaft, 1. Aufl. 1809. Zitiert nach der 5. Aufl. Berlin 1856, I, 64 ff.) Das ist echte Sozialgeographie!

Daß es den Bauern im alten Polen schlecht ging, wissen alle. Ebenso sind sich deutsche und polnische Forscher darüber einig, daß es denen in Westpreußen besser ging als in anderen Teilen Polens. Dazu noch ein französisches Zeugnis von 1635. „Sicherlich habe ich mir oft gewünscht als höchstes Glück, daß ich einst Bauer in Preußen sein könnte, so sehr erschien mir ihr Los glücklich". (Charles Oger oder Caroli Ogerii, „Ephemerides sive iter Danicum, Suecicum, Polonicum . . ." Paris 1656. (Neue lateinische und polnische Ausgabe, Danzig 1950, S. 280).

Aber nun wollen wir regionale Studien bringen.

Sozialgeographische Studien in Deutschland

Suchen wir nach von Menschen geschaffenen Landschaften in unserem deutschen Vaterlande. Gehen wir an die Nordsee und hören wir den Altmeister der Schilderung der Marschlandschaft Hermann Allmers: „Der Deich bildet die schmale Scheidelinie zwischen zwei Landstrichen, die, wie nahe sie auch zusammengrenzen, doch im äußeren Charakter, in Bodenbeschaffenheit, in Flora, Fauna, kurz in allem so voneinander abweichen, daß in mancher Hinsicht kaum eine größere Verschiedenheit zu denken ist. Auf einer Seite Sumpf und Binsen, Schilfgeflüster und Flutengeriesel, Wellengefunkel, ferne schwellende Segel und das öde weite Watt mit seinen flatternden Mövenschwärmen; auf der anderen aber die mächtige grüne Ebene mit ihren buschreichen Dörfern, mit Turmspitzen und stattlichen Bauerngehöften, mit Saatfeldern und Viehscharen, mit Rädergerassel und Sensenklang, mit Taubengeflatter und Lerchengeschwirr. Wer auf all dies üppige Leben und Treiben nah und fern hinabschaut, wie es die vielen blühenden Marschen hinter ihren hohen starken Deichen entfalten, die sich gleich mächtigen Festungswällen in ihrer ganzen Länge schützend vor ihnen herziehen, dem wird schwerlich der Gedanke in den Sinn kommen, daß auch diese gesegneten Fluren einst nichts anderes waren, als was der Blick jenseits erschaut, ein weites sumpfiges Rohrfeld oder ödes, kahles Watt ohne alle Vegetation oder allenfalls an seinen höchsten Stellen ein paar fleischige Salzpflanzen tragend, oder daß sie sofort wieder in den alten wüsten Zustand übergehen würden, wenn einmal die Deiche verschwänden"[1].

Fast noch stärker ist der Einfluß des Menschen in einem Hafen. Hören wir Gustav Falke über Hamburg: „Und alles, was das Auge überschaut, ist Menschenwerk in jahrhundertelanger Arbeit, aus Menschenhand hervorgegangen. Der Lauf des Wassers hat sich ihrem Zwang fügen müssen, wie er die Tiefe seines Bettes ihr verdankt. Und alles, was sich auf den abgerungenen und eingedeichten oder sonstwie befestigten Inseln zwischen Norder- und Süderelbe an gewerblichen und industriellen Anlagen befindet, die mächtigen Werften und Fabriken, die gewaltige Laufbrücke hoch über der Werft von Blohm & Voss, die dem Schiffsbau dient, die Kai- und Speicheranlagen, die Kanäle und Sonderhäfen — Menschenwerk. Und wirkt wie Naturgewalt. So groß ist es"[2]. Die stärkste Veränderung ist na-

---
[1] Allmers: „Marschenbuch", Bremen 1861, zitiert Pflug „Lob der deutschen Landschaft", Leipzig 1938, S. 195.
[2] Falke: „Hamburg", Stuttgart 1908, zitiert Pflug . . ., S. 183.

türlich die Schaffung einer größeren Industrielandschaft, über das Ruhrgebiet möge man die Bücher von Spethmann vergleichen. Nicht immer geschehen diese Veränderungen nur aus „utilitären" Gründen, eins der merkwürdigsten Beispiele einer solchen aus bloßen wirklichen oder angeblichen Schönheitsgründen geschaffenen Werkes ist das Ostseebad Kahlberg bei Elbing, über das wir in den „Grenzboten" 1856 lesen: „Die Anlage von Kahlberg gehört zu dem Merkwürdigsten, was preußischer Schönheitssinn und preußischer Verschönerungseifer zustande gebracht haben. Ein ungeheurer Sandhaufen, der kaum einen festen Kern hatte, vermittels dessen er sich aufrecht erhielt, wurde in einen Garten verwandelt. Der Berg erhebt sich ziemlich steil in etwa zehn Terrassen. Jede derselben ist mit festen Mauern umschanzt, welche das Zusammenstürzen des Menschenwerks verhindern. Ungeheure Massen von Gartenerde hat man zu Schiff herbeigebracht, um wenigstens einigermaßen tauglichen Boden für frische grüne Gartenpflanzen zu gewinnen, und in der Tat überrascht uns manche hübsche Gruppe kräftig emporblühender Blumen, manches zierliche Boskett von Ziersträuchern, denn jeder Sonnenstrahl, der auf diesen heißen Sandboden fällt und von den Ummauerungen der Terrassen zurückgeworfen wird, könnte alle Blumen und Gräser versengen. Elbing hütet dieses Kahlberg wie seinen Augapfel"[3].

Bleiben wir im Osten. Ludwig Passarge schildert uns die Kultivierung von Preußisch-Lithauen also z. B. der Rominter Heide: „Lithauen ist eins der jüngsten Länder Europas; seine Kultur, d. h. seine Kolonisierung datiert etwa von dem Beginn des 16. Jh. Bis dahin war es ein einziges wüstes Waldland, in welchem erst hie und da der Versuch gemacht war, Menschen anzusiedeln. Als es später in größerem Umfange geschah, entstanden jene „Lichtungen" im Walde (Skaisgirren), „Mittenwalde" (Widgirren) und die Orte, in deren Namen das Wort deginti, ausbrennen, und traukti, ziehen, reuten, vorkommt, wie Degsen, Texel, Trakehnen, Traukseden, Trokischken usw. Noch in der Mitte des vorigen (= 18. Jh.) Jh. entstanden hier in der Rominter Heide viele Ortschaften"[4].

Das Ergebnis der Arbeit der Trockenlegung des Oderbruchs, eine der Glanzleistungen der Krone Preußen, schildert uns Theodor Fontane: „Der Reichtum dieser Gegenden offenbart sich uns nicht in seinen goldenen Feldern (die die Deiche verbergen), aber wir erkennen ihn doch an seinen ersten und natürlichsten Folgen — an den Dörfern, die er geschaffen. Da gibt es keine Strohdächer mehr, der rote Ziegel lacht überall aus dem Grün der Wiesen hervor, und statt der dürftigen hölzernen Kirchtürme des vorigen Jahrhunderts, die kümmerlich wie ein Schilderhaus auf dem Kirchendach zu sitzen pflegten, wachsen jetzt in solidem Backsteinbau — die Kampa-

---

[3] Pflug, S. 27.
[4] L. Passarge: „Aus baltischen Landen", Glogau 1878, zitiert Pflug, S. 17.

nilen Italiens oft nicht unglücklich kopierend — die Kirchtürme in die Luft"[5]. Daß man bei der Trockenlegung von Mooren zu weit gehen kann, so daß ungünstige Klimaveränderungen, zu starke Trockenheit auch der benachbarten Felder, Weinberge usw. sich zeigen, die Grundwasserfragen der Nachbarschaft in Mitleidenschaft gezogen werden, zeigen Artikel von H. O. „Die klimatische und wirtschaftliche Bedeutung unserer Ried- und Moorlandschaften" im Jahrgang 1948 des „Schweizer Naturschutz", Basel.

Die Menschen haben nicht nur Neuland gewonnen am Meer und im Sumpf, haben nicht nur Wald gerodet, sie betreiben auch Bergbau, auch dies hat die Landschaft verändert, direkt durch Schutt- und Schlackenhalden, aber auch indirekt, wie Paul Ernst für den Oberharz zeigt: „Erst vier Jahrhunderte ist der Oberharz besiedelt, und doch hat der Mensch das Landschaftsbild schon gänzlich umgestaltet. Zum Betriebe des Bergbaus sind die Wasser nötig, welche ja reichlich durch die häufigen Niederschläge geliefert und von den Hochmooren wie von Schwämmen aufgesaugt und nur langsam wieder entsendet werden; aber der Natur mußte der Mensch doch nachhelfen durch ein kunstreiches System von Gräben und Teichen. Durch Absperren der Täler werden die Wasser in den Teichen aufgestaut, welche miteinander in Verbindung stehen, so daß durch den Striegel, welcher in der Mitte des Dammes eingebaut ist, Abfluß und Zufluß immer genau geregelt werden kann. Dergestalt ist es möglich, in den wasserreichen Jahreszeiten den Bedarf für die wasserarmen zu sammeln und die täglich erforderliche Menge von Wasserkraft für die Maschinen der Gruben und Aufbereitungswerke zu liefern. Diese Teiche liegen zum großen Teile in den dichten Wäldern; die Bäume drängen sich bis an den Rand des Wassers, und in dem klaren Spiegel erscheinen sie doppelt, nach unten wachsend, und den blauen Himmel zwischen den Zweigen. Wie mit freundlichen Augen sieht hier der Wald in die Höhe, auch hier hat der Mensch die nutzlose und zerstörende Kraft zu Zwecken gewendet. Wenn die gewaltigen Schneemassen, die durch Windwehen gelegentlich wohl so hoch werden, daß sie über die Spitzen der Chausseebäume gehen, im Frühjahr schmelzen, so hat niemand Besorgnis, selbst in dem gefährlichst gelegenen Dörfchen, das sich in einem engen Tal hinzieht; die Wasser müssen den Weg nehmen, wo sie nützen und dienen, und nicht, wo sie schaden. Die Teiche und Gruben sind vor Jahrhunderten schon von den Alten angelegt und so mit der Landschaft verwachsen, daß man sie nicht fortdenken kann; sie gehören zur Natur, wie Gaipel und Pochwerk zu ihr zu gehören scheinen. Das ist das Merkwürdige: wo die Natur nicht geknechtet wird, sondern nur den ihr fehlenden Zweck durch den Menschen erhält, da wirkt die Arbeit und das Schaffen der Menschen in ihr immer schön. Die Sägemühle mit dem rauschenden Auf-

---

[5] Fontane: „Wanderungen durch die Mark Brandenburg", Berlin 1862—1882, zitiert Pflug, S. 70.

schlagwasser am drehenden Rad und den spritzenden Tropfen, dem tönenden Klange der Säge, dem hurtigen Durchschneiden des Blocks; das Pochwerk mit dem Trampeln der Stempel, dem Rieseln des Wassers über den langsam sich drehenden Herd, dem krachenden und malmenden Steinbrecher, — sie gehören so zu der Landschaft wie die weidenden Kühe, die Züge der Fuhrleute, welche das lange Schachtholz fahren, wie die schwarzen Karren der Köhler. Und auch die Menschen sind Diener ihrer Arbeit, in solchem Maße, daß sie den Charakter der Arbeit bekommen, und daß in Aussehen und Wesen der Bergmann ein anderer Mensch ist wie Fuhrmann oder Köhler"[6]. Dies wurde 1907 geschrieben, seitdem aber hat die Technik weitere Fortschritte gebracht, die Fördertechnik braucht nun stärkere Kräfte als die „Wasserfahrkunst" sie geben kann, so werden viele dieser Teiche und Gräben nicht mehr benutzt. Aber andrerseits wurden im Harz die großen Stauwehre und Talsperren gegründet, die zur Wasserversorgung (bis nach Bremen hin!) und zur Elektrizitätserzeugung dienen, weitere werden gebaut. Doch kehren wir zu Paul Ernst zurück. Seine etwas romantischen Ideen über die dienende Arbeit mag man annehmen oder nicht, er hat aber sicher recht, auch die Bedeutung der Geräusche im Eindruck einer Landschaft auf uns hervorzuheben. Der Einfluß des Bergbaus ist nun keineswegs überall gut. Wir sprachen anderswo über schlechte Folgen des Kupferbergbaus im Tennesseetale, gehen wir an den Villacher Bleiberg (oder müssen wir fürchten, wenn wir dies Beispiel unter „Deutschland" bringen, als alldeutsche Annexionisten behandelt zu werden?) und hören wir, was der hervorragende Schilderer alpiner Verhältnisse Heinrich Noé vor 75 Jahren über den Bleibergbau dort zu sagen hatte: „Das Blei herrscht hier. Es ist im Berg, im Wasser, in der Luft, im Feuer. Die Wasser rinnen milchig gegen das Gailtal hinaus und kein Fisch lebt in ihnen. Der Bleidampf verbreitet sich in der Luft und das Weidevieh erkrankt. Das Laub an den Bäumen wird welk, die Wiesen und Felder leiden. Die Menschen helfen sich durch Milchtrinken. So schaut es aus zu Kreuth in der Region der Schmelzöfen"[7]. Auch andere Industrien entwickeln schädliche Gase, G. M. Christmann schrieb im „Orion", September 1948, S. 357—359, über „Landschaftsbild und Abgase" und gab gute Bilder der von Gasen geschädigten Bäume.

Als Vorläufer der Sozialgeographie können wir auch Goethe betrachten. Mit 79 Jahren schildert er eine alte Kulturlandschaft, die Gegend von Dornburg in Thüringen: „Von diesen würdigen landesherrlichen Höhen sah ich ferner in einem anmutigen Tale so vieles, was, dem Bedürfnis des Menschen entsprechend, weit und breit in allen Landen sich wiederholt. Ich sehe zu Dörfern versammelte ländliche Wohnsitze, durch Gartenbeete

---

[6] Paul Ernst: „Der Harz", zitiert Pflug, S. 125.
[7] Heinrich Noé: „Deutsches Alpenbuch III", Glogau 1876, zitiert Pflug..., S. 421.

und Baumgruppen gesondert, einen Fluß, der sich vielfach durch Wiesen zieht, wo eben eine reichliche Heuernte die Emsigen beschäftigt; Wehr, Mühle, Brücke folgen aufeinander, die Wege verbinden sich auf- und absteigend. Gegenüber erstrecken sich Felder an wohlbebauten Hügeln bis an die steilen Waldungen hinan, bunt anzuschauen nach Verschiedenheit der Aussaat und des Reifegrades. Büsche hier und da zerstreut, dort zu schattigen Räumen zusammengezogen. Reihenweis auch den heitersten Anblick gewährend, sah ich große Anlagen von Fruchtbäumen; so dann aber, damit der Einbildungskraft ja nichts Wünschenswertes abgehe, mehr oder weniger aufsteigende, alljährlich neu angelegte Weinberge. Das alles zeigt sich mir wie vor 50 Jahren, und zwar in gesteigertem Wohlsein, wenn schon diese Gegend von dem größten Unheil mannigfach und wiederholt heimgesucht worden. Keine Spur von Verderben ist zu sehen, schritt auch die Weltgeschichte hart auftretend gewaltsam über die Täler. Dagegen deutet alles auf eine emsig folgerechte, klüglich vermehrte Kultur eines sanft und gelassen regierten, sich durchaus mäßig verhaltenden Volkes"[8]. Hier klingt am Schluß schon Sozialgeographie im engeren Sinne auf. Nicht immer ist patriarchalische Verwaltung so schön wie sie sich in Goethes Auge ausnimmt. Wir schildern im letzten Kapitel Pommern um die Mitte des 19. Jh. nach den Erinnerungen von Friedrich Spielhagen, woraus wir hieraus einige Zeilen zitieren: „In einiger Entfernung vom Hofe lagen die ‚Katen', d. h. die Wohnungen der zu dem Gut gehörenden und auf dem Gute beschäftigten Arbeiter. Bei guten Herrschaften, die etwas auf sich und ihre Leute halten, sind die Häuschen bei aller Bescheidenheit sauber geweißt, mit ordentlichen Türen, Fenstern und mit Schornsteinen auf dem Strohdach. Aber bei Herrschaften, die nicht gut, die geizig oder faul oder zu dumm sind, einzusehen, daß, von der Menschlichkeit zu schweigen, das Wohlbefinden der Leute ihr eigener Vorteil ist und umgekehrt — da sah es bös aus in dem Dorfe, manchmal so bös, wollte ich es beschreiben, ich würde dem Verdacht böswilliger Übertreibung schwerlich entgehen"[9]. Dort ist es mit Händen zu greifen: gute Herrschaft, guter Anblick der Kätnerhäuser, schlechte, er wagt nicht einmal das Aussehen der Häuser zu schildern. Aber daß das Agrariertum ein gesellschaftliches Phänomen ist, seine Folgen in der Landschaft also sozialgeographisch bedingt, wird wohl niemand bezweifeln. Georg Rieger glaubt gar, „Die Auswirkung der Gründerzeit im Landschaftsbild der norderdithmarscher Geest" entdecken zu können[10], da ich den Aufsatz selbst

---

[8] Goethe: Brief vom 18. 7. 1828, zitiert Pflug . . ., S. 154.
[9] Spielhagen, zitiert Pflug . . ., S. 40.
[10] Georg Rieger: Die Auswirkung der Gründerzeit im Landschaftsbild der norddithmarscher Geest, Schriften des Geographischen Instituts der Universität Kiel, Bd. IX, Heft 5, Kiel 1939.

nicht gelesen habe, ihn nur aus einer Besprechung[11] kenne, weiß ich nicht, wie beweiskräftig er ist.

Komplizierter waren die Verhältnisse im Schwarzwald, wo Adolf Kussmaul in seiner Jugend zwei sehr verschiedene, aber nahe verwandte und nahe zu einander gelegene Gruppen vorfand, die „Wälder" im Hoch-Blauen und die Markgräfler der Vorhügel: „Die Bewohner des Hochblauen heißen in Kondern die ‚Wälder' (Schwarzwälder) zum Unterschiede von denen des Hügellandes zwischen Kandern und dem Rheine. Obwohl sie eines Stammes und eines Bekenntnisses (des evangelischen) sind, und die Weiber die gleichen Flügelhauben und ‚Fürtücher' (Brusttücher) tragen, waren sie doch damals ungleich in Gesittung, der Wälder stand tief unter dem Markgräfler der Vorhügel. Wie dies seither geworden ist, vermag ich nicht zu sagen. Die auffallende Verschiedenheit mochte ihren Grund teilweise in der größeren Abgeschlossenheit der Gebirgsorte, teils mehr noch in deren rauherem Klima haben. Der Wald und die Viehzucht brachten dem Wäldler die Mittel zum Unterhalt des Lebens, die sonnigen Hänge der Vorhügel spendeten den Bewohnern des Tieflandes Weizen und Wein. Lebensweise und Genuß gestalteten sich für jene anders als für diese"[12]. Wir glauben nicht an geographischen Materialismus, so daß es etwa das Klima gewesen wäre, welches diese Menschengruppen so verschieden machte, jedenfalls nicht direkt. Die verschiedenen Agrarformen (und Wirtschaftsformen im allgemeinen) spielten sicher eine große Rolle, aber mehr wohl noch die von Kussmaul auch erwähnte Isoliertheit der „Wäldler", sie waren Hinterwäldler. Diese beiden Gruppen sind beide evangelisch. W. H. Riehl glaubt im Landschaftsbild Unterschiede feststellen zu können und zwar in der Erscheinung der Menschen, die sich aus verschiedener Religion der Bauern erklären. Er schreibt in der „Bürgerlichen Gesellschaft" (1851): „Die Religion ist bei dem Bauern nicht Dogma, sondern Sitte. Sie hat alle seine Gewohnheiten eigentümlich gefärbt. Das Glaubensbekenntnis klingt bis zu seinen Festen, seinen Liedern und Sprüchen durch; es gibt sich selbst im Rocke kund, wie ja der echte Bauer in protestantischen Gegenden das einfarbig dunkle Kleid, in katholischen das hellere und bunte vorzieht"[13]. Gehen wir für einen Augenblick auf die Inseln der Südsee, von denen einige ja vor 1914 deutsche Kolonien waren. Keesing[14] sagt: „Wenn die Kleidung der Frauen den Oberarm bedeckt und dicht am Halse geschlossen ist, so ist das oft ein Zeichen, daß diese Leute zum Katholizismus bekehrt worden sind". Aber kehren wir zu W. H. Riehl zurück. 1873, als fast alle Welt einem einlinigen Fortschrittsglauben huldigte, schrieb er Dinge, die beweisen, er fühlte, daß der sog. wirtschaft-

---

[11] Geographischer Anzeiger 1940, S. 140/141.
[12] Adolf Kussmaul, zitiert Pflug..., S. 284.
[13] Zitiert Daab: W. H. Riehl, Vom deutschen Volk, eine Auswahl von Fr. Daab, Königstein 1937, S. 49.
[14] Keesing: Native Peoples of the Pacific World, New York 1946, S. 96.

lich-kulturelle Fortschritt weitgehend vom geographischen Milieu abhängig ist, selbst in den alten Kulturländern. Hier ein Zitat aus seinen „Alpenwanderungen": „Wer eine höhere Alpenspitze besteigt, der durchschreitet bekanntlich in kurzer Frist verschiedene Zonen des Klimas und des Pflanzenwuchses, von den blühenden sommerlichen Wiesen der Talsohle bis hinauf zum ewigen Winter der Schneegipfel. Auch der Kulturforscher wandert kaum minder rasch vom Tal zum Gipfel durch verschiedene Zonen der Kulturgeschichte. In den Büchern steht geschrieben, daß die Völker gewisse Klassen der wirtschaftlichen Schule durchgemacht hätten mit hundert- und tausendjährigem Lehrgang, indem sie zuerst Jäger gewesen seien, dann Hirten, dann Ackerbauer. Wollen wir aber nicht in ferne Urwälder und Steppen gehen oder uns um Jahrtausende zurückträumen, so haben wir das allerdings modernisierte, ins vaterländische Kolorit übertragene Abbild dieser Stufenfolge heute noch daheim in unseren Alpen. Da herrscht hoch oben der Jäger, etwas tiefer unten der Hirt, mit letzten Nachklängen des Nomadenlebens; dann wiederum tiefer herab im halben Urwald sitzt der Holzknecht als höchst primitiver Lohnarbeiter, und endlich im Hochtale der vereinzelte Bauer mit seiner uralten Feldgraswirtschaft, eben auch ein halber Hirt; und daneben gedeihet sporadisch allerlei Haus- und Kunstgewerbe in altertümlicherer Form als das geregelte Handwerk des Städtebürgers"[15].

Der Dichter Nikolaus Lenau, der ja als „Edler von Strehlen-Lenau" in Ungarn Großgrundbesitzer war, schrieb vor etwa 100 Jahren einen merkwürdigen Brief an seinen Schwager Anton Kurz: „Eine Kultur hat der Boden in Württemberg und Baden, wie ich noch nicht gesehen. Freundlich ist der Anblick eines gut bebauten überall fruchtbaren Landes allerdings, und erfreulich fürs Herz, denn man denkt sich gleich die Menschen hinzu, die das alles genießen werden und froh sein; aber, lieber Bruder, ich konnte mich eines gewissen Eindrucks des Kleinlichen doch nicht erwehren, und armselig kam mir der Mensch vor, der wie ein Bettler, ein zudringlicher, seine Hand auf jeden Stein reckt, in jedes Loch steckt, daß ihm die Natur etwas hineinwerfe. Sieh, lieber Alter, das spricht wieder der Ungar aus mir. Die Nachlässigkeit hat doch was Edles, mit welcher der Bauer Pannoniens sein Korn in drei seichte Furchen wirft und seinen Weinstock mit ein paar Schnitten abfertigt und dann unbekümmert nach Hause geht und Tabak raucht. Die schönen Tokaier Weinberge (jetzt seh' ich Dich lachen) in ihrer Ungezwungenheit, mit ihren dazwischengepflanzten Obstbäumen sehen viel besser aus als die badischen mit ihren terrassenförmigen Abstufungen und eng zusammengedrängten Reben. In Ungarn ist der ganze Landbau eine bescheidene Anfrage an die Natur, eine ganz und gar nicht heftige Einladung, daß sie kommen möge mit ihren köst-

---

[15] Zitiert Daab, . . ., S. 32.

lichen Gaben; die Faust des Deutschen packt die gute Frau gleich an der Gurgel und würgt sie so gewaltig, daß ihr das Blut aus Nase und Ohr quillt"[16]. Die Hauptsache sieht er gar nicht: warum packt denn der süddeutsche Bauer so die Natur, welche der Ungar nur „nicht heftig einladet"? Nicht weil der eine Deutscher, der andere Ungar ist, sondern weil (zu mindest damals) in Süddeutschland für jeden einzelnen Bauern viel weniger Land da war als in Ungarn, daher muß der schwäbische Bauer „seine Hand in jedes Loch stecken, daß ihm die Natur etwas hineinwerfe". Heute, wo die agrarische Überbevölkerung Ungarns ein schweres Problem ist, das die kommunistische Regierung des Landes mit Kolchosen zu lösen versucht, wird der pannonische Bauer sicher mehr tun müssen als „edel und nachlässig sein Korn in drei seichte Furchen zu werfen und seine Weinstöcke mit paar Schnitten abzufertigen", ehe er seinen Tabak rauchen kann (falls er diesen nicht auch abliefern muß . . .). Hier haben wir nun Sozialgeographie in konzentriertester Form!

Anderswo berichteten wir aus Mexiko, daß dort die Tragweise der Lasten durch Jahrhunderte den Menschen eine gewisse Gangart vererbt habe, die noch heute spürbar ist. Wir brauchten gar nicht so weit zu gehen, über einen Zusammenhang zwischen Arbeit und Körperhaltung berichtet Theodor Fontane aus dem Spreewald: „Nur selten treibt ein mit frischem Heu beladener Kahn an uns vorüber und Burschen handhaben das Ruder mit großem Geschick. Sie sitzen weder auf der Ruderbank noch schlagen sie taktmäßig das Wasser, vielmehr stehen sie gerade aufrecht im Hinterteil des Bootes, das sie nach Art der Gondoliere vorwärts bewegen. Dies Aufrechtstehen und mit ihm zugleich ein beständiges Anspannen aller ihrer Kräfte hat dem ganzen Volksstamm eine Haltung und Straffheit gegeben, die man bei der Mehrzahl unserer sonstigen Dorfbewohner vermißt. Und zwar in den armen Gegenden am meisten. Der Knecht, der vornüber im Sattel hängt oder auf dem Strohsack seines Wagens sitzend mit einem schläfrigen Hoi das Gespann antreibt, kommt kaum je dazu, seine Brust und Schulterblätter zurechtzurücken oder sein halb krumm gebogenes Rückgrat wieder gerade zu biegen, der Spreewälder aber, dem weder Pferd noch Wagen ein Sitzen und Ausruhen gönnt, befindet sich eigentlich immer auf dem Qui vive. Das Ruder in der Hand, steht er wie auf Posten und kennt nicht Hindämmern und Halbarbeit. Wenn es schon ein reizender Anblick ist, diese schlanken und stattlichen Leute in ihren Booten vorüber fahren zu sehen, so steigert sich dieser Reiz im Winter, wo jeder Bootfahrer ein Schlittschuhläufer wird"[17]. Jetzt wo man mit Außenbordmotoren auch im Spreewald fährt, wird sich diese besonders straffe Körperhaltung wohl auch verlieren, ein Einfluß der Technik auf das Aussehen des Menschen in der Landschaft.

---

[16] Zitiert Pflug . . ., S. 299.
[17] Fontane, zitiert Pflug . . ., S. 72.

78 Sozialgeographische Studien in Deutschland

Sozialgeographischer Beachtung würdig ist der ständige Arbeiterverkehr um Industrieorte. Denn das Anwachsen der Industrieproduktion bedeutet nicht notwendigerweise eine Vergrößerung der Bevölkerung am Industrieorte selbst. Denken wir an die Fahrrädermassen, die man in Fabrikhöfen sieht und den Arbeitern ermöglichen, zur Fabrik zu kommen, oft einfach wirklich erst ermöglichen oder doch leichter machen. Ich glaube nicht, daß es heute noch viele Industriearbeiter gibt, die zur Arbeitsstätte mehr als eine Stunde zu Fuß laufen, wie dies vor 30 und mehr Jahren in Oberschlesien noch durchaus gang und gäbe war. Wie weit der äußerste Ring ist, um mit Thuenen zu sprechen, von dem die Arbeiter kommen, hängt also vor allem von Eisenbahnen, Autobussen, gelegentlich Schiffsverbindungen ab, dann von Verkehrsstraßen, schließlich aber auch von den Verhältnissen am Arbeitsorte selbst. Da ist z. B. die Industriestadt Heilbronn.

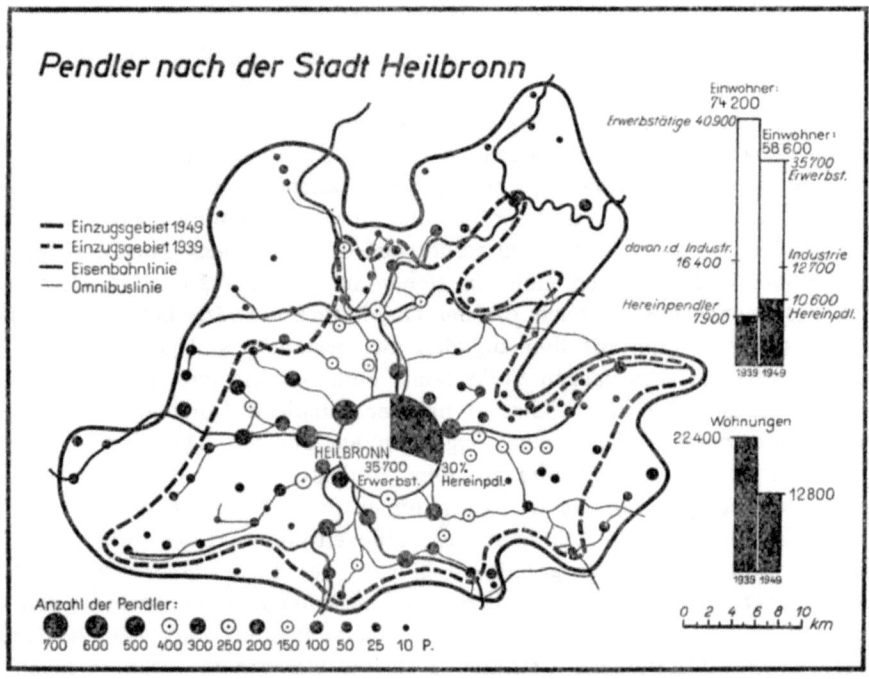

Dieses Schaubild „Das Pendlerproblem von Heilbronn" entstammt der „Deutschen Zeitung und Wirtschaftszeitung" (1949).

1939 gab es hier 74 200 Einwohner, von denen 40 900 berufstätig waren und davon 16 400 in der Industrie. Es gab damals 7900 Hineinpendler (Hinauspendler so wenige, daß wir sie hier und im folgenden vernachlässigen). Damals gab es in Heilbronn 22 400 Wohnungen. Nun wurde die Stadt im Kriege stark zerstört, die Zahl der Wohnungen ging auf 12 800 zurück, die Zahl der Einwohner auf 58 600 (1949), dabei 35 700 Berufstätige, wovon 12 700 in der Industrie arbeiteten. Aber die Zahl der Hineinpendler war 1949 auf 10 600 gestiegen. Der äußerste Ring, von dem sie kamen, hatte sich im Süden der Stadt fast garnicht, wenig im Osten erweitert, dagegen im Nordosten um 10–15 km, im Nordwesten um 20 km, im Westen um etwa 10 km nach außen verlagert, hier nämlich gibt es Eisenbahnen und Autobuslinien. (Nach einer Karte, die die „Deutsche Zeitung" in Stuttgart veröffentlichte). Die Hineinpendler stellten 1949 29,7% der Erwerbstätigen, 1939 nur 19,3% dar, dabei stieg die Zahl der Bewohner je Wohnung (sicher ein sozialgeographisches Problem!) von 3,3 auf 4,6 (oder nur Berufstätige von 1,8 auf 2,4) an. Also Zusammenrücken in der Stadt und Vonweiterherkommen auf dem Lande.

Noch ein Beispiel, das wir sowohl als Kriegsfolge wie als Industriegeographie behandeln können. Die Erschöpfung der Eisenerzlager im Sauerland usw. und die Autarkiepläne des Dritten Reiches ließen es geboten erscheinen, auch schlechtere Erze, sog. saure Erze abzubauen und zu verwenden. Solche waren im Salzgitter-Peiner Höhenzug entdeckt worden. Es schien besser, sie an Ort und Stelle zu verhütten, und so entstand in einer reinen Agrarlandschaft ab 1937 die Industriestadt Salzgitter. Während des Krieges wurden hier Evakuierte und Fremdarbeiter hergeführt, notdürftig in Baracken usw. untergebracht, bis schließlich 1945 eine Stadt von 100 000 Einwohnern entstanden war, mehr vergleichbar freilich amerikanischen oder russischen Bergbausiedlungen als irgendeiner anderen deutschen Großstadt. Nun kam das Kriegsende, nicht nur verschwanden die meisten Fremdarbeiter und ein Teil der Evakuierten, sondern die Demontagepolitik der Besatzung drohte die eigentliche Existenzgrundlage dieser Siedlung fortzunehmen. Nach vielen Verhandlungen, wobei ältere Bergbau- und Hüttenwerke nicht immer sich hilfreich erwiesen, konnte wenigstens ein Teil der Industrie gerettet werden. Aber derjenige, der diese Landschaft durchfährt und gewaltige kaum fertige Hallen neben den merkwürdig geformten anderen Bauten der Metall- und chemischen Industrie hineingestellt sieht in Felder und alte Bauerndörfer, erhält einen starken Eindruck, daß die Menschen die Landschaft umformen, aber nicht immer zum Besten derselben. Aber wir sehen uns eben einem Torso gegenüber, in einigen Jahrzehnten wird diese Landschaft weniger disharmonisch erscheinen als etwa die auch reichlich junge Industrielandschaft Oberschlesiens. Aber in jedem Falle, ob nun Kulturlandschaft oder nicht, diese Entwicklung wäre in einer „liberalen" Wirtschaft unmöglich gewesen, es handelt sich also um den Niederschlag einer bestimmten Wirtschaftspolitik im Landschaftsbilde.

Gehen wir von Braunschweig aus nicht nach Südwesten, sondern nach Nordosten, in die Gegend von Helmstedt, so sehen wir, daß hier nicht nur Felder, sondern ganze Dörfer verschwinden, einfach weggenommen, um an die darunter liegende Braunkohle zu kommen. Diese gewaltigen Veränderungen im Landschaftsbilde sind ein Ergebnis des Braunkohlenbergbaus, also einer seit langem wirkenden Wirtschaftsweise. Aber es ist klar, daß hier in der Helmstedter Gegend diese starke Entwicklung eine Funktion ist der Zonengrenze einerseits, die Braunkohle aus Mitteldeutschland nicht mehr herkommen läßt, und des starken Steinkohlenexportes des Ruhrgebiets nach Westeuropa andrerseits. Beides sind Kriegsfolgen. So wird man sagen können, daß der 1945 verlorene Krieg noch 15 Jahre später Dörfer um Helmstedt verschwinden läßt.

Von Frühjahr bis Winter 1948 fuhr ich täglich mit der Kleinbahn (örtlich bekannt als der Feurige Elias) von Weinheim nach Heidelberg. Vorbei an den Weinbergen, Obstgärten, Tabak- usw. feldern. Sie sind einerseits ein „Ergebnis" des Klimas und des Bodens, andrerseits des nahen Marktes der Großstädte Heidelberg, Mannheim und z. T. selbst Darmstadt. Auf den Feldern sah man damals viel Mohn. Die sudetendeutschen und schlesischen Flüchtlinge hatten ihn angepflanzt, hatten sie ihn doch in ihrer Heimat von ihren slavischen Nachbarn übernommen, und nun bei dem damals herrschenden Fettmangel sollte der Mohn nicht nur als Mohnkuchen, Mohnklöße usw. verwandt werden, sondern vor allem als Ölquelle. Als die Fettversorgung besser wurde, wurde weniger Mohn angebaut. Die Fettnot erzeugte Anbau von Ölpflanzen, wie überall, aber gerade Mohn war eine Folge der Vertreibung der Deutschen aus dem Osten und ihres Kommens in die Bergstraßengegend: viele sozialgeographische Fragen waren hier in den hin und her wippenden Mohnköpfen zu erblicken.

Wenn der Einfluß von Völkern und Staaten auf Landschaften wirklich besteht, so müßte sich dies auch in den Kolonien der europäischen Völker z. B. in Afrika zeigen, ein englisches Kolonialgebiet also anders aussehen als ein französisches. Mein alter Lehrer Fritz Jaeger hat dies immer für die ehem. deutschen Kolonien, die er so gut kennt, behauptet. Um dem Vorwurf des Eigenlobes zu entgehen, wollen wir in dieser Frage lieber einen Amerikaner zu Wort kommen lassen und zwar einen, der garnicht besonders „deutschfreundlich" ist. Derwent Whittlesey schreibt in seinem 1944 (also im Kriege) in New York erschienenen Buche „The Earth and the State"[18]: „Die deutschen Kolonien in Afrika wurden durch den Weltkrieg ausgelöscht, aber das Ergebnis von 30 Jahren deutschen Besitzes blieb bestehen. Keine andere Nation hat solche Energie für ihre afrikanischen Kolonien verwandt". „Heute, nach einem Vierteljahrhundert, ist die solide Prägung der Landschaft durch die Deutschen in jedem Gebiete deutscher Tätigkeit verblieben. Nirgendswo anders in niedrigen Breiten in Afrika gibt es so solide Bauwerke (substantial structures), soviel Eisenbahnlinien, die sogar die gegenwärtigen Ansprüche übertreffen, nirgends-

---

[18] Derwent Whittlesey: The Earth and the State, New York 1944, S. 377.

wo so zahlreiche Pflanzungen." Es wäre sicher falsch, diese Kolonien als deutsche Kulturlandschaften zu bezeichnen, aber als deutschgeprägte afrikanische Landschaften dürfen wir Teile von ihnen schon betrachten.

Als um 1770 Deutsche anfingen, das sog. Waldige Kujawien, also die Gegend zwischen Goplosee und Leslau, Słupca und Konin, zu besiedeln, führten sie dort auch das Torfstechen und die Verwendung des Torfes als Stallstreu und dieses als Dünger ein. Das war damals hier etwas ganz Neues[19]. Es scheint aber auch in Pommern, dem Herkunftsgebiet der kujawischen Siedler, neu gewesen zu sein. Wilhelm von Humboldt bemerkt 1796 auf Rügen „kleine Wiesen und Sümpfe, wo Torf gegraben wird, den man in kleinen Pyramiden aufstellt"[20]. Fritz Reuter erwähnt solche etwas später um Stavenhagen in Mecklenburg[21]. In Stolzenfelde Kr. Schlochau wurde das Plaggenreißen und Torfstechen 1795 eingeführt[22]. In Nordwestdeutschland ist diese Plaggenwirtschaft ja schon Jahrhunderte lang üblich, worauf besonders Georg Niemeier hingewiesen hat.

J. G. Fichte bemerkt 1791 auf einer Wanderung „Von Bunzlau aus ist jede Stunde ein Dorf, kein Wald, das gibt also viel Feld, wovon leider viel wüst liegt und auch nicht alles angebaute so gut stand wie in den schlechtesten Gegenden Sachsens, z. B. Ramenau. Hat der Schlesier die Tugenden des Sachsen und des Polen, zwischen denen er liegt, ohne ihre Fehler?[23]

Hier kommen wir nun zu einer grundsätzlichen Frage. Wir sprechen im Deutschen von Kulturlandschaften, in der Mehrzahl, die Franzosen sprechen von paysage humanisé, also in der Einzahl. Wir Deutsche haben also die Vorstellung, daß es viele Kulturlandschaften, entsprechend den einzelnen Volkskulturen usw. gibt, während die Franzosen den Gegensatz zur Naturlandschaft hervorheben. Wenn wir die Geistesgeschichte der letzten drei Jahrhunderte verfolgen, so ist das der typische Gegensatz zwischen Deutschen und Franzosen. Die französischen Klassiker des 17. Jh. schaffen ein universales Menschenbild. Aber um zu ihm zu kommen, vernachlässigen sie völlig das, was man heute Lokalkolorit nennt: die Menschen von Racine, Corneille usw. sind nach der Formel von Fénélon „d'aucun temps ni d'aucun pays" (aus keiner Zeit und keinem Lande). Die deutschen Klassiker des 18. Jh. schaffen auch ein universales Menschenbild. Aber im Gegensatz zu den Franzosen steht es nicht abseits aller Lokalfarbe sondern darüber, oder mathematisch gesagt, der französische Klassizismus kommt zu seinem universalen Menschenbild durch Subtrak-

---

[19] Siehe z. B. A. Breyer: „Deutsche Gaue in Mittelpolen", Plauen 1935, S. 13.
[20] Zitiert Pflug, a.a.O., S. 38.
[21] Zitiert Pflug, S. 46.
[22] Maas: „Zur Siedlungskunde Westpreußens 1466–1772", Marburg 1958, S. 166.
[23] Pflug, a.a.O., S. 78.

tion, der deutsche durch Integration. Aber gehen wir in der Geistesgeschichte weiter. Die glückliche Harmonie der deutschen Klassiker zwischen (antik-christlichem) Universalismus und dem Gefühl für die Relativität aller Werte in historischer und nationaler Hinsicht (Lessing, Herder, Goethe, Schiller) führt bei den Romantikern zur Aufgabe des Universalismus, es gibt nur noch zeit- und stammbedingte Werte, und das ganze 19./20. Jh. verstärkt diese Tendenz. Daß dann Spengler und die Nationalsozialisten radikal jeden übervölkischen Wert negieren, ist allbekannt. So kommt es in der Geographie zu Erscheinungen wie Walter Geisler usw. Aber auch bei vielen anderen spukt die Kulturraumidee, das übertriebene Hinweisen auf die Verschiedenheiten der Kulturlandschaften. Man muß aber in den Wüsten Nordafrikas oder des Pandschabs, in den Hochgebirgen des Kaukasus oder des Himalaya, in den Urwäldern Ceylons oder Assam gestanden haben, um zu sehen, daß es bei aller Verschiedenheit der Kulturlandschaften doch den großen Gegensatz zwischen einer vom Menschen überhaupt, irgendwie geformten oder von ihm völlig unbeeinflußten Landschaft gibt, daß es eben le paysage humanisé vor allen Kulturlandschaften gibt. Franzosen kann man natürlich sagen, sie sollten mehr auf die Verschiedenheiten der Kulturlandschaften und der Kulturen überhaupt achten. Sie haben große Vorbilder, bereits im 18. Jh. Saint Evremont, Montesquieu und den Abbé du Bos und es ist vielleicht ein glückliches Vorzeichen, daß in Paris einige Jahre lang eine Zeitschrift erschien, „Revue de géographie humaine et d'ethnologie", wo also die Unterschiede der Völker betrachtet werden, oder denken wir an die in Le Havre erscheinende Zeitschrift „Revue de psychologie des peuples". Aber die Franzosen zu „reformieren", ist schließlich deren Aufgabe, für uns Deutsche ist wichtiger, bei aller Verschiedenheit im Anblick der Kulturlandschaften daran zu denken, daß sie alle Menschenwerk sind!

Hier ist vielleicht der Ort, zu erklären, warum wir so wenig von den Siedlungsformen als solchen gesprochen haben. Es sind hier geograpische, wirtschaftliche und historische Fragen zu unterscheiden. Geographisch ist z. B. die Frage, ob wir Streusiedlungen haben oder Dörfer, kompakte Siedlungen. Das ist in Frankreich z. B. von Demangeon und Tulippe, in Belgien von Frl. Lefèvre untersucht worden, in Deutschland schon vor längerer Zeit, über Polen erschienen schöne Arbeiten von Pawłowski und seinen Schülern. Wirtschaftliche Gründe werden erklären, warum eine Viehzüchtersiedlung im Gebirge eine andere Form haben wird wie ein Getreidebauerndorf in der Ebene oder ein Fischerdorf an der See. Auch noch geographisch kann man rein beschreibend die Formen der einzelnen Dörfer also Runddorf, Straßendorf, Reihendorf, Platzdorf usw. in ihrer Verbreitung feststellen und z. B. auf Karten angeben, wie dies Prinz für Ungarn, Zaborski für Polen, früher Schlüter für Deutschland taten. Aber in Deutschland hat man seit 65 Jahren das Studium der Dorfformen historisch unterbaut oder, wenn man so sagen will, national. Man ging aus von dem großen Werk von A. Meitzen. Die Siedlungen der Ostgermanen, Westgermanen, Römer, Kelten und Slaven, 1895. Es war ein genialer Wurf: alle vorgefundenen Dorfformen waren nach ihm national bedingt, von verschiedenen Völkern geschaffen, die Einzelsiedlung war keltisch, das Haufendorf germanisch, der Rundling und das Straßendorf slavisch. Genial, bloß – falsch! Trotz Hunderten von Doktorarbeiten, die das im Einzelnen beweisen wollten (und zu beweisen glaubten), es stimmt einfach nicht. In einigen wenigen Gegenden wird man gewisse Dorfformen national zuordnen können, aber einen für ganz Europa gültigen Zusammenhang zwischen Siedlungsform und Volkstum aufzustellen, führt in die Sackgasse, in der sich die Siedlungsformenforschung in Deutschland heute befindet. Mit der Siedlungsformenforschung habe ich mich anderswo befaßt (z. B. mehrfach in „An Warthe und Weichsel", Leipzig 1943). Hier wollen wir sie ruhen lassen. Mit dieser Ablehnung einer nationalen Erklärung der Siedlungsformen, fallen auch all die Versuche, z. B. die europäischen Städte aus Volkstümern erklären zu wollen oder die Städte in deutschen Landesteilen aus Stammeseigentümlichkeiten. Es ist natürlich nicht zu leugnen, daß es da Unterschiede gibt, aber die Hauptgründe dafür sind ganz anderer Art, diese Dinge haben meist gar nichts mit Rasse, Volkstum, Stamm usw. zu tun. Wir wiederholen: hin und wieder mögen auch diese Dinge eine Rolle spielen, doch sie sind ja meist gedanklich kaum faßbar, nur stimmungsmäßig andeutbar, was jedoch nicht mehr Wissenschaft ist. Natürlich konnte man 1939 in Posen noch viel Preußisches, in Krakau noch viel Österreichisches, in Bialystok noch viel Russisches feststellen, obwohl alle drei Städte polnisch waren, denn Geschichtseinwirkungen (ein Jahrhundert Zugehörigkeit zu Preußen, Österreich, Rußland) wirken eben für längere Zeiträume. Daß Metz anders ist als Nancy, ist nicht auf den deutschen Bevölkerungsanteil in Metz, auch nicht auf dessen Zugehörigkeit zum Reich 1871 – 1918 zurückzuführen oder nur zu sehr kleinem Teil, sondern auf geographische Gründe und historische z. T. recht alte.

Man mißverstehe uns nicht. Wir haben nicht gesagt, daß es keine nationalen Unterschiede etwa im Anblick der europäischen Städte gebe. Wir betonen nur, daß man nicht weiterkommt, wenn man sie als Ausdruck des betreffenden Nationalcharakters erklärt. Vor allem, da man dann in Gefahr gerät, die wirklich geographischen Gründe zu übersehen. Wenn man, wie dies auf dem Deutschen Geographentag 1951 in Frankfurt geschah, von der französischen Stadt spricht (im Gegensatz etwa zu der deutschen oder der englischen Stadt) und dann alle französischen Städte über einen Leisten spannt, dann kommt man aus Irrtümern nicht heraus. Denn es gibt hier nun einmal wirklich geographische Unterschiede, eine mediterrane Stadt und eine der Bretagne oder eine Ostfrankreichs sind eben verschiedene Dinge, ein Hafen, eine Industriestadt, eine Bergwerkssiedlung, eine alte Residenz sind wiederum Wirklichkeiten, während „französische Stadt" bestenfalls eine Gedankenkonstruktion bleibt. Vergleichen wir deutsche Städte miteinander im Norden und Süden, Westen und Osten unseres Vaterlandes, so empfinden wir als Deutsche trotz großer regionaler Unterschiede alle diese Städte als einheitlich, eben als deutsch. Ob aber ein der deutschen Sprache Unkundiger wirklich einen deutschen Hafen als „deutsch" und daher von einem holländischen oder dänischen Hafen als sehr verschieden empfindet? Ob ihm ostdeutsche Städte nicht schon sehr „östlich" vorkommen, andrerseits rheinische Städte ohne Rücksicht auf ihre Staatszugehörigkeit (wie haben die Grenzen hier in den letzten 150 Jahren gewechselt!) als sehr verwandt? Sind die Schweizer Städte wirklich national, d. h. sprachlich verschieden oder nicht vielmehr geographisch? Man kann natürlich wie Ewald Banse die Seele der deutschen Stadt suchen: „Denkt an eine kleine Stadt, die mit Türmen in die Landschaft hinaus und mit fensterdurchleuteten Giebeln in die Gassen herabblickt. Seht ihr den Herdrauch blau aus tausend Schornsteinen aufsteigen? Seht ihr den Mondschein auf Erkern und Türmchen, hört ihr das Wasser der Brunnen rauschen? Und blickt ihr auf die Reigen der Kinder, die in alten Rundgesängen ihre hellen Stimmen erklingen lassen?" Die *Dinge*: Türmchen, Brunnen, Giebel kann man fast überall in Europa sehen. Kinder spielen, tanzen Reigen und singen, auch das habe ich in vielen Städten Europas und darüber hinaus gesehen. Freilich, da sangen sie nicht *deutsch*. Das ist aber wahrscheinlich alles, was Banse hier wirklich herausstellen will. Was ist eine deutsche Stadt? Sagt man direkt: eine deutsche Stadt ist eine deutsche Stadt, dann ist der Leser nicht zufrieden, so muß man es auf Umwegen so sagen. Aber in Wirklichkeit ist die „Erklärung" einer geographischen Tatsache durch nationale Wesenheiten in den meisten Fällen eine reine Tautologie: Man „erklärt" A durch B, nachdem man eben B durch A erklärt hat. Das hat dann aber nicht mehr viel mit Wissenschaft zu tun.

Wir wissen, daß die wissenschaftliche Volkscharakterologie bei der Beantwortung der Frage Was ist Deutsch? oder Was ist Englisch? oder Was ist Französisch? usw. sich sehr oft bescheiden muß, eine beschreibende Antwort zu geben: dies oder jenes war in der Vergangenheit deutsch (oder englisch usw.), fand sich nicht bei anderen, ähnlichen Völkern. Viel schwerer schon ist die Antwort in der Gegenwart: dies oder jenes ist deutsch, findet sich nur bei Deutschen (oder in Deutschland). Beschreibungen werden oft an die Stelle von Definitionen treten. So wird die Geographie auf die Frage nach der deutschen Stadt am besten mit einem Bildband antworten mit Ansichten vieler deutscher Städte und so dem Beschauer oder Frager eine Antwort (oder vielmehr Antworten) suggerieren. Wenn wir uns im Gebiete wollender Menschen bewegen, kann man eben nicht mit starren Kausalgesetzen arbeiten. Denn die angeblichen Kausalfaktoren „Raum", „Volkstum", „Rasse", „Klima" zerfließen bei genauerer Betrachtung unter unseren Händen, und nur Dogmatiker bestehen darauf, mit ihrer Hilfe Systeme zu errichten. Aber wir halten uns an die Worte von Husserl: „Weg von den Konstruktionen, hin zu den Sachen!" Sachen bedeutet in unserem Sinne geographische Tatsachen.

---

[24] Dies Kapitel erschien in meinem Buche „Europäisches Bauernleben einst und jetzt", Braunschweig 1959, S. 64–79.

Siedlungsgeographische Beobachtungen in Frankreich

1866 arbeiteten 52,2% der Berufstätigen Frankreichs in der Landwirtschaft, 1931 nur noch 37%, 1950 nur noch 19%; dagegen stieg der Anteil der in der Industrie Tätigen von 33% 1866 auf 40% 1931 an, um dann auf 37% 1950 herabzugehen[1].

Wenn auch die Industrie, besonders die Textilindustrie in Frankreich alt ist, so ist die Schwerindustrie hier eine verhältnismäßig junge Erscheinung. Wie neu die Schwerindustrielandschaft im größten Teil von Frankreich ist, dafür noch ein Beispiel. In dem sehr ausführlichen Buche von Théodore H. Barreau „La Patrie, description et histoire de la France", Paris, Hachette, 1868, sagt man fast nichts über die Schwerindustrie Lothringens (wir sind ja vor der Erfindung des Thomasverfahrens!), nichts über die Hochöfen bei Caen, aber auf S. 122 lesen wir: „Das Dep. Ariège produziert Eisen im Überfluß, seine Stahlsorten, seine Sensen, seine Feilen erfreuen sich eines guten Rufes". Und S. 49 heißt es: „Es gibt in Frankreich etwa 900 Fabriken, wo Eisen fabriziert wird. Die berühmtesten sind Le Creusot (Saône et Loire), Fourchambault (Nièvre), Decazeville (Aveyron")". „Im Dép. de la Dordogne im Périgord ist die Eisenindustrie aktiv" (S. 117). „Die Metallindustrie hat seit einigen Jahren eine große Entwicklung im Dép. Aveyrom (Decazeville) genommen"[2]. „Die Eisengruben im Nivernais sind zahlreich, ihre Förderung speist 30 Hochöfen und 100 Schmiedewerke" (S. 72). „Etwa ein Viertel des Dép. de la Côte d'Or ist mit Wald bedeckt, 2 große und 57 kleine Eisengruben (minières) beliefern mehr als 100 Schmiedewerke und Hochöfen" (S. 83). „Die drei Dép. Doubs, Haute Saône und Jura haben viele Eisenwerke und Hochöfen" (S. 85). In den Dép. Meuse und Moselle besteht die Industrie hauptsächlich in der Förderung und Fabrikation von Eisen" (S. 89). (Das ist alles über die lothringische Eisenindustrie . . .). S. 41 lesen wir über die Kohle, diese andere Grundlage der Schwerindustrie: „Unser Land besitzt 430 000 ha Kohlenfelder. Die Gegend von St. Etienne und Rive de Giers im Dép. Loire, Anzin, Denain, Douchy im Dép. Nord, Le Vigan, Alès im Dép. Gard sind die ertragreichsten Gebiete". Die heute wichtigsten sind also gar nicht genannt! Aber S. 127 nennt man Greissessac (Hérault) als

---

[1] Zahlen z. T. nach R. Kienast: La Population Française, in La Documentation Photographique, Nr. 193, Mars 1959 (Paris).
[2] Theodore H. Barreau: La Patrie, description et histoire de la France, Paris 1868, S. 117.

bedeutsames Kohlenbergwerk. S. 113 spricht man von der Steinkohlenförderung im Dép. Maine et Loire. „Das berühmte Kohlenbergwerk von Anzin beschäftigt etwa 16 000 Arbeiter und hat mehr als 40 Schächte, von denen einige mehr als 500 m tief sind" (S. 72). Dagegen wird nichts über die Kohlengruben des Dép. Pas de Calais gesagt (S. 96). Dafür sagt man S. 41: „Frankreich ist dasjenige Land Europas, das die größte Menge an gemünztem Gold und Silber besitzt, und doch hat die Vorsehung ihm diese beiden Metalle versagt, aber sie hat ihm im Überfluß das Eisen gegeben, mit dessen Hilfe die Landwirtschaft, die Industrie und der Krieg uns die anderen Metalle liefern". Damit erscheint, nebenbei gesagt, die von Bismarck 1871 verlangte Kriegsentschädigung in einem anderen Lichte ...

Bei der Côte d'Or erwähnte Barreau vor den Eisenhütten, daß ein Viertel des Landes mit Wald bedeckt sei. Das ist keine bloß zufällige Zusammenstellung. Wir müssen bedenken, daß vor der Einführung des Koksverfahrens die Holzkohle für die Eisenschmieden von ausschlaggebender Bedeutung war. Wir lesen in der „Revue de deux Mondes" 1861, Mai, S. 452: „Vor kurzer Zeit wurde noch der doppelte Arbeitsvorgang, der notwendig ist, das Naturerz in Eisen zu verwandeln, nämlich die Herstellung des Roheisens und das Frischen (affinage) desselben ausschließlich mit Holzkohle vorgenommen. Seit etwa 40 Jahren wurde auch in Frankreich für diese Fabrikation die Steinkohle eingeführt, was in England schon seit 1760 geschah; dadurch entstand eine industrielle Revolution für die Waldbesitzer, die darunter hätten sehr leiden können. Aber für die besseren Erze wird das Frischen noch heute mit Holzkohle vorgenommen, das erhaltene Eisen ist besser, nur für die weniger reinen Erze der Haute Marne, des Allier und des Cher wird das Roheisen mit Holzkohle hergestellt, und das Frischen geschieht mit Steinkohle oder vielmehr mit Koks".

Mit der Zitierung des nun 90 Jahre alten Buches von Barreau betreiben wir historische Landeskunde, tun wir dies noch, indem wir ihn weiterzitieren, nunmehr aber aus dem Gebiete der Landwirtschaft. „In Les Landes gibt es wenig Dörfer, im allgemeinen wohnt der Landais (oder Lanusquet) in einer einsamen Hütte, wo er auf der Erde auf den Fellen seiner Schafe schläft. In den Wäldern erbaut er sich mit einigen Zweigen eine zeitweilige Hütte. Er macht dort Holzkohlen, sammelt Harz, entrindet die Korkeichen" (S. 119/120). „Barège, in den Hautes Pyrenées, ist nur ein zeitweilig während der Badesaison bewohntes Dorf. Um dem Schnee zu entgehen, der es im Winter begräbt, ziehen sich die Bewohner nach Luz zurück" (S. 125). „Im Midi werden die Färberpflanzen angebaut: Krapp (garance), Waid (pastel), Safran (safran), Waureseda (gaude)" (S. 49). Die Erfindung der Anilinfarben hat bekanntlich diese Kulturen völlig verschwinden lassen ebenso wie den Indigo in Indien. Eine Erfindung der

Chemie veränderte so auf weite Flächen hin das Landschaftsbild!" In den Dép. Ardèche und Lozère bearbeiten die aktiven und fleißigen Bewohner mit dem Spaten die Örtlichkeiten, die für den Pflug unzugänglich sind, und es gelingt ihnen, selbst die Felsen produktiv zu machen, indem sie Ackererde dort hinauf bringen" (S. 128). Aber vielleicht gehören gerade deswegen, wegen dieser übermäßigen Arbeit, die beiden Départements zu denen, in denen die Landflucht am stärksten war ... „Der Bewohner des Dauphiné verändert die steilen Hänge der Hügel in über einander liegende Etagen, die durch Steinmäuerchen festgehalten werden; er bringt Ackererde dorthin und arbeitet mit Hacke und Spaten. Auch Bewässerungen legt er an" (S. 130). „In der Sologne erntet man in einem Jahre Roggen, im nächsten Hafer oder Buchweizen und Kartoffeln, dann läßt man 10 – 12 Jahre lang den Boden sich mit Ginster und Heidekraut bedecken, wo Schafe weiden" (S. 69). „Im Bourbonnais gibt es an der Grenze mit Les Marches und dem Berry das Land der Kastanien, das wenig bevölkert ist, ohne Wasser und fast ohne Wege". Wenn auch die Gegend nordwestlich von Montluçon noch heute zu den ärmsten im Bourbonnais gehört[3], so sind doch jetzt Wege vorhanden und die Landschaft besser kultiviert[4]. „1865 hatte das Dép. Morbihan fast 300 000 Stück Rindvieh, das Dép. Vaucluse kaum 1500" (S. 44). „Im Haut Maine wurden die Heiden zur Anpflanzung von Kiefern benutzt" (S. 103). „Das Gebiet Marqentaire liegt zwischen der Authie und der Somme am Meere. Zu Zeiten der karolingischen Könige war es noch von den Meeresfluten bedeckt, dann ging das Wasser allmählich zurück, ein seichter See entstand, er wurde durch menschliche Arbeit trockengelegt und dies Gebiet wurde eins der fruchtbarsten und reichsten Frankreich" (S. 98). Und trotzdem erfolgte aus diesem Teil der Picardie im 19. Jh. eine erhebliche Landflucht[5].

Nun einige Angaben über Bauweisen in Stadt und Land. „In der Picardie, im Dép. Somme, ist das Holz rar, man ersetzt es durch Torf, wie man auch Ziegel für die fehlenden Steine verwendet" (S. 97). „Die Stadt Salins im Jura war vor der schrecklichen Feuersbrunst von 1825, die sie vollständig vernichtete, ganz aus Holz gebaut. Sie wurde mit Hilfe einer in ganz Frankreich veranstalteten Sammlung wieder aufgebaut" (S. 86). „Beauvais (15 000 Einwohner) macht als Stadt einen angenehmen Eindruck, obwohl sie ganz aus Holz erbaut ist" (S. 67). „In Tarbes sind die Häuser fast alle aus Marmor oder aus Ziegeln erbaut und mit Schieferdächern versehen; sie haben alle einen Garten" (S. 170). Erinnern wir uns hier an die Worte von Thiers, daß Frankreich das Land ist, das am besten neue Häuser aus Ruinen zu bauen versteht, und vergleichen wir das mit einigen Zeilen von Dutton: „Die Franzosen haben eine besondere Bega-

---

[3] Maas: Europäisches Bauernleben einst und jetzt, Braunschweig 1959.
[4] Barreau, a.a.O., S. 73.
[5] Maas: Bauernleben I, 154/155.

bung, mittelalterliche Städte mit kommerziellen Vororten zu umgeben, ohne die ursprüngliche Atmosphäre zu zerstören, ja kaum zu ändern. Während in England eine Landstadt wie etwa Northampton oder Leicester sofort architektonisch vernichtet ist durch das Kommen kommerzieller Prosperität, schlummern in Frankreich die alten Städte weiter und vergessen anscheinend die bemerkenswerte Entwicklung ihrer Vororte. Dies ist besonders bei Angers der Fall"[6]. Ein anderer Angelsachse schreibt: „In allen Ländern wehren sich die Landbewohner von Natur aus gegen Neuerungen, besonders aber die Franzosen. In den letzten 100 Jahren hat die Bevölkerung so wenig zugenommen, daß keine Veranlassung bestand, neue Bauernhäuser oder Gehöfte zu errichten. Wirtschaftlich blieb die alte Struktur, die auf Weizen und Fleisch abzielte, durch Schutzzölle bestehen, keine plötzliche Veränderung wie wir sie in Großbritannien auf Milchwirtschaft und Futterkräuter hin hatten, und mit dieser Struktur wurden auch die alten Wirtschaftsweisen beibehalten"[7].

Hier sind wir nun bei sehr wichtigen Fragen angekommen: die geringe Bevölkerungszunahme Frankreichs, in Wirklichkeit die Landflucht, hat sehr erhebliche siedlungsgeographische Wirkungen[8]. Wir wollen aber an dieser Stelle darauf nicht eingehen, sondern vielmehr eine siedlungsgeographische Wanderung durch Frankreich machen. Für grundsätzliche Fragen verweisen wir zunächst auf das Kapitel „Sozialgeographische Beobachtungen in Frankreich" in unserem Buche „Europäisches Bauernleben einst und jetzt" (Braunschweig 1959), S. 7—28.

Als erstes wollen wir die Hausformen betrachten. Mein 1940 verstorbener Lehrer A. Demangeon hat sich sehr viel mit der Frage der Formen des Bauernhauses in Frankreich befaßt. Wir entnehmen einem Aufruf an die französischen Lehrer, die Hausformen ihrer Gegend zu studieren[9], die folgenden Ausführungen:

1. Es gibt zwei große Typen der Hausformen: das Einhaus (1938 nannte er es maison-bloc, 1920 maison élémentaire), wo alles unter demselben Dach ist, und das Gehöft (maison-cour), das aus mehreren Gebäuden um einen Hof herum besteht.

2. Das Einhaus hat zwei Varietäten: das ebenerdige Haus, wo die wichtigsten Räume sich im Erdgeschoß befinden, eine in Frankreich sehr stark verbreitete Varietät, sie hat mehrere Unterarten, in den Ardennen, im Boulonnais, in der Bretagne, in Lothringen, im Limousin, in den Alpen, in Aquitanien, im Baskenland.

---

[6] Ralph Dutton and Lord Holden: The Land of France, New York & London 1939, S. 61.
[7] P.L. Yates: Farming in France, in The Geographical Magazine XIX, 9 January 1947, S. 385.
[8] Maas: Bauernleben I, 108/109.
[9] L'Ecole Libératrice vom 3. 12. 1938, X, 10, S. 204/205.

Das Hocheinhaus (maison élémentaire en hauteur), das alles unter demselben Dach vereint, aber welches, statt die Bauelemente nebeneinander zu haben, sie übereinander stellt: die Menschen sind im Obergeschoß, das Vieh und die Lagerräume unten.

Es gibt verschiedene Entwicklungsformen des einen oder des anderen dieser Einhaustypen, welche durch die Entwicklung der Landwirtschaft und des materiellen Komforts entstanden. Man sieht so ebenerdige Häuser, auf die man ein Stockwerk aufgesetzt hat, und Langhäuser, die man verdoppelt, noch einmal daneben gesetzt hat.

3. Das Gehöft hat zwei Varietäten:

Das umschlossene Gehöft (1920 nannte er es: maison en ordre serré), dessen Gebäude aneinander anstoßen und so einen geschlossenen Hof bilden; es ist sehr verbreitet, besonders nördlich der Seine in den Gebieten der Großlandwirtschaft.

Das offene Gehöft (1920: maison en ordre lâche), dessen Gebäude sich nicht berühren, es ist vor allem im Nordwesten und Westen verbreitet, wo das Vieh eine große Rolle in der Wirtschaft spielt.

Gehen wir nun zu dem Artikel von A. Demangeon „L'habitation rurale en France" in den „Annales de Géographie" 1920, S. 352 – 375, zurück[10]. Wie gesagt, vier Haustypen in Frankreich: „Das Einhaus: in den Ardennen, im Armorikanischen Massiv, im größten Teil des Zentralmassivs, in Lothringen, in der Freigrafschaft Burgund, z. T. auch in den Alpen und den Pyrenäen.

Das Gehöft mit geschlossenem Hof: von der Beauce bis ins wallonische Flandern hindurch durch die Ile de France, die Champagne, die Picardie und das Artois.

Das Gehöft mit offenem Hof: entlang der Kanalküste und der Nordsee, von der Nieder-Normandie bis nach Flandern durch die Hoch-Normandie und die maritime Picardie.

Das „Hochhaus" (maison en hauteur), ein südlicher Typus: am Ostrande des Zentralmassivs, von Burgund bis ins Obere Languedoc, auf den letzten Höhen des Zentralmassivs und der Plateaus, die es bis zum Becken von Aquitanien hin umgeben; im Roussillon, im Nieder-Languedoc, einem Teil der Provence und besonders auf den Höhen der Alpen"[11].

Sprechen wir nun vom Einhaus in Nordfrankreich. In den Ardennen baut man mit Schiefer und deckt mit Dachschiefer, manchmal schützt man das

---

[10] Er ist übrigens wiederabgedruckt in dem posthum erschienenen Buche von A. Demangeon: Problèmes de Géographie Humaine, Paris 1942, S. 261 – 287. Wir zitieren aber nach den Annales de Géographie 1920.
[11] Annales de Géographie 1920, S. 358.

Haus gegen Westen und Südwesten durch eine Bretterverschalung. Auf den Plateaus und Ebenen der Mitte des Dép. Ardennes gebraucht man den schönen gelben oder grauen Haustein des Landes. Wenn man sich den Argonnen nähert, so baut man dort auf einem Fundament von Ziegeln oder Steinen ein Haus aus Balken, dessen Fächer mit Erde ausgefüllt werden. Einfachere Formen findet man in der Pévèle (Orchies), in der Thierache, bessere in der Gegend von Douai, Cambrai, hier werden oft Ziegel verwandt.

A. Demangeon verwandte bei diesem Artikel einmal persönliche Beobachtungen, dann die Früchte einer ausgedehnten Lektüre (Werke von de Foville, Chantriot, Levainville, Larne, Maucourant, Lefebvre, um nur die für das Pariser Becken zu nennen; wir müssen hier darauf verzichten, alle seine Quellen anzugeben).

Im Pariser Becken findet man mehrere Varietäten, in der Champagne, in der Brie champenoise, im Pays d'Othe, im Morvan, im Auxerrois, im Nivernais, im Weingebiet des Loiret[12].

In Westfrankreich finden wir das Einhaus oft in sehr einfacher Ausführung, so in der Vendée, in der Bretagne, im Maine, in der Normandie, im Gebiete der alten Gesteine, der Heiden und des Bocage, armer Boden, viele Kleinbetriebe. Hier ist der Stall wichtiger als die Scheune, da Viehzucht überwiegt. Hier kommt es übrigens vor, daß eine kleine Scheune neben dem Einhaus steht. Auch im Bas Léon (Bretagne) sind Ställe, Wohnung und Scheune unter einem Dach. C. Vallaux berichtet aus Locminé, daß dort Stall und Wohnung nur durch eine dünne Zwischenwand getrennt sei, 1794 war dazwischen nur eine Hürde, man verwandelte oft den Stall in eine Wohnung oder die Wohnung in einen Stall[13]. Ähnlich in der Gegend von Vannes, der Gegend von Avranches, im Bocage Normand, im Pays de Retz, im Bas Maine, im Marais Poitevin und selbst in der Ebene von Poitou. Demangeon bildet Pläne von Einhäusern aus Senoy (Ardennen), Pontivy (Morbihan), Plouescat (Finistère), Herby (Jura), Vittel (Vosges) ab.

„Das Zentralmassiv, das solange ein Gebiet armer Landwirtschaft und schlechter Lebensbedingungen war, ist eins der kompaktesten Gebiete des Einhauses. Man beobachtet diesen Typus vom Limousin bis ins Vivarais, vom Bourbonnais bis zu den Causses. Aber in diesem großen Gebiete, wo es so verschiedene Formen des Reliefs, des Klimas und der Wirtschaftsweisen gibt, hat es sich manchmal den örtlichen Bedingungen angepaßt, aber der traditionelle Plan bleibt bestehen" (S. 363). Also wieder Stall, Wohnung und Scheune unter einem Dach. Nur wo das Land etwas reicher

---

[12] Ebenda, S. 359—361.
[13] Zitiert von Demangeon, ebenda, S. 361.

ist, sind Stall und Scheune getrennt von der Wohnung, sie stehen jedoch dicht daneben, es gibt keinen Hof. Das ist so im Limousin, besonders in dessen Westteil, in der Basse Auvergne. Auch im Vivarais findet man öfter die Scheune als Obergeschoß über Stall und Wohnung, zur Scheune führt dann außen eine Auffahrt[14]. Das ist dann ein Übergang zu der maison en hauteur. In der Ebene von Roanne findet man öfter im Obergeschoß eine Galerie, wie dies weiter im Süden ja noch öfter üblich ist.

Es gibt auch eine südliche Abart des Einhauses. Sie ist die Regel im Baskenland, in den Ebenen der Provence von Carpentras bis Aix und Toulon, im Bas Dauphiné, in den Alpenländern (an der mittleren Isère, am unteren Drac und den benachbarten Hügeln). Doch zeigen sich auch schon in der Bresse und in der Ebene von Montauban Einflüsse des Südens: es gibt eine höhere Etage mit einer offenen Veranda, hier trocknet man den Käse, hier liegen die Maiskolben, hier spielen die Kinder bei Regen. Das ist wieder ein Übergang zur maison en hauteur (S. 362). 1920 faßte A. Demangeon diese Hausform noch als eine besondere, neben den drei anderen stehende auf. Später sah er ein, daß dies „Hochhaus" nur eine Sonderform des Einhauses, sozusagen ein hochgekantetes Querhaus ist. Einen Plan einer maison en hauteur aus der Gegend von Uriage (Jura) bildet er ab (S. 370). Hier gibt es im Erdgeschoß einen Stall, im Obergeschoß die Wohnung, eventuell noch einen Heuboden oder Speicher als 3. Geschoß. Dies Haus findet sich im Süden, am Süd- und Ostabhang des Zentralmassivs, auf den Hügeln des Beckens von Aquitanien und des Languedoc und weithinein in die Alpen. Solche Häuser gibt es auch im übrigen Mittelmeergebiet: Griechenland, Dalmatien, Herzegovina, Westbosnien, Montenegro, Nordalbanien, Westmazedonien, Italien, Korsika, aber in Frankreich kommt die Außentreppe aus Stein und Holz hinzu, die zu einer Veranda im Obergeschoß führt. In einfacherer Form findet sich dies Haus in den Kleinbetrieben des Plateaus von Quercy (in den Dép. Lot et Garonne, Tarn et Garonne, Lot), in Corbières, bei Carcassonne, im Bas Languedoc, im Roussillon, in der Ebene von Olot. Ähnliche Formen finden sich im Zentralmassiv (bei St. Affrique und Murat im Ségalas), auf den Hügeln (côtes) des Beaujolais, des Mâconnais und des Lyonnais (z. B. bei Tarare). Im Vivarais findet man es auf den wärmeren Hängen, im Gebiet der Kastanienwälder der Cévennen und in den Gebieten der Seidenzucht im Ardèche. In den Weinbaugebieten ist der Stall klein, dafür hat man einen größeren Weinkeller daneben. Auf dem Balkon (onton) lebt man im Sommer und trocknet den Käse. Die „Gebirgsabart" in Savoyen und im Bugay, den hohen Massiven des Dauphiné und im Jura zeichnet sich durch dicke Mauern aus. Doch findet man im Gebirge (Grésivaudan, Vercors, Oisans, Queyras) auch das Langhaus, die maison élémentaire en

---

[14] Abbildung ebenda Tafel IX B.

longueur. In den Alpen zieht im Winter in der maison en hauteur die ganze Familie nach unten, zum Vieh, wo es warm ist, im Sommer geht sie wieder ins Obergeschoß (S. 370–374). Es gibt jedoch dies „Hochhaus" als alte Häuser in der Vendée an der Küste und im Pays d'Othe. A. Demangeon (Annales de Géographie 1920, S. 374, Anm.) erklärt dies durch die früher größere Verbreitung des Weinbaus, das Untergeschoß diente als Kelter und Weinkeller.

Gehen wir nun von den Einhäusern zu den Gehöften über und zwar zuerst zu der Form der maison en ordre lâche, also dem Gehöft mit offenem Hof. Hier ist die Trennung vom Vieh erfolgt, die ja im Einhaus nicht vorhanden ist, aber die Bauern sind freier als im geschlossenen Gehöft. Dieser Typus mit offenem Hof findet sich in der Küstengegend Flanderns, der Picardie, der Ober-Normandie (und wenn man will Großbritanniens). Das Küstenklima gestattet, das Vieh länger im Freien zu lassen. Andere Gründe für diese Form sind das Überwiegen der Viehzucht und „der Einfluß des germanischen Unabhängigkeitsgefühls bei Angelsachsen, Skandinaviern, Normannen". In Westflandern (Cassel, Hazebrouck) gibt es eine Abart, die weiter nach Osten, an der Lys und bei Lille verschwindet. Dagegen gibt es diese hofstede im Boulonnais und an der Küste der Picardie. Eine andere Abart gibt es im Lande Caux, d. h. zwischen Le Havre und Yvetot, wo sich Hecken oder 1–2 m hohe Wälle, die mit Bäumen besetzt sind, rings ums ganze Anwesen finden, Abb. eines solchen Gehöfts, a.a.O., S. 369; dagegen gibt er S. 366 den Plan einer maison en ordre serré aus der Picardie. Diese Form mit geschlossenem Hof oder eigentlich umschlossenen Hof findet sich in der Picardie, im Artois, in der Ostnormandie, im Innern Flanderns, im Vexin Normand, also auf den lehmbedeckten Plateaus. Sie kommt aber auch in der Champagne vor, in der Ebene des Forez, der Ebene von Caen, der Ebene des Berry und der Ebene der Cerdagne, also überall in Gebieten starken Ackerbaus, großer Viehzahl, das nicht draußen gelassen wird, wobei auch die wichtige Frage der Heuversorgung mitspricht. Auch die grande ferme der Beauce, der Brie, des Vexin, der Ile de France, des Valois, des Soissonnais, der Gebiete zwischen Sambre und Meuse (Maas) gehört dazu. (Demangeon setzt hinzu: im Hennegau, in der Hesbaye bis Brüssel und Lüttich, in Brabant, Limburg, im Rheinland. Daß es sich um das bei uns als „fränkisch" bezeichnete Gehöft handelt, wollte er freilich nicht einmal im Gespräch zugeben . . .).

Wir haben auf diesen Aufsatz unseres früheren Lehrers so stark hingewiesen, weil wir der Ansicht sind, daß diese Klassifikation tatsächlich weiterhilft beim Studium der Gehöft- und Hausformen Frankreichs (und darüber hinaus). Leider können wir dasselbe nicht von den Studien Demangeons über die Dorfformen sagen. Er veröffentlichte darüber 1939 einen Aufsatz „Types de peuplement rural en France"[15]. Wir zitieren daraus: „Es gäbe mehrere Arten, die Dörfer und die Siedlungsformen zu klassifizieren. Man könnte sich auf ihre Lage beziehen, das wäre eine geographische Grundlage, man könnte sich auf ihren Ursprung stützen, was eine historische Grundlage wäre. Wir wollen versuchen, uns auf ihre Form zu stützen, ein vielleicht allgemeines Kriterium, das uns dazu führt, gleichzeitig geographische und historische Tatsachen verständlich zu machen".

„Man kann zwei Grundformen der eigentlichen Dörfer unterscheiden: die langen Dörfer (villages longs) und kompakte Dörfer (villages massés). Aber es gibt Siedlungsformen, die sich diesen Formen nicht zuordnen lassen, dazu gehören einerseits bei den Formen der Agglomeration die sternförmigen Dörfer (villages en étoile) und besonders die Siedlungsformen, welche die Übergangsstufen zu immer größerer Zerstreuung bezeichnen"[16].

Diese Kategorien führen jedoch nicht weiter, man kann einfach von der Geschichte nicht abstrahieren. Aber betrachten wir die siedlungsgeographischen Verhältnisse einfach bei einem Rundgang durch dies große Land!

Wir fangen mit dem Pariser Becken an und da in Flandern. „Die größeren Gehöfte liegen entlang hochgebauter Straßen in den feuchten Gebieten oder unregelmäßig zerstreut in den trockenen Poldern und zwar immer isoliert. Sie sind aus Ziegeln gut erbaut, weißgetüncht und liegen um einen Hof herum mit dem unvermeidlichen Misthaufen in der Mitte. Dörfer und Städte sind selten, sie liegen auf etwas erhöhten Stellen in der Marsch und deuten so auf die frühere Siedlungsweise hin in den ersten Zeiten der Trockenlegung oder sie ziehen sich an Kanälen entlang, welche zu Ziegeleien oder Zichorienfabriken führen, oder sie kleben wie die holländischen Dörfer so an der Seite eines Deiches, daß das obere Stockwerk seine Türen zum Deichweg hat" (Ormsby)[17]. Über einen an Flandern erinnernden Teil der Picardie, das Marquentaire, sprachen wir oben, sprechen wir jetzt von der Picardie im allgemeinen[18], indem wir von einem größeren Problem ausgehen, nämlich der Frage, warum in einigen Gegenden Frankreichs die Bauern in großen Dörfern wohnen, während sonst meist die Zerstreuung der Wohnstätten, l'habitat dispersé, herrscht. Diese Frage ist in Frankreich viel diskutiert worden. Einige glauben, daß die Wasserverhältnisse, das Auftreten von Quellen, die Ursache zur Zusammenballung gewesen sind. Ein sehr beredsamer Vertreter dieser Meinung war P. Vidal de la Blache. Hören wir ihn über die Picardie: „Baumgruppen zeigen im Cambrésis, im Vermandois, in Santerre die Dörfer von

---

[15] Annales de Géographie 1939, S. 1–21. Wiederabgedruckt in den Problèmes ..., S. 289–310.
[16] Problèmes ..., S. 289.
[17] Hilda Ormsby: France, a regional and economic geography. London 1931, S. 182.
[18] Siehe auch Maas: Bauernleben I, 16, 27, 38.

weitem an, wo die Bevölkerung konzentriert ist. Zwischen ihnen gibt es fast keine Einzelhäuser, kaum eine Windmühle, ein Baum protestieren gegen die allgemeine Einsamkeit. Das kommt daher, daß in diesem durchlässigen Boden der Grundwasserspiegel so tief liegt, daß man die kostspieligen Brunnen bis 80 m Tiefe herabbringen muß, um auf ihn zu stoßen. Die Dörfer sind zahlreich, sie sind kaum 3 km eins vom anderen entfernt. Einige haben die Schollen lehmigen Sandes gewählt, deren Feuchtigkeit das Wachstum der Bäume begünstigt. Es sind Dörfer oder landwirtschaftliche Marktflecken, deren Name, der auf -court (cortis) endet, agrarischen Ursprung verrät. Fast unweigerlich bestehen sie aus einem Kern zusammenhängender Gehöfte vom selben Typus. Tatsächlich handelt es sich um eine Ansammlung von Einzelgehöften, jedes mit seinem Vierseithof. Von der Straße aus sieht man nur das Hauptgebäude des Gehöftes, die Scheune, deren Mauer ein großes Tor freigibt. Ihr gegenüber, an der anderen Seite des Vierseithofes, liegt das eigentliche Bauernhaus, das nur Wohnzwecken dient, und dahinter ein Obstgarten und eine Rasenfläche, wo Pappeln sich zwischen Obstbäumen erheben So ist das Dorf von Bäumen eingerahmt".[19]. Oder über die Champagne: „Eine fast ununterbrochene Linie von Dörfern und Städten beginnt mit dem Erscheinen von Quellen. Die Mehrzahl der Dörfer streckt sich in die Länge parallel zum Flusse. Ihre Häuser stehen nahe zusammen, aber berühren sich nicht, sind perlschnurartig aufgereiht, so daß man machmal ohne es zu merken von einem Dorfe zum anderen gelangt. Früher trugen sie alle das längliche Strohdach, das sie fast völlig verdeckte, heute verwandeln sie sich in Ziegelhäuser, aber die Lage bleibt dieselbe, zwischen den Wiesen, die die breite flache Talaue bedecken, und den Feldern, die in schmalen Streifen rechtwinklig dazu sich erstrecken. Obwohl sie meist torfig sind, genügen die Wiesen zur Aufzucht des Viehs, das seinerseits erlaubt, die benachbarten Talflächen zu düngen und so zu verbessern. Aber die Täler sind selten, Wüsteneien von 10—20 km erstrecken sich in den Zwischenräumen zwischen den konvergierenden Flüssen"[20]. Oder aus dem Gebiet zwischen der Champagne und Burgund: „Die Dörfer liegen entlang der Trennungslinie zwischen der Talfläche und dem Fuße der Abhänge. Zwischen den Dörfern und dem Flusse erstreckt sich der Teppich der Weizenfelder und der Wiesen bis zum gewundenen aber wohl definierten Flußbett, das durch Baumreihen angezeigt wird. Das Wasser und der Boden, aber auch die verschiedenen Anbauzonen sind deutlich begrenzt. Die Häuser sind auch nicht irgendwie in Unordnung erbaut. Auf den Hochflächen drängen sie sich um die Brunnen wie die Zellen eines Bienenkorbes zusammen. Aber selbst in den Tälern, wo eine größere Freiheit doch erlaubt wäre, bleiben sie zu Dörfern

---

[19] P. Vidal de la Blache: Tableau de la Géographie de la France, Paris 1903, S. 93. Siehe auch Maas: Bauernleben I, 21, 36.
[20] Vidal de la Blache . . ., S. 123. (Ich zitiere nach der Ausgabe 1911.)

vereinigt, und diese wiederum liegen auf den Streifen, die sie einnehmen, so, daß sie gleichzeitig Nutzen ziehen von Feldern und Obstgärten und auch von dem Baumaterial, das Holz und Steine liefern. Die Häuser sind hoch und gut gebaut, sie verdanken dem Boden selbst die Bedachung: Steinplatten, sog. laves, die, falls sie von einer kräftigen Balkenkonstruktion getragen werden, das solideste Dach darstellen. Diese Bauart gibt den Dörfern einen städtischen Anstrich. Sie folgen zahlreich aufeinander in den Tälern und bilden ebensoviele zusammengehörige Einheiten mit leichten Verbindungen untereinander. In gewissen Abständen erhebt sich ein etwas größerer Flecken oder eine Stadt auf einem Hügel und greift auf den kostbaren Boden des Tals über, aber darüber oder in geringer Entfernung befindet sich der Sporn oder der Bergvorsprung, dessen strategische Lage die Burg schuf, das alte oppidum, aus welchem die Stadt entstand wie in Bar-sur-Aube, in Bar-sur-Seine, in Bar-le-Duc, in Gondrecourt usw."(S. 119).

Wir hörten schon einiges über die Baumaterialien, befassen wir uns damit noch einmal und hören wir ihn über das Grenzgebiet zwischen Picardie und Champagne: „Die Hauptsiedlungszone erstreckt sich am Rande der Hochflächen, an der Ursprungsstelle der fruchtbaren Aufschüttungskegel, d. h. in den günstigsten Bedingungen, um von den verschiedenen Elementen des örtlichen Reichtums Nutzen zu ziehen, die sich unter der Hand befinden. Zwischen den Wiesen der Täler und dem Wald der höheren Teile erstrecken sich die Obstgärten, dann die Felder in einem Umkreis von einigen Kilometern mit Höhenunterschieden, die 150 m nicht überschreiten. Man könnte sich kaum eine „vollständigere", eine harmonischere Landschaft vorstellen. Die hohe Güte des Bodens verbindet sich hier mit dem Vorhandensein von Baumaterialien: Holz und vor allem der vorzügliche Kalkstein mit scharfen Kanten, ebenso geeignet für feines Schnitzwerk wie für gewaltige Anhäufungen, die dem Lande seinen monumentalen Eindruck geben und untrennbar von seiner Physionomie sind. Sie läßt überall, auch in den geringsten Dörfern, diese schlanken und weißen Häuser erstehen, neben denen die alten Häuser aus Stampflehm und mit Strohdach der kreidigen Picardie oder der Champagne bescheiden und ärmlich erscheinen müssen" (S. 106). Oder über die Gegend von Laon: „Am Ostabhang des Massivs von St. Gobain, der Berge in der Nähe von Laon, der Hügel um Craonne liegt eine fast ununterbrochene Reihe von Dörfern, die auf einem sehr zersplitterten Boden verschiedenartige Kulturen betreiben. Während die Großbetriebe auf den Hochflächen herrschen, gibt es dort diese zahlreiche Bevölkerung kleiner Landwirte, Gärtner oder Winzer, ein typisches ‚Produkt' dieser Hänge" (S. 104).

Aber hören wir über diese Gebiete jetzt andere Schriftsteller. H. Ormsby sagt über die Champagne Pouilleuse: „Auf beiden Seiten des Seinetales zwischen den feuchten Wiesen und den steilen Kalkhängen liegt ein schmaler Streifen Ackerland. Zwischen den Wiesen und den Feldern liegt das Dorf, das sich am Wege entlang erstreckt, welcher dem Tale folgt, so daß hier häufig eine zusammenhängende Häuserreihe zwischen einem Dorfe und dem nächsten entsteht" (S. 120). Dazu einige Zeilen von Jules Romains: „Häuser erschienen rechts und links. Konnte man das ein Dorf nennen? Früher, vor einiger Zeit, mußte es hier einen Platz gegeben haben mit groben Pflastersteinen, Häuser ringsherum, ein geschlossener und selbstgenügsamer Platz. Die Nationalstraße hatte das alles durchbrochen und vernichtet. Gegen Mittag erreichten die beiden Freunde eine ziemlich bedeutende Ortschaft. Diesmal war die Straße nicht die stärkere geblieben, sie war tatsächlich von den Häusern verschluckt worden" (Les Copains). „Die Bevölkerung ist schwach, auf der Kreideebene erreicht die Volksdichte nicht einmal 20 auf dem qkm und die Dörfer ducken sich in die Vertiefungen. Die Menschen haben sich besonders entlang der Täler in Dörfern niedergelassen, wo die Häuser aus Stampflehm oder Ziegeln in lockerer Ordnung inmitten von Gärten und Obstgärten zusammen stehen. Die Städte liegen alle an Flüssen. Eine andere Siedlungszone ist der Fuß der Côte mit Weinbergen von Reims bis Vertus. Zwischen der Aisne und der Serre setzt sich die Landschaft der Champagne fort mit leeren Räumen, starker Bewaldung (Gegend von Sissonne) und wenigen Dörfern. Nördlich der Serre im Lande von Vervins erscheint die Kreide mit Flintsteinen an der Oberfläche, hier halten sich Felder und Wiesen das Gleichgewicht und so kommen wir allmählich in die Thiérache, die Antithese der Champagne Pouilleuse"[21].

„Bei Sens verschwindet das Oberflächenwasser nahezu völlig. Statt in zerstreuten Gehöften und Weilern zu leben ist hier die Bevölkerung in großen Dörfern zusammengefaßt, denn die immer größer werdende Tiefe, in der Wasser erreicht werden kann, nötigt zu gemeindeweisem Brunnenbau oder gemeindeweiser Benutzung einer Quelle. Die Namen Fontaine, Fontenay, Somme-Fontaine (somme bedeutet Quelle) finden sich und ein Name wie Origny-le-Sec ist bezeichnend" (Ormsby, S. 119). Diese Unterschiede in der Siedlungsweise zeigen sich im ganzen Pariser Becken, so sind die Départements Manche und Marne ungefähr gleich groß, aber Manche hat 18 930 Wohnplätze, Marne nur 1580 (East,)[22]. H. Ormsby sagt über die Woëvre: „Im allgemeinen bezeugt die Kleinheit der Dörfer, kaum mehr als Weiler, den geringen Ertrag der harten Arbeit. Hier und da, plötzlich aus der sumpfigen Ebene aufsteigend, erheben sich einige isolierte Kalksteinmassen, Zeugenberge des Ausstreichens des Korallenkalkes, steil und wasserlos, aber nach der Tatsache zu urteilen, daß diese Hügel der

---

[21] Henri Boucau: France et Colonies Françaises. Classe de Première, Paris, Hatier 1937, S. 84.
[22] Gordon East: An Historical Geography of Europe, 2nd edition London 1943, S. 88.

Sitz großer Dörfer sind, sind sie für die Besiedlung vorteilhafter als die rings herum herrschende sumpfige Ebene. Auf so einem Hügel steht das Dorf Le Mont Sec, 236 m über dem Meere, 13 km östlich St. Mihiel" (S. 333). „Der Wald von Compiègne bedeckt eine Fläche von 143 qkm und wird von 2000 km Waldwegen und Jagdpfaden durchzogen, welche die französischen Könige zur Erleichterung der Jagdfreuden anlegen ließen" (Dutton, S. 65). „Wenn wir die Jurahochflächen verlassen, ändert sich der farbige Eindruck der Landschaft, sie wird wärmer im Tone und abwechselungsreicher, die Häuser aus Ziegeln und Holz stehen im Gegensatz zu den kalten soliden Steinhäusern der Kalksteinflächen" (Ormsby, S. 116). Dies gilt für das Pariser Becken allgemein, für die Gegend von Clairvaux sagt sie noch: „Der Korallenkalk liefert einen ausgezeichneten Baustein, welcher den Gehöften und Bauernhäusern ein Aussehen von Solidität und Sauberkeit gibt, das ganz im Gegensatz steht zu der geringen Ertragsfähigkeit der ganzen Gegend" (S. 114). Über die Gegend von Soissons sagt Boucau: „Die mit Lehm bedeckte Oberfläche ist hier etwas wellig, die Bäume sind hier eine Ausnahme, man findet sie nur am Rande der großen isolierten Gehöfte, die sich mit Weizen- und Zuckerrübenanbau befassen. Das Tal der Aisne steht in lebhaftem Gegensatz zu den Hochflächen. Der Kalkstein bildet hier einen Steilhang (corniche) oben an den Talhängen, am Fuße befindet sich ein Quellhorizont, an dem Dörfer aufgereiht sind, deren einzige Straße treu der Quellenlinie in den feinsten Biegungen folgt. Die Bevölkerung hat sich genau an diese Stellen begeben, wo der Kalkstein seit Jahrhunderten zu Bauzwecken ausgebeutet wurde. Hier gibt es offene Höhlungen dieser Kalksteine, die creutes, die den Bewohnern als Keller usw. dienen und während des Krieges 1914—18, als hier am Chemin des Dames die Frontlinie verlief, den Soldaten als Unterstände. Unterhalb der Reihe der Dörfer steigen sandige Abhänge bis zum Talgrund nieder, der undurchlässig und daher sumpfig ist infolge einer Tonschicht über der darunter liegenden Kreide. Diese Täler sind das Land der Bäume, der Obstgärten und der Gemüsekulturen (Bohnen), der Talgrund verwandelt sich nach Dränierung in Wiesen, die Pappelreihen schmücken"[23].

„Generationen von Menschen haben in diesen kleinen Häusern aus Backsteinen mit Schieferdächern gelebt, die oft einzeln liegen. Sie betrieben hier in den Ardennen in den Mußestunden einer lange ununterbrochenen Landwirtschaft verschiedene Eisenindustrien. Durch Rodungen, oftmals nur zeitweilige, den sarts oder essarts, gelang es ihnen allmählich, aber im ganzen doch nur schwach, das Gebiet des Ackerbaus auf Kosten des Waldes und der Heiden zu vergrößern. Die Abteien, die in den Ardennen

---

[23] Boucau, S. 86. Vgl. noch über das Châtillonnais Maas: Bauernleben I, 27, über das Gâtinais und die Sologne ebenda I, 23, über das Vexin ebenda I, 26, über die Thiérache ebenda I, 38, über den Pas de Calais ebenda I, 103, über das Laonnais ebenda I, 121.

zahlreich waren (Hostières, St. Hubert, Stavelot, Malmedy), waren die einzig fähige Kraft zur Leitung und zur Durchführung dieser Impulsion eines allgemeinen Lebens" (Vidal de la Blache[24]).

Durch die Ardennen fließt die Maas. O. Ormsby sagt: „Dörfer und kleine Städte liegen an jeder Biegung. Manchmal nehmen sie den Isthmus ein, manchmal den äußeren, manchmal den inneren Hang einer Biegung. Nur dort, wo der Fluß durch Eintiefung seines Bettes Alluvialterrassen an dem Ufer, von dem er zurückweicht, geschaffen hat, kann Landwirtschaft ausgeübt werden. Dann haben die Städte und Dörfer im allgemeinen eine Lage auf den Steilufern, die diese kulturfähigen Hänge überragen. Der Sennoisfluß, der in die Maas in dem großen Bogen von Monthermé mündet, hat ähnliche eingetiefte Mäander und ähnlich gelegene Dörfer" (S. 363).

„Im Becken von Briey liegen kleine Landwirtschaftsdörfer und große Bergbausiedlungen mit rechteckigen Wohnblöcken, in der je 2 oder 4 Familien leben. Man findet hier wenig landwirtschaftliches Leben, es sei denn die überall verbreiteten Schweine und das Geflügel der Bergleute" (S. 349).

Gehen wir nun ins Barrois. R. Dion sagt: „Es ist eine bemerkenswerte Tatsache, daß in den Gebieten des openfields, die bewaldet geblieben sind, wie die Kalkhochflächen des Barrois, die Ardennen, die Felder um die Dörfer herum grob gesagt kreisförmige Lichtungen bilden"[25]. Ich schrieb anderswo[26]: „Im Barrois denkt R. Dion wahrscheinlich besonders an die Dörfer der Kantone Commercy und Pierrefitte, wo der Wald oft 2/3 des Gesamtareals bedeckt. In den Gebieten um die Aire herum ist es ganz anders: ‚Das Ackerland erreicht 93% der Gemeindefläche in Sommaisne, 92% in Génicourt-sous-Condé, 90% in Erize-la-Brûlée, 88% in Rembercourt, wo die Flur 1648 ha umfaßt. Ein Block von etwa 20 Gemeinden im Gebiete der Aire, der Ezrule und der Chée haben weniger als 1/10 ihrer Flur als Wald stehen lassen' (Millet[27]). Trotzdem beträgt für das ganze Barrois der Anteil des Waldes immerhin ein Drittel des Gesamtareals. Die hauptsächlichsten Baumarten sind die Buche und die Eiche, die freilich weniger gut wachsen als z. B. im Der. Das kommt von Unterschieden des Bodens, vor allem aber der Wasserverhältnisse. Letztere haben die Siedlungsweise stark beeinflußt, worüber wir Millet hören wollen: ‚Die physischen Bedingungen und die Art und Weise der menschlichen Tätigkeit haben die Bewohner angeregt, ihre Häuser in den Tälern oder Depressionen zu bauen, wo man sich leicht Wasser verschaffen kann und wo die

---

[24] Vidal de la Blache, S. 70. Vgl. auch Maas: Bauernleben I, 41.
[25] R. Dion: Essai sur la formation du paysage rural français. Tours 1934, S. 56.
[26] Maas: Les Moines-Défricheurs. Etudes sur les transformations du paysage au Moyen-Age aux confins de la Champagne et de la Lorraine, Moulins 1944, S. 14. Siehe auch Maas: Bauernleben I, 36.
[27] E. Millet: Les traits permanents de la vie rurale. In dem Buche von J. Blache: Géographie lorraine, Paris 1938, S. 289.

reichen Alluvialböden in der Nähe sind. Wenn man die Hochflächen durchwandert, hat man den Eindruck der Einsamkeit, die ‚Menschheit' ist hier auf einige isolierte Fermen und einige zwanzig Dörfer beschränkt, die oft zu Zisternen greifen müssen, um sich mit Wasser zu versorgen. Die Flüsse und Bäche sind die hauptsächlichen Lebenslinien, wo die Bevölkerung sich zusammenpreßt. Die Toponymie scheint anzuzeigen, daß die Besiedlung durch Aufwärtswanderung in den Tälern geschah, die Ackerbaulichtungen haben sich vergrößert auf Kosten der Wälder der Hänge und Gipfel; die Täler von Méligny, Vaux, Nant, Nançois sind gute Beispiele dieser Doppeldörfer flußaufwärts und -abwärts, eins heißt le Petit, obwohl es stärker bevölkert ist, das andere heißt le Grand, weil seine Flur viel größer ist, und erscheint dann immer später in den Texten. Wie im übrigen Lothringen haben die Ackerbauweisen und die Gemeinschaftsgewohnheiten die Zusammenballung bestimmt. Im Barrois haben sich diese Gewohnheiten mit einer bemerkenswerten Festigkeit und Reinheit in einem Milieu erhalten, das wenig Veränderungen erfuhr' (Millet, S. 286)".

Einige Worte über Lothringen nach Boucau: „Auf dem Buntsandstein findet man fast nur Kartoffeln, Gerste und Roggen und Obstgärten (Kirschen). Der Muschelkalk ist mehr Getreideland, aber man legt hier vor allem künstliche Wiesen an, auf den Mergeln (marnes irisées) ergeben die schweren Böden Ackerland. Aber die wirklich reichen Kulturen befinden sich auf den Liastonen. Hier findet man Weizen, Hafer, Kartoffeln, Hopfen und an der Côte die Weinreben, die den grauen Moselwein geben. Überall ist die Arbeit hart, und die Bauern haben die Angewohnheit, sich zu vereinigen, um die schweren verschiedenen Arbeiten, die ihre Felder nötig haben, zu erledigen. Der Ernst des Lebens der Bauern scheint sich in ihren Dörfern widerzuspiegeln, in dem harten Aussehen der lothringischen Dörfer, mit Häusern ohne Phantasie, mit dunklen Dächern aus braunen Ziegeln, mit den auf der Straße liegenden Misthaufen" (S. 57). „Die kleinen Städte finden sich in der Zone des Kontaktes verschiedener Böden, wodurch sie Austauschorte verschiedener Produkte werden, so Epinal an der Grenze des Buntsandsteins, so Rambervilliers, Saarburg, Saargemünd an der Grenze des Muschelkalks, so Mirecourt im Kontakt der marnes irisées und des Lias, Lunéville, das außerdem in einem Tale reicher Landwirtschaft liegt. Aber es ist vor allem das Gebiet des Lias, das die Bevölkerung anzieht, hier liegen die beiden Großstädte Nancy und Metz. Mitten in den Wäldern und auf Sanden, die aus dem Buntsandstein entstanden, liegt Baccarat" (die Glasstadt W. M.)[28].

Vidal de la Blache schrieb über die Brie: „Die Inkulturnahme der Brie war eine landwirtschaftliche Eroberung von großer Bedeutung für die Ent-

---

[28] Boucau, S. 60. Vgl. über Lothringen auch Maas: Bauernleben I, 18 und über die Vogesen I, 27, 36.

wicklung der ganzen Gegend. Man mußte zunächst an eine Entwässerung schreiten, welche schwieriger gemacht wurde durch die häufige fast völlige Ebenheit. Durch natürliche oder künstlich gemachte Vertiefungen, durch künstliche Bäche (rus) gelang es, den Boden zu entwässern und trocken zu legen, Tätigkeiten, ohne welche die Brie in dem Zustand geblieben wäre, in dem vor 40 Jahren (also um 1865 W. M.) noch das Gâtinais war: ein ärmliches Gebiet, wo die Landbebauer zerstreut in der schweren und ungesunden Luft der Teiche lebten. Wir wissen nicht, welchen Geschlechtern die Ehre erwiesen werden muß für diese ersten Entwässerungsarbeiten, zu welchen natürlich das Vorhandensein einer dicken Schicht fruchtbaren Lehms ermutigte. Es war jedenfalls zu einer sehr frühen Zeit, denn schon ein gallischer Stamm, die Meldi, bewohnten den westlichen Teil der Hochebene. Die Bevölkerung ist hier einer zerstreuten Siedelweise gefolgt, jedoch einer besonderen. Die konstitutive Siedlungseinheit ist hier das große viereckige Gehöft, das häufiger ist als in der Ebene der Picardie, wo der Wassermangel das Dorf überwiegen läßt. Auf Tausenden von Hektaren im Süden und im Norden von Coulommiers gibt es keine andere Art der menschlichen Ansiedlung als die Fermen, die 700–800 m voneinander entfernt liegen, inmitten der Felder, selten entlang der Straßen, jede mit ihren Feldwegen. Eine Baumgruppe oder ein kleiner Obstgarten, eine Reihe kegelförmiger Schober deuten sie an. Die vier nackten Mauern der Einfriedigung hatten früher nur eine Öffnung, einige waren wirkliche Zitadellen, umgeben von Gräben, versehen mit Türmen, die fähig waren, eine Belagerung auszuhalten. Diese strategische Anordnung ist heute nur noch eine Kuriosität der Vergangenheit, sie verschwindet, aber trotzdem die prosaische Notwendigkeit die Gräben zugeschüttet und mehrere Maueröffnungen geschaffen hat, bleibt der Gegensatz zwischen der stummen Umwehrung und dem belebten Hofe. In der Mitte der Misthaufen, wo das Geflügel pickt, rings herum die Ställe, Schafhürden und das Wohnhaus"[29].

Über die Beauce nur diese Zeilen: „Das Leben der Ebene existiert hier allein, die Verschiedenheit, welche stets das Leben im Tal herbeiführt, ist hier ausgeschlossen. Die Bevölkerung lebt in großen Dörfern, die um Brunnen herum entstanden sind, die nur in großer Tiefe das Wasser erreichen, und sie entbehren völlig dieses Rahmens von Bäumen und Gärten, in dem sich das Dorf der Picardie gefällt. Der Kalkstein, der überall nahe der Oberfläche zu finden ist, liefert ein gutes Material, sei es für den Bau der Häuser, sei es für Straßensteine. Der behäbig wohnende Bauer der Beauce verkehrt im Wagen auf seinen langen Straßen, die zum Horizont hineilen. Die Idee eines üppigen und reichlichen Lebens gehört zu diesem Lande, das er bewohnt, und tritt in seine Gewohnheiten und Bedürfnisse ein" S. 148). Die Notwendigkeit des Zusammenwohnens in Dörfern infolge der Schwierigkeiten der Wasserbeschaffung wird auch von H. Ormsby

---

[29] Vidal de la Blache, S. 127. Siehe auch Maas: Bauernleben I, 103.

betont[30]. Aber kommen wir auf die Umrahmung durch Bäume, die hier in der Beauce fehlt, zurück. Sie ist sonst in Frankreich charakteristisch. Vidal de la Blache schrieb 1911: „Eins der dauernden Zeichen der Gegenwart des Menschen ist die künstliche Konzentrierung von Vegetations- und Kulturformen: ein Gürtel von Gärten zeigt schon von fern das Dorf der Picardie an, eine Umrahmung von Buchen umschließt die Ferme der Normandie, der ‚courtil' im Westen, die ‚ouche' im Morvan, die Wiese hinter dem Gehöft in der Auvergne verraten die Nachbarschaft der Behausung"[31].

Gehen wir nun in die Normandie und hören wir Vidal de la Blache über das Pays de Caux: „Der Lehm bedeckt in mächtiger Schicht die Höhen des Plateaus, er hat seit undenklichen Zeiten die Entwicklung der Landwirtschaft begünstigt. Die Mächtigkeit nimmt zwar nach der Peripherie ab, aber mit Hilfe der Mergelung, d. h. indem man die darunter liegende Kreide an die Oberfläche bringt, ist es möglich gewesen, den Flintton (argile à silex) zu verbessern und das Kulturland auszudehnen auf Kosten des Waldes. Bis zu unseren Tagen ist darin die ganze Geschichte des Landes von Caux zu suchen. So haben sich die Fermen vermehrt, die von Obstgärten (masures) umgeben sind, von wo der Bauer sein Vieh überwacht, und die umschlossen werden von ‚fossés', d. h. Erdwällen, die von Buchen bestanden sind. So haben sich diese Dörfer vermehrt, die oft mehrere Kilometer bedecken und deren Straßen Haine sind und deren Häuser unter Apfelbäumen stehen. Das Wasser ist selten, aber der Ton ist fast an der Oberfläche und erlaubt daher, Tümpel zu unterhalten, und so kann sich die Bevölkerung hier mit mehr Freiheit zerstreuen als in der Picardie"[32].

H. Ormsby sagt über das Pays de Caux: „Zwischen den Hauptstraßen bilden die Nebenstraßen ein engmaschiges Netz, das die Dörfer, Weiler und Gruppen von Gehöften, die nie mehr als 1,5 bis 2 km voneinander entfernt liegen, miteinander verbindet. Die Gehöfte sind rings um Höfe gebaut, deren Mauern gewöhnlich aus Feuerstein und Stampflehm bestehen und die, wenn sie nicht repariert wurden, einen sehr zerfallenen Eindruck machen. Die Häuser sind aus Ziegeln, einige sind in Fachwerk und haben Strohdächer. Die Hauptstraßen vermeiden die Dörfer. Im Winter weht der Wind scharf über die Hochfläche und selbst im Sommer gibt es immer eine kühle Brise. Die Gehöfte werden durch Reihen von Ulmen geschützt, die auf Erdwällen wachsen" (S. 144).

Hören wir sie über das Dép. Eure: „Das Euretal bildet einen Gegensatz zu den Bedingungen auf der Hochfläche. Der weite Talboden wird bestellt und die Straße windet sich von Dorf zu Dorf oberhalb der Überschwemmungsebene. Die Talhänge sind bewaldet und steil. Nichts ist stärker als

---

[30] Ormsby, S. 124. Vgl. Maas: Bauernleben I, 26.
[31] Vidal de la Blache: Annales de Géographie 1911, XX, 296.
[32] Vidal de la Blache: Tableau . . ., S. 175.

der Gegensatz zwischen der Fahrt durch das enge geschützte Tal mit der sich von Dorf zu Dorf windenden Straße, seinen feuchten Wiesen und intensiver Feldbestellung auf den trocken gelegten Sümpfen, und dem geraden Wege über die Hochfläche mit der immerwährenden Brise, dem weiten Horizont und vor allem dem Gefühl der Einsamkeit. Der Gegensatz wird noch verschärft durch die Plötzlichkeit, mit der die Täler auftreten, und die Steilheit der Hänge. Louviers, Evreux und Dreux sind die Marktstädte, welche Hochflächen und Täler verbinden" (S. 148/149).

Dutton berichtet über die untere Seine: „Am Nordufer erstrecken sich ebene Flächen, halb Wiese, halb Sumpf, die zu einer langen Kette von Kalksteinkliffen zusammenlaufen, welche parallel zum Flusse sich hinziehen. Auf diesen Kliffen liegen kleine Dörfer, die wie Miesmuscheln an den Felsen kleben, wobei Höhlen oft als Wohnungen dienen. Einige der Dörfer sind bedeutend, z. B. Tancarville"[33].

Wir wollen nun nach der Bretagne gehen. J. Michelet hat in einer berühmt gewordenen Seite die großen Unterschiede zwischen der Normandie und der Bretagne geschildert. Wir halten sie für reichlich romantisch, wollen aber doch wenigstens einige Zeilen daraus bringen: „Man gehe von der Unteren Seine in den Calvados, vom Calvados in die Manche, wie fruchtbar das Land auch sein mag, es gibt weniger Städte, weniger Anbau, die Weideflächen nehmen zu. Das Land ist ernst, es wird traurig und wild. Den hohen Schlössern der Normandie folgen die niedrigen Landsitze der Bretagne. Die Kleidung scheint dem Wechsel der Architektur zu folgen. Die Röcke aus Fell beginnen in Laval. Die Wälder werden dichter, die Einöde von La Trappe, wo die Mönche ein gemeinsames Leben in der Wildnis führen, die sprechenden Namen der Städte Fougères (= Farn, franz.) und Rennes (= Farn, bretonisch), die grauen Wasser der Mayenne und der Vilaine, alles deutet auf ein rauhes Land hin"[34]. Auch Charles Le Goffic geht von der Normandie in die Bretagne: „Von den weiten Grasflächen der Seine und der Eure kommt man zu der Kleinlandwirtschaft und den engen Schluchten des Cotentin, die Felder fangen an, sich in Blöcke zu verwandeln, Klumpen von Weidengebüsch teilen sie in Rechtecke. Dann kommen Abhänge, niedrig und mit Bäumen bewachsen. Darauf bemerkt man die gewaltigen Erdwälle, 2 bis 3 m hoch, mit Binsen besetzt, wie Faschinen, die der bretonischen Landwirtschaft das merkwürdige und wilde Aussehen einer Ansammlung von verschanzten Lagern geben"[35]. Er zitiert dann das bretonische Lied:

---

[33] Dutton, S. 17. Vgl. über Dol, den Cotentin, den Marais Vernier, das Bessin Maas: Bauernleben I, 24, über Caen ebenda I, 18, über die Normandie im allgemeinen ebenda I, 38, 40 und Maas: Geographie und Soziologie, Braunschweig 1958, S. 245/246.
[34] J. Michelet: Notre France, Paris 1886 (geschrieben 1835), S. 32/33.
[35] Charles Le Goffic in der Revue Française Politique et Littéraire 1908, Nr. 38, S. 231.

O Breiz Izel, o Kuera vro!
Koat enn he c'hreis, mor enn he zro!
(O Bretagne, o schönstes der Länder.
Wald in der Mitte, Meer rings herum).

Hören wir H. Ormsby über den (früher) waldigen Teil der Bretagne, das Arcoat: „In dem Bocage-Gebiet des Innern sind die Gehöfte klein und meist isoliert, sie vermeiden die kalten Hügelgipfel, die oft von Moor und Wald bedeckt sind, und die sumpfigen Talböden, die als Weideland und mähdige Wiesen dienen. Sie liegen meist in der Nähe der Hügelgipfel, dort, wo Wasser vorhanden ist. Die oft sehr kleinen Felder sind fast verborgen hinter hohen Hecken von Ginster und Farn, überragt von beschnittenen Eichen; der Vorübergehende muß durch die Tore schauen, um die Ernte von Buchweizen mit seinen kremfarbigen Blüten und seinen roten Halmen zu sehen, die mageren Roggenfelder, durchsetzt mit einigen Apfelbäumen, die kleinen Beete von Kohl oder Kartoffeln. Das Überwiegen von Buchweizen als der Hauptfrucht ist das Anzeichen eines armen Bodens. Die Dörfer sind oft schäbig, eine traurige Reihe von halbzerfallenen Bauernhäusern und Farmgebäuden längs der schmalen Landstraße. Die Gemeindezentren zählen von einigen Hundert bis ein- bis zweitausend Bewohner, sie beherbergen im allgemeinen weniger als die Hälfte der Gemeindebevölkerung. Die Gehöfte bilden gewöhnlich ein Rechteck unter einem Dach oder das Wohnhaus steht vor wie ein L. Der Hof ist gewöhnlich von der Straße durch einen rohen Steinwall getrennt. Das Baumaterial wechselt mit den örtlichen Möglichkeiten. Die hochragenden Dächer sind mit Ziegel oder Schiefer gedeckt, gewöhnlich mit letzterem. Die Wände haben ein Fundament von Steinen, während der Rest aus Stampflehm und Holz ist, ohne Wetterseitenbelag. In den Gebieten, wo Granit verfügbar ist, zeigen die Gehöfte ein solideres Aussehen, obwohl die dunklen schweren Steine, die weder bemalt noch getüncht sind, und die übliche Abwesenheit von Blumengärten der Behausung ein schwermütiges Aussehen geben. Manchmal ist das örtliche Material Schiefer, dann sind die platten Steinlagen eingebettet in einen rötlichen Mörtel, welcher den Gebäuden ein merkwürdiges buntscheckiges Aussehen verleiht" (S. 82/83). Sehr begeistert ist also diese großbritannische Beschreibung von Kleinbritannien nicht ... Hören wir eine andere englische Stimme: „Die Behausung für Mensch und Vieh ist im allgemeinen primitiv. Die Steinhäuser sind dunkel und feucht im Innern, in einigen Kreisen mag man die Möbel hochbeinig über dem Fußboden finden oder an Trägern, die in die Wände geschraubt sind, da die Möbel verfaulen, wenn sie auf dem feuchten Fußboden bleiben. Wie ein Schriftsteller, Lucas, es richtig bemerkt hat: ‚Die Bauern tragen mehr Sorge, ihre Möbel zu schützen als sich selbst vor dem Rheumatismus, der sie im Alter heimsucht' (S. 378)". Aber hören wir Boucau: „Man muß sich nicht irreführen lassen durch den oft traurigen und elenden Anblick der bretonischen Bauernhöfe, klein, geduckt, schwärzlich, mit Stroh gedeckt und mit Misthaufen im Hofe. Der bretonische Bauer führt dort ein einfaches Leben, öfter mehr aus Geschmack an traditionellen Sitten als wie aus Notwendigkeit. Er hat es durchaus verstanden, in den letzten 50 Jahren (also seit 1885 W. M.) Fortschritte zu machen, der Boden wurde verbessert, der Gebrauch der Superphosphate hat sich eingebürgert. An Stelle der armen Getreidearten: Roggen oder Buchweizen sind an vielen Stellen der Weizen, die Kartoffeln, die Futterkräuter getreten. Der Hafer kommt in den feuchten Gebieten von Châteaulin gut fort. Auf dem Plateau von Rohan sind die großen Gemeinden in viele Abbauten aufgelöst" (S. 124).

Dutton sagt: „Die Städte und Dörfer an der Nordküste wie St. Brieuc sind so traurig und rauh wie die Landschaft. Die Häuser sind aus rohen Blöcken von Eisenstein gebaut, mit Werkstücken aus unnachgiebigem grauen Granit, mit Schieferdächern, die Gärten enthalten wenige Blumen, welche das Bild aufheitern könnten. Die düster aussehenden bretonischen Dörfer liegen alle rings um eine moderne Kirche, die in der 2. Hälfte des vorigen Jahrhunderts gebaut wurde, sie sind ein Tribut der Frömmigkeit, aber nicht des architektonischen Sinnes ihrer Erbauer. Weiter westlich, im Dép. Finistère, sind die Dörfer heiterer und malerischer, und einige enthalten schöne Kirchen wie Plebenac und Le Folgoët (XV. Jh.)"[36].

Neben der Bretagne liegt die Landschaft Maine. Darüber sagt Dutton: „Dies ist ein angenehm anziehendes landwirtschaftliches Gebiet von kleinen Feldern, zwischen denen wohlhabend aussehende Gehöfte stehen, die aus Wohnhäusern und großen steinernen Scheunen bestehen, umgeben von massiven gut gebauten runden Schobern von goldenem Stroh. Überall auf den Feldern sind Apfelbäume, welche auch die Straßen begleiten; hier und da an den steilen Hängen sind Eichenwälder mit einer Beimischung von Buchen und Eschen, während in den Tälern, durch die Bäche und kleine Flüsse fließen, Pappeln angepflanzt sind. All das ist hübsch und heimelig. Die Dörfer und Marktflecken sind bescheiden und bestehen gewöhnlich aus einer langen gewundenen Straße von ebenerdigen Häusern, gebaut aus unbehauenen Steinen, mit Stuck verkleidet und kremfarbig angestrichen. Die Farbe ist nicht inattraktiv, aber einige extreme Fälle von „Rippenentwicklung" würden den Städteplanern nicht gefallen" (S. 23). „Die Ränder des Beckens von Mayenne sind mit Dörfern besetzt, an Flüssen finden sie sich nur, wenn dort die Straße von der Höhe zu einer Brücke führt. Jeder Seitenbach hat einen oder zwei Weiler oder Dörfer, die gewöhnlich in halber Höhe des Abhangs liegen" (Ormsby[37]).

---

[36] Dutton, S. 26. Vgl. über die Bretagne Maas: Bauernleben I, 15, 21, 29.
[37] Ormsby, S. 99. Vgl. über Maine auch Maas: Bauernleben I, 27, 40.

Gehen wir die Loire aufwärts, so kommen wir in die Touraine, über die Vidal de la Blache schrieb: „Das Tal der Loire ist oft breit genug, um allein ein Eigenleben zu entwickeln. Das ist der Fall beim Einfluß des Cher und besonders bei dem der Vienne. Die vereinigten Alluvionen des Cher und der Loire haben oberhalb und unterhalb von Tours das Hauptgebiet der „varennes" geschaffen. Diese fetten Sande sind von wunderbarer Fruchtbarkeit, unter der Bedingung der Entwässerung, der Dränierung, der Eindeichung des Talbodens, was eine lange fortschreitende Arbeit gewesen ist. Dieselbe Arbeit wird in dem prächtigen 70 km langen und 14 km breiten Tal ausgeführt, das der Mündung der Vienne folgt. Dort mußte man auch die varennes gewinnen auf Kosten des Wassers, der Sümpfe, der Altarme (loires) oder der Flußschlingen. Allmählich kamen von den gedrängten Rängen, die beiderseits die kreidigen Abhänge einrahmen, zahlreiche kleine Häuser herab, um sich im Tale zu zerstreuen. In Weilern oder rues verteilen sie sich zwischen den Feldern entlang der Straßen, die das Land bis an den Vorhang von Pappeln am Fluß zugänglich gemacht haben. Keinerlei Konzentration. Oft sind die Häuser selbst nur bouques, d. h. strohgedeckte Hütten, die nur nachlässig gebaut sind, wie eine Sache, die keine Mühewaltung lohnt wegen der dauernd zu fürchtenden Bedrohung durch den Fluß"[38].

Geht man von der Touraine, diesem „Garten Frankreichs", nach Südwesten, so kommt man ins Poitou. Darüber sagt Yates: „Nicht länger Steinhäuser und Strohdächer, sondern Lehmwände und ziegelgedeckte Dächer, viel weniger steil aufgerichtet als in England, denn Schnee ist hier fast unbekannt. Im Poitou wird jedes Haus, das höher ist als ebenerdig und das in den letzten 15 Jahren angestrichen wurde, „château" genannt. Das Land ist in unzählige Streifen geteilt, es ist nicht ungewöhnlich, daß ein Bauer, der 8 ha besitzt, diese in 50 verschiedenen Stücken hat, über die ganze Gemeinde verstreut, einige 5 – 6 km vom Gehöft entfernt" (S. 378). „Im Bocage Vendéen sind die Häuser aus Schiefer gebaut, aber wir sehen öfter niedrige Dachziegeldächer als das steile Schieferdach des Nordens. Die Gehöfte, besonders die Wohnhäuser, sind meist weißgetüncht, was zusammen mit den roten Dachziegeln den Dörfern ein heitereres Aussehen gibt als die düsteren bretonischen Dörfer. Wir sind in einem Übergangsgebiet zwischen Norden und Süden" (Ormsby, S. 101).

Ganz im Süden sind wir dann im Bordelais, in der Gegend von Bordeaux, über welche Vidal de la Blache sagt: „Hier hat die Stadt die Landschaft umgewandelt. Das, was ihren Schmuck und ihren Ruhm bildet, ist ein Produkt, das wegen des Seehandels produziert wurde seit den Zeiten der englischen Herrschaft. Der Weinbau hat sich entwickelt nach Art der

---

[38] Vidal de la Blache, S. 167. Über die Touraine und das Anjou vgl. Maas: Bauernleben I, 15.

Exportplantagen, die eine Metropole in ihren Kolonien einzuführen sucht. Es geschieht für den Seehandel, daß diese Reben sich in langen Reihen, règues, entlang ziehen, wie es auch hauptsächlich für die Völker des Nordens geschah, daß das Salz gewonnen wurde in den Seesümpfen der Seudre und der Charente"[39].

Gehen wir in das Zentralmassiv und hören, wir wieder zuerst Vidal de la Blache: „Die Flecken sind vor allem Märkte für den Handel einer auf Viehzucht abgestellten Landwirtschaft. Die stadtbildenden Faktoren arbeiten nur schwach. Man braucht für die Bildung von Menschenzusammenballungen die Hilfe großer schiffbarer Flüsse oder in jedem Fall eines starken Verkehrs. Dies fehlt hier, aber die häufige Anwesenheit des Wassers hat die Zerstreuung in Weiler, mas, kleine Gehöfte ermöglicht, die in einigen Gebieten in unvorstellbarer Weise weit getrieben ist. Diese kleinen Einheiten sind alte Grundformen der Gruppierung. Der mas stellt die Familieneinheit dar, die dem Ältesten, pagel oder pagès, zufällt und dessen Existenz von der Erhaltung des Erbhofs abhängt, die jüngeren Söhne müssen außerhalb ihren Lebensunterhalt suchen. Von dieser traditionellen und hartnäckigen Anstrengung auf Kosten der Arme der Familienmitglieder rührt die geduldige Kultur in Terrassen an Hängen der Cévennen und des Vivarais her, die intelligente Benutzung der kleinen Quellen in den unzähligen Reservoiren und Leitungen des Limousin und soviele andere Anzeichen einer ins Kleinste gehenden, hartnäckigen und individuellen Arbeit, die von Generation zu Generation weitergeführt wird" (S. 282). Das bezog sich auf das ganze Zentralmassiv wie auch die folgenden Worte von H. Ormsby: „Wie anzunehmen war, hat die Sonnenlage (Exposition) einen sehr großen Einfluß auf die Ernten, aber auch auf die Siedlungsbedingungen und Volksdichte. Die sonnige Lage der südlichen Abhänge der Cévennen lohnt die mühselige Arbeit des Baues von Terrassen für den Ackerbau an den steilen Talhängen und die Bewässerung der oberen Becken von Nebenbächen. So finden wir ein rauhes Land, das zwar schwer zugänglich ist, das aber eine relativ dichte Bevölkerung trägt" (S. 35).

Aber sehen wir Einzellandschaften. „In der Gegend von Le Puy sind Gehöfte, einzeln oder in Gruppen, Weiler und Dörfer dicht überall verstreut, selten mehr als 1,5 km voneinander entfernt. Sie liegen meist auf den Höhen über dem Tal und oft 3–5 km von einer größeren Straße. Die ebenmäßige Verteilung der Gehöfte und Dörfer und die Abwesenheit stärkerer Gruppierung zeigt die verhältnismäßig große Fruchtbarkeit des Bodens an und den Reichtum von Quellen in den Basaltfelsen, was den Bau teurer Brunnen oder Reservoire unnötig macht. Der Anbau findet in Feldstücken an den oberen und sanfteren Hängen statt, die steileren Hänge der tief-

---

[39] Vidal de la Blache, S. 374. Vgl. Maas: Bauernleben I, 14, 121 über Bordeaux, I, 13, 25 über die Vendée, I, 25 über den Marais Poitevin.

eingeschnittenen Täler sind im allgemeinen bewaldet und der Talgrund hat wenig Platz außer für den Bergbach selbst, besonders bei Hochwasser. Daher vermeiden die Straßen die Täler, soweit dies möglich ist, und winden sich nur von Zeit zu Zeit die Hänge hinab, um zu einer Brücke zu gelangen, und die tiefen Schluchten sind fast menschenleer. Es gibt keine Bevölkerungszentren von irgendeiner Bedeutung außer Le Puy. Wo der Granit auf größeren Strecken frei liegt, ist die Bevölkerung viel weniger gleichmäßig verteilt wie auf dem Basalt. Es gibt wenig Einzelhöfe, die Dörfer und Weiler liegen 5 – 6 km voneinander" (S. 37).

Begleiten wir sie in die Limagne von Clermont-Ferrand: „Im Süden finden wir oft in den in Seen gebildeten Mergeln und Kalksteinen basaltische Intrusionen und oft tragen Kalksteinhügel Basaltkappen. Dörfer und Schlösser liegen auf diesen Höhen, während das Tiefland zwischen den Abhängen bewässert und intensiv kultuviert wird. Die Hochfläche ist mit kleinen Weilern und Gehöften bedeckt und hier und da findet sich eine kleine Textilfabrik. Die Ebene zeigt eine ebenfalls ziemlich gleichmäßig verteilte Bevölkerung, sie ist jedoch viel dichter: große Dörfer, die selten mehr als 1,5 – 2 km voneinander entfernt liegen, treten an die Stelle der Einzelgehöfte und Weiler" (S. 51). Hören wir über die Limagne nun Vidal de la Blache: „In der Entfernung scheint alles hinter einem gewaltigen Vorhang von Weidenbäumen, Pappeln und Obstbäumen zu verschwinden. Von nahe ist es ein Schachbrett von kleinen Feldern unregelmäßiger Form, die mit verschiedenen Feldfrüchten bestellt sind und ununterbrochen aufeinander folgen, untereinander verbunden durch kleine Feldwege, Pfade, die durchaus für den Verkehr genügen, den diese Anbauweise verlangt.' Denn alles erfolgt hier mit der Kraft der Arme. Der Mensch hat diesen Sumpf in Kultur genommen, der noch unvollständig trocken gelegt ist, nicht nach Art der großen Landwirtschaftsebenen, sondern wie einen Garten. Der Spaten und der primitive Hakenpflug sind hier die Werkzeuge, die den Sumpf in nährendes Ackerland verwandelt haben. Die Häuser nehmen wenig Platz ein in dieser Oase, kein Stückchen Land geht verloren. Die Erde und die Arme ruhen sich nie aus. Früher baute man vor allem Getreide, Weizen, Gerste, Hafer, andere Nährpflanzen wie Bohnen an und schließlich – aber das ist schon fast vergessen – den Hanf, der früher überall um die menschlichen Wohnungen herum vorhanden war und den man von der Limagne zur Loire und bis nach Nantes oder auf dem Landwege zu den Häfen des Mittelmeers spedierte. In diesem so schön für den Ackerbau eingerichteten Lande findet man keine Wiesen, trotz der Feuchtigkeit des Bodens und dem Überfluß an Wasser, was doch für die Viehzucht vorteilhaft wäre. Der Landwirt dieser Gegend ist ein Ackerbauer, kein Viehzüchter. Das Gras ist für ihn der Feind, ein Parasit, der der Nährpflanze den Platz wegnimmt. Er findet wenig Geschmack am Mästen des Viehs und versteht nichts davon. Aber aus seinem Gütchen macht er eins dieser Wunder, welche die Spatenkultur am Rande der Großstädte oder in China hervorbringt" (S. 299).

Arthur Young schrieb 1792 über das Becken von Brive: „Das ganze Land ist entweder Hügel oder Tal, die Hügel sind sehr hoch und würden in England Gebirge genannt werden, wenn sie weithin mit Heidekraut bedeckt wären, aber da sie bis zu den höchsten Höhen bestellt sind, erscheinen sie dem Auge kleiner"[40],[41].

Über die Plateaux de Millevaches und Gentioux sagt H. Ormsby: „Vier Fünftel des Landes sind Ackerland und nur 10% liegen brach, was bei der Natur des Landes bemerkenswert ist, denn der Boden ist sauer, wo er nicht gekalkt wird, er liefert nur die ärmeren Getreidearten wie Roggen und Buchweizen. Wo bessere Verkehrsmöglichkeiten mit der Außenwelt bestehen und besonders bei modernen Bedingungen des Eisenbahn- und Lastkraftwagenverkehrs hat Kalken den Ersatz der ‚Getreide des armen Mannes' durch Weizen und Gerste ermöglicht. Aber selbst der verbesserte Boden liefert je Flächeneinheit wenig Getreide. Die anpassungsfähige Kartoffel kommt andrerseits in den leichten oft sandigen Böden gut weg und wird zu einem wichtigen Ausfuhrartikel in die größeren Zentren rings um das Zentralmassiv und sogar bis nach England" (S. 59).

„In Boussac und in Espalion und Villecomtal (Aveyron) ist der rote permische Sandstein ein fast beunruhigender Baustein in seiner Lebendigkeit" (Ormsby, S. 68). „Zwischen Clermont-Ferrand und Le Puy sind alle Bauerngehöfte und -häuser in geschützten Haufen zusammengedrängt wie in Burgund und erhalten so eine gegenseitige Unterstützung, die in den kalten Wintermonaten wesentlich sein muß" (Dutton, S. 93). „In der Champagne Berrichonne ist die Bevölkerung gleichmäßig verteilt in kleinen Weilern, die etwa 1,5 km voneinander entfernt liegen. Größere Dörfer folgen dem Rande der Loiretalebene, die hier einige Kilometer breit ist, und kleine Industrien (metallurgisch, keramisch) finden sich am Ufer eines Kanals, der die linke oder Westseite der Ebene säumt" (Ormsby[42]).

Aber gehen wir in die Auvergne und da in den Cantal[43]. Wir lesen in der „Géographie du Brevet" von P. Kaeppelin und M. Teissier über die Sennhütte des Cantal, den buron: „Er wird aus schwarzem Stein auf der Sommerweide gebaut neben der primitiven Hürde aus Baumzweigen oder Brettern, wo das Vieh die Nacht über eingeschlossen wird[44]. In diesen

---
[40] Arthur Young: Travels in France, London 1792, I, 35.
[41] Vgl. über das Limousin Maas: Bauernleben I, 13, über das Ségalas I, 13, über Périgord I, 17, 23, über St. Etienne und Albi I, 19, über Roanne und Aigoual I, 23, über die Creuse I, 26, über die Cévennen I, 26, 27, über das Bourbonnais I, 39, 42—49, über den Morvan I, 49—54, über die Auvergne I, 29, 40.
[42] Ormsby, S. 157. Vgl. Maas: Bauernleben I, 23, 104.
[43] Über den Cantal siehe auch Maas: Bauernleben I, 27.
[44] Kaeppelin et Teissier: La Géographie du Brevet, Paris 1925, 10e éd., Photo S. 116.

burons fabrizieren die Hirten den fourme oder Cantal-Käse. St. Flour liegt auf dem Gipfel eines Basaltsporns (885 m), der 100 m in senkrechter Wand über dem Bett eines Nebenflusses der Truyère sich erhebt; es ist eine Doppelstadt, auf der Höhe die Altstadt, unten die Neustadt. In der oberen Stadt erhebt sich die Kathedrale über engen Gassen und Häusern, die aus Stücken der alten Stadtmauer gebaut sind, sie ist ein Typus der alten Feudalstadt der Auvergne. In guter Lage am Ausgang der Übergänge zum Velay und zum Gévaudan, in der Nähe der Causses, ist die alte Festung zu einem landwirtschaftlichen Markte geworden für den Roggen der Planèze. Neben dem Bahnhof hat sich eine Neustadt entwickelt, die lebhafter und volkreicher ist als die alte"[45].

Aber hören wir nun drei Dichter über den Cantal. Zuerst J. Malègue: „Ziegelrote Herden bewegten sich an den Hängen runder vulkanischer Hügel, die wie ganz zufällig auf dem verwischten Muster der Hochflächen aufgesetzt waren. Ihre Kleinheit in der Ferne wurde Lügen gestraft durch die Genauigkeit ihrer Zeichnung. Niedrige Hütten der Kuhhirten ragten in den Raum, gebaut mit trockenen Blöcken, d. h. ohne Mörtel, gedeckt mit Steinplatten, untersetzt und kräftig wie Stiere. Im Winter sind sie sich selbst überlassen, begraben unter Schnee, wo sie bis über den First hinaus verschwinden bis an den hohlen Stein, mit dem ihr Kamin das Dach durchbricht. Jules nannte sie burons. Das war das einzige Leben in dieser gewaltigen Landschaft: Grasflächen, Vieh und die prächtige Einsamkeit des Morgens. Seit ihrer Abfahrt waren die Reisenden an keinem Hause vorbeigekommen, keiner Scheune, keinem Stall. Nur weite Flächen belebt von Vieh, Haufen von braunen Säcken, zugenäht und zugebunden, lagen auf dem Gras am Rande des Weges, sie schienen in dieser grandiosen Einsamkeit vom Himmel gefallen zu sein. Der Vetter machte ihn mit einer Kinnbewegung darauf aufmerksam, das sind Enzianwurzeln, die Pflanzen dieser Höhen. Sie waren jetzt 1200 m hoch"[46].

Oder Henri Pourrat über den Puy du Dôme: „Sie bewohnten Chenerailles, ein langes altes trauriges Bauwerk, mehr eine Métairie als ein Herrenhaus, welches man das Haus der sieben Türen nannte. Ganz aus Granit ohne Mörtel, bedacht mit einem auf Querhölzern ruhenden Dach, versehen mit einer steinernen Treppe, die Spalten aufwies und wie ausgehöhlt vom Gebrauch und einen Treppenabsatz mit Farnkraut und Löwenmaul. Unten waren die Ställe, die Remise, der Schweinestall, die Scheune und im ersten Stock der Speicher, der Heuboden, die Wohnung. Als Balkon vor den Fenstern waren Bretter auf Balken, auf denen Kiefernzapfen trockneten, die dem Hause ein bäuerliches Aussehen gaben. Man sah das Haus umgeben von Schuppen, von Wagen, von Reisighaufen, von aufgestapeltem

---
[45] Ebenda S. 117, wo auch Photo.
[46] J. Malègue: Augustin ou le Maître est là, Paris 1944 (1. Aufl. 1933), I, 221.

Brennholz, worüber wie Perücken trockner Ginster lag"[47]. Ein Dorf in den Bergen des Livradois: „Die massigen Häuser aus rötlichem Stein hatten nur kleine mit Eisengittern versehene Fenster, unter einer Haube aus Stroh, das vom Winde zerzaust wurde. Zwischen kleinen Gärten von Grünkohl und Himbeeren in ihren Granitbeetumrahmungen liegt das Dorf in schöner Lage über dem Marktflecken von Champetières, es gibt 8 Monate Schnee. Die Leute leben hauptsächlich von Rüben, von Speck und Roggenfladen. Die Flur besteht ganz aus Wiesen und Wäldern und eignet sich mehr für Weidewirtschaft als für Ackerbau. Es gibt nur einige wenige Feldstücke auf farnbedeckten Abhängen, wo einige Vogelkirschen Schatten spenden. Dort oben macht man Heu, erntet das Getreide, sammelt ein und säet, fast alles zu gleicher Zeit im August und September" (I, 46, 47). „In St. Amand Roche Savine sind die Häuser lang und niedrig, ganz aus Stein, selbst das Dach ist mit großen Steinen beschwert wegen der Stürme. Klafter und Reisighaufen in Mauern ums Haus; denn hier ist im Winter das Feuer die Hälfte des menschlichen Lebens" (I, 120). „Les Escures, ein Schloß bei St. Amand Roche Savine, bildete ein langes Rechteck, welches die Steinumrahmung des Gartens der Länge nach halbierte. Man trat in einen grasigen Hof ein, wo einige Ebereschen und Pflaumenbäume zwischen den Umwallungsmauern wuchsen. Das Herrenhaus stand mit der Giebelseite nach vorn, es war aus gleichmäßigen grauen Granitwürfeln gebaut, die vom Alter zerfressen waren, mit zwei Türmchen, die wie Tragkörbe auf den Ecken der Fassade hockten. Die Fenster des Obergeschosses hatten große Flügel mit verzierten Fenstersprossen, einige waren oben mit Tragsteinen versehen, die des Erdgeschosses hatten eiserne Gitter, zwei oder drei waren zugemauert worden. Nach rückwärts war das Haus weniger verziert, nämlich als Scheune, halb gestützt auf den Abhang, wo zwei Türme in mörtellosem Stein die Seiten bildeten. Bedeckt war das Gebäude mit den Hohlziegeln dieses Landes, deren Nähte mit Gras bewachsen waren, mit schartigen Blöcken, die Stufen mit Höhlungen infolge der Dachtraufen vor der spitzbogigen Tür, so behielt es ein Bauern- und Gebirgsaussehen. Ein zweiter Hof trennte es von den Pferdeställen, die einander gegenüber lagen, weit und gewölbt wie Kirchen. Im Obergeschoß gab es runde Türöffnungen, zu denen früher Erdrampen geführt hatten. Der Garten war in Terrassen, die starke Granitmauern abstützten. Das Schloß Les Escures war während der Revolution verkauft worden, jetzt war alles verfallen" (I, 121). „Die Dörfer lagen hintereinander am Fuße des Gebirges, jedes am Ausgang einer combe, d. h. eines Seitentales, die Weiler aus dunklen Steinen, mit Fensterläden und Balkonen aus Holz, hoch oben wie angeklebt an den Talhängen unter dem Walde in schattigen Winkeln, die alten Weiler, wo der Wind gegen die halbverfallenen Hütten und die ausgetretenen Granittreppen voller Gras heult und die Steinumrahmungen der

---

[47] Henri Pourrat: Gaspard des Montagnes, Paris 1922, I, 14, 15.

traurigen kleinen Gärten, die zerstört manchmal im Schatten eines schwarzen Quittenbaums liegen. Und dort waren in langen Streifen die Gemeindealmen, wo man im Sommer die Kühe hinführt, einige untersetzte Herbergen auf den Pässen mit ihrer Sicht über blaßblaue Weiten" (I, 132).

Schöne Beschreibungen der Landschaft des Cantal finden sich in dem Buche „Malencontre" von Guy Chantepleur[48], von denen wir jedoch keine zitieren wollen.

Gehen wir nun an das Stück der Rhone, welches das Zentralmassiv von den Alpen trennt, also die eigentliche Rhonefurche, le Sillon Rhôdanien, und hören wir wieder Vidal de la Blache: „Das Rhonetal war lange Zeit eine Straße der Abenteuer und der Kriege. Es genügt, seine Höhen mit festen Schlössern in Ruinen zu sehen, seine alten befestigten Städte, seine Städtchen, die auf Felsenpfeiler hinaufklettern, um diese alte Geschichte wieder lebendig zu machen. Früher war die gesamte Bevölkerung auf die Höhen beschränkt. In der Ebene ohne Verteidigungsmöglichkeiten gibt es nur die Dinge ‚von gestern': Einzelhäuser, Fabriken, einige neue Flecken"[49].

Gehen wir noch einmal nach Burgund zurück, nämlich in die „Rhonefurche" nördlich von Lyon, d. h. an die Saône. Hier liegt Tournus: „Eine alte Stadt, überragt von einer Kirchturmspitze und den beiden Türmen ihrer Abteikirche, über der Saône und ihren Wiesenufern, eine Stadt gelblicher Steine, die sich am Hang zwischen Weinbergen hinzieht und die unter ihren Dächern das reiche Geheimnis einer schweigenden Vergangenheit zu bewahren sucht"[50]. „Die Landstraße verbindet über ein halbes Dutzend Dörfer Louhans mit Tournus, die Dörfer ziehen sich daran entlang, ohne Form, sie bestehen aus kleinen nebeneinander liegenden Wirtschaften, ohne daß man sagen könnte, wo das eine aufhört und das andere anfängt, die öffentlichen Gebäude: Bürgermeisterämter, Schulen, Postämter liegen so, daß sie rechts und links einen Teil der Straße zu etwa gleichen Teilen zu beherrschen scheinen, eine rationelle Disposition, die sich durch das junge Alter dieser Straße erklärt, die alten Dörfer liegen an der „unteren Straße", eine alte gewundene Landstraße, die dem Flusse folgt, in so großer Entfernung freilich, daß sie nicht seine Überschwemmungen zu fürchten brauchte und genug Platz ließ für die Wiesen an den Ufern. Die Kirchen folgen einander auf dieser ‚unteren Straße', isoliert und vergessen. Die von Rancy ist übrigens nur eine Schloßkapelle"[51].

Gehen wir die Rhone abwärts. „Im Becken von Pierrelatte erklärt die natürliche Bewässerung der tiefliegenden Terrassen die frühe Besiedlung

---

[48] Vgl. noch über die Auvergne im allgemeinen Maas: Bauernleben I, 29, 40, über das Livradois I, 21.
[49] Vidal de la Blache, S. 252. Siehe auch Maas: Bauernleben I, 15, 16, 26.
[50] Jean Loisy: Eva et l'Ombre, Paris 1943, S. 166.
[51] Ebenda, S. 202.

der Überschwemmungsebene, trotz Sumpffieber und Überschwemmungsgefahr. Heute vermeiden die Bewohner die Überschwemmungsebene, die für Wiesen und Gartenbau benutzt wird, sie wanderten auf die lehmbedeckten Terrassen, besonders die westlich der Rhone, aus, die gegen Norden geschützt sind. Die stärker ausgesetzten Terrassen östlich der Rhone sind weitgehend mit einer Garrigue von Kermeseichen und Buchsbaum bewachsen, was hauptsächlich für Brennholz, Holzkohle und der Gewinnung von Gerberlohe benutzt wird" (Ormsby, S. 300). Schon hier gilt, was H. Ormsby über den ganzen Midi, den Süden Frankreichs, sagt: „Kaum irgendwo kann man ein größeres Feldstück sehen. Der geduldige Landwirt des Midi muß oft zufrieden sein mit einer Tasche voll Boden hier und da und er zieht daraus sicher den größten Nutzen (makes the most of it)" (S. 314). „Im Tal der Durance ist der Boden arm und knapp, an vielen Stellen kaum mehr als eine dünne Schicht über den Felsen darunter, aber wo nur der Boden ein paar Zoll mächtig ist, da wird er fleißig von den Landwirten bestellt, so sind überall an den unteren Hängen Feldstückchen, öfter nur einige Quadratmeter groß, verwandt für den Anbau von Korn, Reben oder Gemüse. Die mittleren Hänge unterhalb der Gipfel sind bewaldet. Die Dörfer zeigen mit Sicherheit das harte Leben ihrer Bewohner an. Die Häuser sind aus Stein und Holz gebaut, die beiden Hauptprodukte des Landes, und sind zu traurigen, unordentlichen Gruppen zusammengedrängt, ohne irgendetwas von der Schönheit oder dem Eindruck der Behäbigkeit der Schweizer Alpendörfer" (Dutton[52]). Über Savoyen sagt er: „Die Dörfer haben ein wohlhabendes Aussehen, die Häuser sind groß und im Schweizer Stil gebaut, mit weit vorstehenden Dächern als ein Schutz gegen den Schnee, und die Gärten sind gut unterhalten und leuchten mit Blumen" (S. 146). Aber hören wir darüber einen Schweizer. H. de Ziegler schreibt: „Savoyen stellte mit Genf und mit dem Kanton Waadt, wohin man mich manchmal gebracht hatte, einen wunderbaren Gegensatz dar. Alles in diesen Gegenden war gestutzt und in den hiesigen vernachlässigt. Auf der einen Seite die mit Hecken oder Mauern versehenen Wege, die strenggeregelten Gehöfte, auf der anderen ausgefahrene Gassen, halbverfallene Gebäude, wohlriechende Misthaufen. Hier Ordnung oder sogar die Strenge des Gesetzes, dort Unordnung, aber auch Vernachlässigung, Sorglosigkeit, Vertrauen. Etwas absolute Freiheit, worin ich mich für immer verliebte. Die Schweizer Regelmäßigkeit, die so viele Ausländer lobten und aufsuchten, wurde mir lästig. Ich fühlte eine Abneigung gegen die schönen Quartiere, die Villen, die Parks, das ‚Durchgehen verboten', die ‚5 Franken Strafe', die Verordnungen, die Verbote, die Beschränkungen jeder Art. In Savoyen war man ganz in der Natur, in der Schweiz verdarb die stete Sorge der Menschen alles"[53].

---

[52] Dutton S. 145. Über die Durance vgl. auch Maas: Bauernleben I, 116.
[53] Henri de Ziegler: Aller et Retour, Genf 1943, S. 67.

Hören wir nun Jacques Dieterlen über das Massiv von Oisans: „Kaum ist der Schnee weg, fängt das Gras kräftig zu wachsen an auf allen Stückchen Erde, auf den Almen und auch den unzähligen kleinen Feldstückchen, die mit Arbeit und List an den Steilabhängen der Täler angelegt wurden. Der Sommer ist eine Art Frühling, der noch andauert, aber mit weniger Blumen, aber dafür mit den gelben oder ockerfarbenen Flecken von Roggenfeldern, hier und da, wie Kleider, die am Hang der Berge ausgebreitet sind. Und fast sofort danach bricht der Winter aus, der schreckliche Winter, der alles unter vielen Metern Schnee begräbt, die Wege verstopft, die Häuser eindrückt, die Pässe versperrt und die wenigen Bergbewohner, die gezwungen sind in diesen Einöden geduckt zu leben, zwingt wie Murmeltiere unter ihrem Dach, bei einem spärlichen Feuer während mehr als sechs Monaten ohne den geringsten Kontakt mit anderen Menschen und unter der dauernden Bedrohung durch Lawinen und Überschwemmungen, die stets bereit sind, Felder und Häuser wegzureißen, die unter unsäglichen Mühen in diesem schrecklichen ungastlichen Lande angelegt wurden"[54]. „Das Dorf St. Christophe zeigt graue Häuser, eine alte Kirche, eine unerwartete Vegetation von Eschen, Erlen, Birken, und im Juli ganz grüne Felder und lachende kleine Wasserfälle" (S. 56). „Im Queyras liegt das höchste Dorf Europas St. Véran in 2050 m Höhe. Es sind große Sennhütten aus Holz mit einem großen Dach, das aus aneinander gefügten Balken besteht und mit Schindeln bedeckt ist. Bald erscheint das ganze Dorf mit seiner großen katholischen Kirche und einer kleinen evangelischen Kirche und die ganze Schar der Sennhütten, in zwei Reihen aufgereiht, nach Süden, nach der vollen Sonne ausgerichtet. Die Häuser haben alle unter dem großen Dach eine Art Gatter mit einem Schirmdach, wo man Heu aufstapelt, Holzscheite, Stroh usw., denn im Winter kann man nicht hinausgehen. Man lebt wie die Murmeltiere, 8 Monate gibt es Schnee. Auf den Boden steigt man mit einer Leiter, da gibt es eine kleine weißgetünchte Kammer. Unten ist eine große niedrige Stube mit verputzten Wänden. Nahe beim schmalen Fenster steht eine Art Schrank mit den übereinander gestellten Betten. Das andere Ende des Raumes bildet der Pferdestall" (S. 127—132).

Über ein anderes Alpental, das Grésivaudan, sagt Vidal de la Blache: „Es ist das wenn nicht der hervorragendste Typ, so doch der beste Ausdruck und für die Geschichte der Menschen der wichtigste. Man sieht oberhalb von Grenoble unter dem Gipfel der Belledonne breite tonige Terrassen des Lias sich ausdehnen, eisenschüssig und schwarz, auf deren Kosten der Fluß sein breites Tal geschaffen hat. Bis 900 m Höhe liegen die Weiler und Dörfer übereinander. Sie liegen auf den Hängen, auf den Schuttkegeln, den alten Flußterrassen. In der Mitte fließt der graue und

---

[54] J. Dieterlen: Le Chemineau de la Montagne, Paris 1938, S. 40.

wilde Bergbach, der heute eingedeicht ist. Sumpfige Riedwiesen, Weiden- und andere Gebüsche deuten hier und da noch den alten Zustand an. Aber überall sonst folgen aufeinander die kleinen Rechtecke von Luzerne, Weizen, Hanf, Mais und darüber Reben, die zwischen den Bäumen Girlanden bilden, das Wunder einer Kleinlandwirtschaft. Das Quertal hat die Bevölkerung bis ins Herz der Alpen gebracht. Gruppen entstanden, die den Gebirgscharakter behielten, nicht ohne von den Vorteilen der Ebene Nutzen zu ziehen, so erhielten sie von den Gegensätzen, die sie umgeben, sehr verschiedene Impulse. Sie haben frühzeitig zwischen den Gießbächen, die zu ihren Füßen und zu ihren Häuptern fließen, die weniger ausgesetzten Stellen besetzt. Von dort aus haben sie die Eroberung des Tales unternommen. Sie haben den Sumpf mit Erde beworfen, trocken gelegt, eingedeicht, in Gärten verwandelt" (S. 259).

„Im oberen Drometale ist die Bevölkerung gering und in Dörfern zusammengefaßt, da wo es Wasser gibt" (Ormsby)[55]. „Die Bewohner der Massive Maures und Esterel wohnen in zerstreuten Weilern und Dörfern, weit von den Verkehrslinien" (Ormsby)[56].

Diese Massive, die geologisch und geographisch zwischen Alpen und Pyrenäen liegen, mögen uns zu den Pyrenäen führen und zwar gleich in die Westpyrenäen, ins Béarn. Wir folgen H. Ormsby: „Luchon liegt an der Kreuzung des Längs- und Quertales der Pique. Das obere Längstal ist ein einprägsames Beispiel der Wichtigkeit der Sonnenlage für menschliche Siedlungen in Gebirgen und beleuchtet auch die erhebliche Rolle, welche Eis spielte bei der Verbreiterung und Vertiefung der Täler und der Schaffung von Vorsprüngen, Böschungen, Terrassen, auf welchen Boden sich sammeln kann und so die Möglichkeit zur Bestellung bietet. Der Nordabhang des oberen Piquetales zeigt einen sonnigen Moränenvorsprung oder Rand, der mit Dörfern förmlich besetzt ist" (S. 214). „Der Grund des Aspetales dient dem Anbau von Roggen, Mais usw. und der Weidewirtschaft, die Talhänge sind terrassiert und angebaut. Umschlossene Felder finden sich zwischen dem Walde und den Felsen. Bedous am Nordausgang hat eine Bevölkerung von etwa 800. Die Aspe windet sich hier durch die Kalkfelsen der Vorpyrenäen in einem engen Tal. Es gibt wenig Dörfer und die Häuser stehen wegen Platzmangels in Etagen über der engen Straße, die dem Flusse folgt. Hier sind die Steilhänge mit Rasen und schütterem Laubmischwald bedeckt. In den Vertiefungen zwischen den bewaldeten Hängen liegen schmale Streifen von lebhaft grünen Futterkräutern, einer über dem anderen und sorgfältig eingehegt. Das Gehöft liegt hoch am Hange. Im Spätsommer und Herbst wird der Farn geschnit-

---

[55] Ormsby, S. 259. Über die Alpen vgl. noch Maas: Bauernleben I, 11, 12, 13, 22, 23, 40, über das Dauphiné I, 20, über Grenoble I, 19.
[56] Ormsby, S. 315. Vgl. Maas: Bauernleben I, 125.

ten und aufgehäuft, um als Streu zu dienen, so wird dem Gras die Möglichkeit verschafft zu wachsen, um den Schafen im Herbst und Frühling zu dienen. Dies feine Gras der bewässerten Wiesen wird kurz mit der Sense gemäht" (S. 223).

„Das Becken von Mauléon und Tardets ist mit vielen Weilern bis zu einer Höhe von 480 m besetzt. Haine von Pfirsichen und Aprikosen wechseln ab mit Weinbergen und Maisfelder bedecken den tieferen Grund. Die Mauern und die Gehöfte sind aus den großen glatten Kieselsteinen aufgebaut, die aus dem Bergbach gesammelt werden. Behäbige, mit Stockwerk versehene, weißgetünchte Häuser mit Schieferdächern erhöhen den Eindruck der Heiterkeit der Landschaft. Wir fangen hier sogar an, den baskischen Einfluß zu sehen in einer merkwürdigen Verbindung von Wohnhaus und Stall unter einem Dache, welches in steilem Giebel vom Hausfirst herabhängt und dann allmählich niedergleitet, um die übrigen Farmgebäude zu bedecken. Mauléon liegt an einer Verengung des Tales" (S. 224).

„Das Becken der oberen Soule unterscheidet sich nur wenig in seinem Aussehen von den intermontanen Becken der Pyrenäen. Der Bergbach mit seinen reißenden Wassern fließt über große Geröllmengen. Reihen von Spitzpappeln, knorrige kleine Eichen in den Hecken, die auf bloßen Blick hin unterscheidbar sind von den vernachlässigten Hecken Südostenglands, die Mauern und Farmgebäude sind aus den runden Kieseln aus dem Bergbach gebaut, die bewässerten, lebhaft grünen Wiesen im Talgrunde, all das ist charakteristisch für die Becken der Westpyrenäen. Mais und Reben wachsen üppig, während Pfirsichhaine und mit Walnuß, Edelkastanie und Akazie bedeckte Abhänge überall verteilt sind. Die kleinen weißen Häuser mit ihren Schieferdächern sind sehr verschieden von den schweren Dachhäusern der Basken. Ein Dutzend kleiner Dörfer und Weiler hängen von der Bebauung der Flußterrassen dieses Beckens (von Larrau und Ste. Engrâce) ab und von der Weidewirtschaft und dem Holz der umliegenden Höhen"[57].

Wir gehen nun an das andere Ende der Pyrenäen, ins Roussillon und folgen Basil Collier in seinem Buche mit dem bezeichnenden Titel „Catalan France": „Auf der anderen Seite, gegenüber von Amélie-les-Bains, liegt Palalda, auf einem Hügel aufgetürmt. Wer neu ins Roussillon kommt, wird an ein italienisches Dorf erinnert. Es ist sehr alt, es ist das Palatium Dani der Römer. Seine schlecht gepflasterten Straßen steigen herab zwischen rohen Mauern aus Ziegelsteinen, deren Farbe das personifizierte Alter ist. Wie in allen kleinen katalanischen Dörfern leben Geflügel und Kaninchen im Erdgeschoß und die Menschen im Obergeschoß. Die Häuser

---

[57] Ormsby, S. 225. Über das Baskenland vgl. Maas: Bauernleben I, 8, 9, über die Pyrenäen im allgemeinen dort I, 20.

von Palalda stehen auf Terrassen, eine über der anderen, mit Ölbäumen bewachsen"[58].

„Das obere Valespir ist bemerkenswert durch die große Zahl von kleinen Weilern und Einzelgehöften, die an den unmöglichsten Stellen liegen. Sie sind überall hin verstreut, auf Berghängen, in Hainen, am Ufer schäumender Wildbäche, umgeben von schönen Obsthainen, isoliert auf nackten Felsterrassen. Von unten erscheinen sie oft völlig unzugänglich, man erreicht sie auf rauhen Maultierpfaden oder Wunderwegen, die sich schlängeln, krümmen, untertauchen, sich einwühlen, lavieren, winden auf 10 km und einen schließlich atemlos aber triumphierend zu einem Orte bringen, der in Luftlinie etwas mehr als einen Kilometer vom Ausgangspunkte entfernt liegt, aber 300 m höher" (S. 99). „Eine erstaunliche Erscheinung ist die Landschaft bei Forge-del-Mitg in ihrer teilweisen Wüstenei. Der Namen des Weilers = die Schmiede in der Mitte erklärt den Grund. Im 17. und 18. Jh. und früher gab es Hunderte solcher Schmieden in der Gegend. Einige waren noch im 19. Jh. tätig. Sie nutzten Eisenerz aus, das zutage tritt. Das Brennmaterial war Holz und wie in England unter Elizabeth war der Holzverbrauch derartig gewaltig, daß Gesetze erlassen wurden, um das zu verhindern. Sporadische Versuche, die Entwaldung aufzuhalten, waren freilich seit dem Mittelalter mehrere Male gemacht worden, aber weite Waldgebiete waren abgehauen worden. In einigen Fällen folgte Bodenverheerung, anderswo wurde die Tendenz zu verlängerter Dürre und danach Sturzfluten, die beiden Übel, unter denen die Landwirtschaft im Roussillon immer zu leiden hatte, durch die Vernichtung der Bäume vergrößert" (S. 106). „Palau-del-Vidre, der Name kommt von der Glashütte, die hier im Mittelalter existierte und noch im 16. Jh. in Tätigkeit war" (S. 124).

„Die Dörfer des Confluent sind größer und zahlreicher als die des Valespir, aber es gibt weniger Einzelhöfe. Der einsame mas, eine häufige Erscheinung im Valespir, ist im Confluent selten. Hier ist die kleinste Einheit der Gesellschaft meist der Weiler. Der Confluent ist belebter, behäbiger, geschäftlicher" (S. 129).

„Olette liegt 600 m über dem Meere und ist eine wahre Fruchtbarkeitsoase. Das Dorf steigt in Terrassen über dem Flußbett auf, sauber und zusammenhängend. Feigenbäume und Weinberge erscheinen auf der besonnten Seite des Tales. Bald verschwinden sie" (S. 131).

„Marquixanes ist ein weiteres befestigtes Dorf, das kühn auf einem Hügel östlich der Hauptlandstraße liegt" (S. 137).

---

[58] B. Collier: Catalan France, London 1939, S. 88.

„Eus war ursprünglich im Tale, in den unruhigen Jahren des 17. Jh. zog es auf einen Hügel um. Das Dorf ist bemerkenswert wegen seiner malerischen Form und Lage. Der Niedergang der Olivenölproduktion und der Erfolg des Anbaus von Obst und Gemüse brachte die Bewohner wieder ins Tal, wo sie kleine Häuser bauten. Am Fuße des Hügels liegt die alte Pfarrkirche, die 1053 geweiht wurde. Auf dem Hügel liegt eine massive Kirche des 17. Jh. Der Hügelabhang jenseits und neben dem Dorfe ist mit Tausenden von Ölbäumen bepflanzt, die einst gut gepflegt wurden, jetzt aber vernachlässigt werden" (S. 153). „Marcevol war einst der Sitz eines Klosters der Tempelherren, die Reste davon werden als Scheune benutzt. Der Weiler ist größtenteils in Ruinen, nur noch drei Häuser werden bewohnt" (S. 153).

„Die Häuser in der Cerdagne sind manchmal weiß, meist aber hellgrau oder hellocker. Ihre Dächer sind mit flachen runden Schiefern gedeckt, die sich gegenseitig bedecken wie die Schuppen eines Gürteltiers oder die Federn an einer Taubenbrust. Sie haben weite überhängende Giebel. Für mehr oder weniger sechs Monate im Jahr ist das Land meist unter Schnee und fast alles in der Architektur und den Einrichtungen dieser Dörfer deutet auf diese Tatsache hin" (S. 159). „Im Mittelalter waren die Berge mit dichten Wäldern bedeckt, in denen wilde Tiere hausten. Land wurde Siedlern gegeben unter der Bedingung, alles zu roden bis zu einer bestimmten Entfernung von ihrem Hause. Später wurden Gesetze erlassen, um sinnloses Abholzen zu verbieten, aber es dauerte praktisch ohne Einschränkung bis spät in das 19. Jh. an, bis dies Gebiet den französischen Forstbehörden unterstellt wurde" (S. 164). „Im Dorf Eyne sind eine Anzahl Häuser unbewohnt, die allmählich zerfallen" (S. 192). „Das Tal von Andorra war 1897 von 5210 Menschen bewohnt, die in 1042 Häusern lebten, die ihrerseits zu 44 Dörfern gehörten, kaum 8 von ihnen waren größer als Weiler" (S. 204). (1924 gab es hier 5231 Einwohner, 1950 „etwa 5000", während des zweiten Weltkrieges stieg die Zahl bis auf etwa 6500)[59].

„Der Weiler Puig-del-Mas, der Kern des alten Banyuls, existiert anscheinend unverändert in geringer Entfernung von der Stadt. Wie sein Name andeutet, ist es ein Dorf auf einem Hügel, dieser hat Kegelform und das in so märchenhafter Vollkommenheit, wie sie zu Calmeilles und Castelnou gehört"[60]. „Fast alle Bewohner von Perillos sind nach Opoul verzogen. 1931 hatte es nur noch 18 Bewohner (1891 noch 65 W. M.)"[61].

Wir deuteten in den Zeilen von Basil Collier viele sozialgeographische Probleme an, Landflucht, Auswanderung, Produktionswechsel, aber eine

---

[59] Vgl. Gothaisches Jahrbuch 1930, S. 153, Statesman's Yearbook 1953, S. 770. Bertelsmann Volkslexikon (Gütersloh 1956), S. 78.
[60] Collier, S. 243. Zeichnung des Castelnou, S. 218.
[61] Basil Collier, S. 303. Vgl. Maas: Bauernleben I, 9, 149 über das Roussillon, I, 28 über Razès.

noch wichtigere sozialgeographische Frage stellt Hilda Ormsby für den Jura: „Ob die intensive industrielle Entwicklung im oberen Jura vor allem der natürlichen Energie und Initiative seiner Bewohner zuzuschreiben ist oder dem Einfluß der praktischen Schweizer, der durch politische Einwanderer am Ende des 18. Jh. ausgeübt wurde, oder der Wirkung der langen dunklen kalten Winter des Jura oder den relativ guten Verkehrsverhältnissen, das ist sehr schwierig zu sagen" (S. 279).

Dutton sagt: „Zwischen Salins und Champagnole am Flusse Ain liegt ein weites hohes gutes Landwirtschaftsgebiet. Hier sind wie in Burgund die Wohnhäuser, Wirtschaftsgebäude und Gärten gruppiert zum Schutze und zur Geselligkeit während der langen Wintermonate, wenn das Land unter Schnee begraben ist. Es ist eine praktische Einrichtung für eine vom Herdentrieb befallene (gregarious) Gesellschaft, die in vielen Teilen Frankreichs zu finden ist, die aber hier ein sichtbarer wirtschaftlicher Nachteil ist, da ein großer Zeitverlust verbunden ist mit dem Heranbringen von Pferden, Vieh und Ackerfrüchten zu den weit weg liegenden Feldern. Diese Sitte ist die Erklärung für die vielen Herden von Milchkühen, die den Motorverkehr bei jeder Wegbiegung behindern. Wenn man diese Häuserzusammenballungen als Dörfer betrachtet, sind sie ziemlich schmutzig, aber als Gehöfte sind sie sicher malerisch. Die großen Steinscheunen haben weite halbkreisförmig gebogene Scheunentore, die so gebaut sind, daß ein vollbeladener Erntewagen hineinfahren kann. Am Straßenrand liegen große Misthaufen. Baumgärten voller Blumen, mit Sonnenblumen und vielen farbigen Dahlien und rote Weinreben überziehen die steinernen Wirtschaftsgebäude" (S. 90).

Boucau sagt über den Jura: „Die großen Dörfer, die kleinen Städte und die starke Volksdichte finden sich in den Gebirgsbecken mit leeren Zwischenräumen, dazwischen mit Weiden und Wäldern. Selbst auf den Hochplateaus sind die großen Einzelgehöfte sehr selten. Das Haus befindet sich unter einem einzigen Dach (maison élémentaire) mit dicken Mauern, um der Kälte und der Feuchtigkeit zu widerstehen, und wie eingehüllt in Holzsuperstrukturen, wo man das Heu aufbewahrt"[62].

Auch in Frankreich könnte man die Einflüsse anderer Volkstümer im Landschaftsbild studieren, wenn dies auch französischer Gelehrtenmentalität nicht liegt[63]. Wir sprachen von den Basken. In Korsika gibt es das

---

[62] Boucau, S. 235. Vgl. über den Jura noch Maas: Bauernleben I, 16, 17, 26, 122.

[63] Dutton sieht einen Einfluß des Volkstums selbst in der Forstwirtschaft. Er schreibt (S. 12): „Die Franzosen verstehen die Kunst der Forstwirtschaft besonders gut. Sie haben eine angeborene Begabung, Bäume malerisch hinzupflanzen". Wir behaupten das allerdings von den Engländern. Vgl. über „deutschen" und „französischen" Wald bei Belfort noch Maas: Geographie und Soziologie, S. 196.

Dorf Cargèse. Das Dorf ist weiß und unterscheidet sich von allen übrigen korsischen Dörfern, sagte mir ein Korse (Bauernleben I, 145); daß die Bewohner früher griechisch sprachen, jetzt auch korsisch, bestätigte mir der dorther stammende Herr Stephanopole, der ganz den griechischen Typ darstellt. Wir lesen in den „Mémoires de la Duchesse d'Abrantès"[64] (I, 28), daß Cargèse 1729 von Griechen besiedelt wurde, die von 1676–1729 eine Kolonie in Paomia, Salogna und Reviuda auf Korsika gebildet hatten, wohin sie die Republik Genua gebracht hatte.

Über das Land vor den Pyrenäen, das Armagnac, hat Joseph de Pesquidoux viel geschrieben. In seinem Buche „Le Livre de Raison" (Paris 1941) gibt er S. 46–55 einen Abriß der Besiedlung des Armagnac Noir. Das Grünsein des französischen Abhanges der Pyrenäen im Gegensatz zum trockenen aragonischen, spanischen schildert er S. 27/28. S. 10 finden wir: „In den Rechnungsbüchern (livres de raison) sieht man die Inkulturnahme der im Gemeindebesitz befindlichen Heiden, die zur Abrundung der Besitzungen angekauft wurden. Diese Inkulturnahme war eine harte Arbeit, damals, als man noch nicht die mächtige Pflugschar von Avignon kannte, vor die man drei Paar Ochsen spannt. Die Eichenstubben müssen entfernt werden, die Hügelchen eingeebnet, die Binsen (thuyas) abgeschnitten, das Feld muß mit der Spitzhacke Ar für Ar umgebrochen werden". Derselbe Joseph de Pesquidoux schrieb 1933 über die Gascogne, von der das Armagnac ja ein Teil ist: „Man lebt hier besonders unabhängig voneinander. Das Land ist übersäet von Métairies, kleinen Anwesen, sozusagen autonomen Inseln. Manchmal sieht man ein castel, umgeben von Hochwald, sogar ein Schloß (château), eine alte Ansammlung von Mauern und massiven Türmen mit nur ganz wenig geneigten Dächern, die nur gegen den Regen gut sind, eine alte und ungeschlachte Behausung inmitten einer großen Besitzung. Die métairie liegt in der Ebene neben einer Quelle, das Schloß auf einem Hügel, um sozusagen die Gegend zusammenzufassen. Es gibt keine Großstädte in der Gascogne, nur einige Städte, von denen keine in den Zeitläuften groß wurde, aber jede ist bemerkenswert, sei es durch die Lage, die Gebäude oder die Geschichte; bei Jahrmärkten kommt zu ihnen für einen Tag eine Menschenflut"[65]. Aber wir lesen weiter in seinem „Livre de Raison" (S. 75): „Saint Mont, dies Dorf des Armagnac, hoch auf einer Anhäufung von Ton und Felsen, mit einer befestigten Kirche am höchsten Punkte, mit Mauern und Terrassen, mit ausgetretenen Gäßlein, die Häuser sind an den Boden wie angeklammert, enge Straßen, die immer weiter aufsteigen, sich kreuzen und schließlich plötzlich aufhören, vor dem klaffenden Abgrund da unten. Zu Cäsars Zeiten gab es hier ein römisches Lager, Bewässerungen, Rodungen. 1150 gründete Bernard Tumaler, Graf

---

[64] Diese Memoiren erschienen zuerst 1831.
[65] A Travers la France, Paris, Journées du Livre, Syndicat des Editeurs, 1933, S. 104.

von Armagnac, hier eine Benediktinerabtei, die bis 1793 bestand, 1659 wurde das Dorf, aber nicht die Abtei von Montgommery verbrannt".

Auch im Cantal, wohin wir noch einmal zurückkehren wollen, war die Frage der Verteidigung die wichtigste bei der Anlage der Siedlungen. Hier lagen die ältesten Siedlungen auf Basaltkuppen oder Vorsprüngen hoch über dem Flusse. Aber dort oben gab es kein Wasser. Sobald die Bedingungen friedlicher wurden, also zu Zeiten der Pax Romana oder später im 8./9. Jh. zogen die Dörfer herab von diesen Höhen nach unten zu den Quellhorizonten oder an die Flüsse. Arpajon an der Cère kam schon zur Römerzeit herab, Aurillac erst zur Zeit des Heiligen Gévaud, aber oben blieb das Schloß St. Etienne. Aber im Cantal war an manchen Orten die alte Besiedlung der Höhen bis ins 19. Jh. beibehalten worden, worauf zwei Aufsätze aufmerksam machen: Abbé André Trin (Revue de la Haute Auvergne XXX, 1944, S. 377 ff.) und Suzanne Sauvan Le Haut Brochaine = Revue de Géographie Alpine 1942, S. 353—354: „Ein gutes Beispiel ist Carlat, eine Basalthöhe, senkrecht nach allen Seiten abfallend", eins der wichtigsten festen Schlösser Südfrankreichs. Andere Beispiele sind Le Dat, Le Dat-Soubeyro, Romesque, Celle. Hoch über dem kleinen Tal des Chevade liegt der Felsen von Chastel-sur-Murat, senkrecht nach allen Seiten abfallend, aber oben eine fast völlig ebene Tafel, eins der ältesten oppida der Hochauvergne. Ein weiteres Beispiel dieser Basalttafeln ist Chastel-Marlhac, das alte Castra Merolhacum, von dem Gregor von Tours spricht"[66]. Hören wir noch L. Bouyssou über die Gegend von Aurillac: „Die Häuser eines mas konnten um einen Rasenplatz (couderc) herum liegen oder nicht und hatten kaum Beziehungen zueinander. Das, was die Einheit des mas ausmachte, war die gemeinsame Benutzung der Quelle oder des Brunnens und die gemeinsamen Weiderechte. Denn in der Hochauvergne ist der mas der direkte Nachkomme des karolingischen mansus und wurde nicht aufgeteilt wie der mas in der Provence oder der meix in Burgund. Früher war es der Sitz einer Sippe. Auf dem Gebiete jeder Parochie trat ein bedeutendes Dorf hervor, oberhalb der boriages und der mas. Die Häuser dieses Dorfes lagen um einen Platz herum, wo die Pfarrkirche stand. 1429 zählte man in den beiden Prévôtés von Aurillac und Maurs 85 Parochien. Die Häuser der boriages und der mas kann man zu dem Typ von A. Demangeon „maison en ordre lâche" zählen (Haus in lockerem Gehöftsverband). Sie waren ebenerdig oder hatten ein Obergeschoß, sie waren aus Steinen und hatten Dächer aus Stroh oder Dachziegeln oder Steinplatten (lauses). Größe einiger Häuser: in Carlat 8,20 mal 7,10 m, in Marmanhac 6,09 x 7,10 m, in Vézac 11,50 x 8,20 m"[67].

---

[66] Die Angaben nach A. Durand: L'unité géologique et géographique des massifs volcaniques des Monts Dores, de Cézallier, du Cantal et de l'Auberac, in Revue de la Haute Auvergne XXX, 1944, 93 ff., hier S. 329.
[67] Revue de la Haute Auvergne XXXI, 1945, S. 60—63.

„Im 15. Jh. bot die Gegend von Aurillac wohl schon dasselbe Bild der Besiedlung wie heute, wenigstens was die Zahl der Wohnplätze angeht, alle Namen der heutigen Orte finden sich schon in den Urkunden von damals. Vielleicht existierten damals noch einige mas mehr als heute, aber auch das ist nicht sicher, da sie vielleicht nur den Namen geändert haben. Das Kennzeichen der Besiedlung ist die starke Zerstreuung, die durch die vielen Quellen begünstigt wird, und durch den Individualismus, die Abwesenheit von Flurzwang usw."[68].

„Ortsnamen wie Chez Martin (was an die Stelle des älteren l'Affar Martin trat) oder La Martinie gehen nicht weiter als ins 17. Jh. zurück[69].

Noch einige ortsnamenkundliche Bemerkungen: Eine Walkmühle heißt Combrador, eine Mahlmühle Segalar (worin seigle = Roggen steckt!), das Wehr einer Mühle heißt Presa oder Payssieyra, der Mühlteich Beal oder Agual. Derartige Orts- und Flurnamen sind also wichtig für das damalige oder heutige Siedlungswesen. Vgl. auch W. Maas „Die Ortsnamenkunde als Hilfswissenschaft der Sozialgeographie" = Bauernleben I, 165—174.

Nach dieser „Reise durch Frankreich"[70] fragen wir uns: Gibt es geologische Gründe für die Lage der Siedlungen? Es gibt sicher hydrogeologische, wie die Zusammenballungen in der Champagne und anderen Kalkgegenden, Zerstreuung auf Basalt, was besonders Vidal de la Blache betonte. Aber dieser fand auch andere geologische Gründe, er schreibt: „Der Kontakt des Lias und des Oolith an den Höhen (côtes) Lothringens und Burgunds, des Muschelkalks und des Buntsandsteins am Rande des Lothringer Plateaus, des Gault und der Kreide im Bray-Gebiet, des Tons und des Basalts in der Auvergne, das sind neben anderen Beispielen Lagen, die von Natur aus bestimmt sind, den Ackerbau zu unterstützen durch Obstgärten, Wiesen, Wälder oder Weiden. Die Gehöfte folgen aufeinander nach denselben Gesetzen wie die Dörfer, die in der Bresse sehr regelmäßig einander ablösen auf den Hügeln und Erhöhungen, wo die Felder liegen, während unten sich die Wiesen befinden"[71]. Er gibt andere Beispiele dafür in den „Principes de géographie humaine" (Paris 1921), S. 177/178. Die grünen Sande des Pariser Beckens sind ein wichtiger Quellhorizont, an den sich besonders in unmittelbarer Nähe von Paris viele Ortschaften halten. Woolbridge und East zitieren eine andere Stelle von Vidal de la Blache: „Es ist ein allgemeines Gesetz, daß menschliche

---
[68] Ebenda, S. 59.
[69] Marcel Juliard in Revue de la Haute Auvergne XXX, 1944, S. 84.
[70] Vgl. noch Maas: Bauernleben I, 18 über die Bresse, I, 14, 21, 37 über die Burgundische Pforte, I, 21 über Les Landes, I, 39, 55—57, 62 über Burgund, I, 23 über die Dombes, I, 20, 21, 104 über das Beaujolais, I, 14 über die mittlere Garonne, Toulouse, I, 9, 10 über das Bas Languedoc, I, 16, 27, 62, 149 über die Provence, I, 149 über Nizza, I, 24 über die Camargue und Crau, I, 25, 110 über die Riviera, I, 28, 124, 126 über Korsika.
[71] Annales de Géographie 1911, S. 296.

Niederlassungen mit Vorliebe die Grenzgebiete verschiedener geologischer Formationen aufsuchen" und sagen dazu: Das ist vielleicht eine zu enge und besondere Art, die Beziehungen festzustellen"[72]. Aber ich glaube, genauso wie die Feststellung von Vidal de la Blache[73], daß in den französischen Alpen, im Jura, in den Cévennen, auf Korsika die Dörfer in bestimmten Höhenstufen liegen, keinen orographischen Determinismus bedeutet, denn diese Höhenstufen sind gleichzeitig Vegetationsstufen (Ölbäume, Kastanien, Walnuß usw.) und damit Wirtschaftsstufen, so ist wohl auch hier die Ausnutzung verschiedener physischer Milieus das Wichtige und der orographische Determinismus nur scheinbar. Dazu ein Wort von A. Demangeon: „Die ländliche Siedlung ist tatsächlich ein Produkt des geographischen Milieus. Aber es wäre zu einfach, diesen Einfluß aufzufassen als direkt durch Boden und Klima gegeben, er wirkt vor allem durch den Menschen, der beim Hausbau darauf aus ist, die Bedürfnisse seines täglichen Lebens zu befriedigen unter den Bedingungen seiner landwirtschaftlichen Arbeit und den Gewohnheiten seines sozialen Milieus. Die Originalität eines Siedlungstyps kommt vor allem von der Anpassung des Hauses an die Art der Landwirtschaft des Gebietes"[74]. Oder 20 Seiten vorher hatte er gesagt: „Die ländliche Siedlung gehört vor allem der Agrarwirtschaft an, in dieser Hinsicht drückt sie wesentlich das geographische Milieu aus"[75]. Oder hören wir den amerikanischen Ethnologen Robert Lowie: „Jede Gesellschaft in der Welt hatte irgend eine Anpassung an das umgebende Milieu vorzunehmen, daher kann keine völlig verstanden werden, ohne daß man diese Umwelt beachtet. Aber wir müssen uns wappnen gegen die allzuvereinfachende und daher irreführende Meinung, daß die geographische Umwelt automatisch eine intelligente Anpassung hervorruft. Das ist ein schwerwiegendes Fehlurteil, denn der Mensch ist keine logische Maschine, sondern macht die entsprechenden Schlußfolgerungen erst nach längerem Sträuben und Pfuscherei"[76]. Jean Brunhes sagte: „Der Boden hat seine Rolle, aber das Volk, welches ißt und sich beschäftigt, hat noch mehr die seinige. Der Mensch tritt in Beziehung mit dem Naturrahmen durch die Tatsachen der Arbeit, durch das Haus, das er baut, das Feld, das er bestellt, den Steinbruch, den er abbaut, und seine Arbeit selbst schafft für ihn Verpflichtungen, Neigungen und Fähigkeiten, die sich in der Geschichte erweisen werden"[77].

---

[72] Wooldridge and East: The Spirit and Purpose of Geography, London 1951, S. 150.
[73] Vidal de la Blache: Principes de Géographie humaine, Paris 1921, 2. Aufl. 1936, S. 178.
[74] Das führt er dann noch etwas weiter aus, Annales de Géographie 1920, S. 374.
[75] Ebenda, S. 354.
[76] R. H. Lowie: An Introduction to Cultural Anthropology, New York 1947, S. 359 (1. Aufl. 1940).
[77] Zitiert von P. Deffontaines, M. Jean-Brunhes-Delamare, P. Bertoquy: Problèmes de Géographie humaine, Paris 1939, S. 48.

Siehe auch noch die diesbezügliche Diskussion in dem Kapitel „Die menschliche Arbeit als Zentralproblem der Anthropogeographie" in Maas „Geographie und Soziologie" (Braunschweig 1958), S. 11 – 25.

Wenn man die Abhängigkeit vom Boden herausstellt, muß man daran denken, daß dieser Boden sich ja durch menschliche Tätigkeit ändert. H. Ormsby sagt: „Da ist wahrscheinlich kein Land auf der Erde, wo der Boden so sehr durch jahrhundertelange menschliche Anstrengung geändert wurde wie in Frankreich" (S. 409).

J.J. Rousseau schrieb schon 1761 in der „Nouvelle Héloise": „Eine erstaunliche Mischung wilder Natur und gezähmter Natur zeigte überall die Hand des Menschen, wo man niemals geglaubt hätte, daß er jemals hingekommen wäre. Neben einer Höhle fand man Häuser, man sah Weintrauben, wo man nur Dornen vermutet hätte, Weinreben in Erdrutschmassen, ausgezeichnetes Obst auf Felsen und Felder in den Abgründen".

Das gilt zwar für die Alpen, kann aber auch auf andere Gebiete des ja so bergigen Frankreichs bezogen werden.

Auf die Frage nach der Größe der Siedlungen in Frankreich antworten wir mit einer Tabelle.

Jahr	Zahl der Siedlungen mit .... Einwohnern				zusammen
	1 – 500	501 – 999	1000 – 1999	über 2000	
1872	16 583	10 807	6 031	2 568	35 989
1881	16 870	10 633	5 899	2 695	36 097
1939	26 932	4 348	4 022	2 722	38 024
1954	23 836	7 594	3 776	2 818	38 024

1872 hatten von den 16 583 Orten mit weniger als 500 Einwohnern 8352 sogar weniger als 300 Einwohner, 1881 hatten von den 16 870 Orten mit weniger als 500 Einwohner 8948 Orte weniger als 300 Einwohner, 1939 hatten von den 26 932 Orten mit unter 500 Einwohnern 15 394 weniger als 300 Einwohner, 1954 hatten von 11 370 Orten mit 501 – 1999 Einwohnern 7594 Orte weniger als 999 Einwohner. 1939 gab es in Frankreich 31 280 Orte mit unter 1000 Einwohnern, 1954 31 406 Orte. Die Orte in Frankreich sind also sehr klein und es besteht Tendenz zum Anwachsen der ganz kleinen Orte infolge der Landflucht.

Andrerseits hatten 1939 von den 2722 Orten mit mehr als 2000 Einwohnern (die also die deutsche Statistik als „Städte" bezeichnen würde) 434 Orte mehr als 10 000 Einwohner, 17 mehr als 100 000. 1954 gab es 2818 Orte mit mehr als 2000 Einwohnern, dabei 459 mit mehr als 10 000, 24 mit mehr als 100 000. Die Verstädterung und Vergroßstädterung nimmt also auch in Frankreich zu. 1939 waren die 17 Großstädte: Paris, Marseille, Lyon, Bordeaux, Nizza, Toulouse, Lille, Nantes, Straßburg, St. Etienne, Le

Havre, Toulon, Rouen, Nancy, Reims, Roubaix, Clermont-Ferrand, 1954 waren noch Grenoble, Rennes, Dijon, Le Mans, Brest, Limoges, Angers hinzugekommen. 1886 hatte Frankreich nur 10 Großstädte, nämlich Paris, Lyon, Marseille, Bordeaux, Lille, Toulouse, Nantes, St. Etienne, Le Havre, Rouen, 1851 nur 5: Paris, Marseille, Lyon, Bordeaux, Rouen, 1821 nur 3: Paris, Lyon, Marseille, 1789 nur Paris und Lyon. Es ist die Industrie, die die Städte hat anwachsen lassen oder anders ausgedrückt die Landflucht... Über Einwohnerzahlen und die infolge des Krieges sich ändernde Reihenfolge 1939 und 1954 siehe Maas, Bauernleben I, 106, 107[78].

Man hat in Frankreich sehr eifrig die Frage der Verteilung der gruppierten Siedlungen, kompakten Dörfer und andrerseits der Streu- oder Einzelsiedlungen studiert. Siehe z. B. die Karte 80 „Dispersion de l'habitat" des Atlas de France.

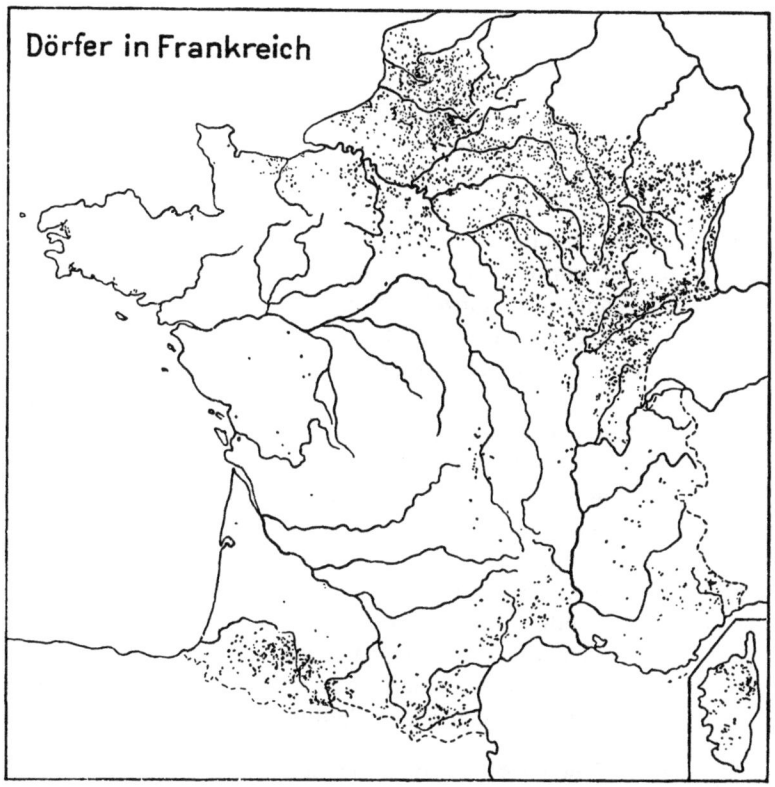

Dieses Schaubild „Karte der Dörfer Frankreichs" entstammt der Buche von Roger Blais: „La Campagne", Paris, Presses Universitaires de France, 1939, S. 57. Es wurde mit dem Blatte 80 des „Atlas de France" verglichen und gibt alle in Frankreich vorhandenen villages agglomérés an. In den übrigen Gebieten gibt es nur Streusiedlungen oder Städte.

Wir sprachen oben von der Kleinheit der Gemeinden, das ist natürlich nicht dasselbe wie die Wohnplätze. Ein Ort kann klein aber kompakt sein, oder groß aber in viele Abbauten zerfallen. Die Karte des Atlas de France ist nach folgender Formel berechnet: Man sucht den Streuungskoeffizienten, dieser kann null sein, dann wohnt die ganze Bevölkerung zusammen, keine Abbauten, 50: die Hälfte der Bevölkerung wohnt in Abbauten, über 50: über die Hälfte. Zieht man eine Linie von der Seinemündung zum Genfer See, so beträgt nordöstlich dieser Linie der Streuungskoeffizient überall weniger als 1%, ja meist weniger als 0,1%, nach der Formel $K = \frac{E \times N}{T}$ wobei K den Streuungskoeffizienten bezeichnet, E die Zahl der Bewohner der Abbauten, N die Zahl der Abbauten, T die Gesamtbevölkerung der Gemeinde.

Nehmen wir einmal den Causse Central de l'Aveyron. Hier lebten 50% der Einwohner in Orten von 1 – 20 Einwohnern, 40% in Orten von 20 – 30 Einwohnern, 10% in Orten mit 30 – 50 Einwohnern, es gab nur zwei größere Dörfer Bezonnes mit 180 Einwohnern, Coucourès mit 160. Aber am Rande des Gebietes nimmt die Agglomeration zu, im Tal des Aveyron leben 56% der Bewohner in Orten mit über 50 Einwohnern, im Tal der Serre 68%. Im Tal der Vézère im Périgord gibt es nur 35 Dörfer (d. h. Orte mit mehr als 13 Häusern), es gibt 180 Weiler (d. h. Orte mit 5 – 12 Häusern), Weiler und Einzelhöfe herrschen vor. Im Gebiet des Ségalas, Lévézou und der Chataigneraie des Zentral-Massivs ist der Weiler mit 4 – 6 Häusern die vorherrschende Siedlungsform[79]. Im Département Lot sind 53% der Wohnplätze Einzelsiedlungen[80]. An der mittleren Garonne herrschen Einzelhöfe vor. Auf der Molasse des Bas Quercy gibt es Weiler (masatgé) von 15 – 20 Häusern. Auf den trockenen und zertalten Plateaus (Gebiet der serres) gibt es auch solche Weiler (sie heißen hier maynés), aber in den großen Tälern gibt es Reihendörfer, wenn auch hier eine fortschreitende Tendenz zur Einzelsiedlung hin besteht[81]. Für Nordfrankreich wird ja oft behauptet, die Einzelsiedlung sei nur ein Ergebnis neuerer agrarischer Entwicklungen. Demgegenüber macht A. Demangeon darauf aufmerksam, daß es alte Einzelhöfe in der Gegend von Mantes an der Seine gibt, wie im Puisaye, im Gâtinais und im Westteil des Pays de Caux. Er sagt an andrer Stelle: „Bei der geographischen Verteilung eines Haustyps gibt es Ursachen, die sich der gegenwärtigen Beobachtung und auch den Gesetzen eines lokalen Determinismus entziehen; um sie zu erklären, muß man ohne Zweifel an historische Bedingungen denken und an Zivili-

---

[78] Zahlen für 1872 und 1881 bei A. de Foville: La France Economique. Paris 1887, S. 16, für 1939 nach der Tribune des Fonctionnaires vom 12. 8. 1939, für 1954 nach R. Kienast (siehe Anm. 1).
[79] Diese Zahlen nach III⁰ Rapport de la Commission de l'Habitat Rural, S. 24 – 26.
[80] Ebenda, S. 30.
[81] Ebenda, S. 31.

sationsströmungen"[82]. Er sah dies also für die Hausformen ein, für die Dorfformen hat er es in seinem Artikel 1939 nicht berücksichtigt, wie wir oben sahen.

J. G. Herder schrieb schon 1781: „Die Geographie ist die Basis der Geschichte und die Geschichte nichts als eine in Bewegung gesetzte Geographie der Zeiten und Völker. Wer eine ohne die andere treibt, versteht keine". Die Sozialgeographie kann sicher der Geschichte nicht entraten, denn was ist eine Landschaft? Nach den Worten des englischen Historikers F. W. Maitland: the most wonderful of all palimpsests, could we but decipher it. (Das herrlichste aller Palimpseste, könnten wir es nur entziffern! Ein Palimpsest = „wiederabgeriebenes" [das ist die wörtliche Bedeutung] und nochmals beschriebenes Pergament, bei dem die frühere Schrift erkennbar gemacht werden kann).

Dieses „Wiedererkennbarmachen" der alten Züge in der Landschaft gehört mit zu unseren Aufgaben. In einem so alten Kulturlande wie Frankreich ist es vor allem notwendig. Gehen wir nun in ein Gebiet, wo die Kultur wesentlich jünger ist, nämlich Polen, und betreiben wir nun historische Sozialgeographie, sehen wir das Polen des 18. Jahrhunderts.

---

[82] Annales de Géographie 1920, S. 275.

Versuch einer Sozialgeographie Polens im 18. Jahrhundert

Wir glauben, in den verschiedenen Kapiteln dieses Buches die gegenseitige Durchdringung und Abhängigkeit geographischer und sozialer Tatbestände gezeigt zu haben. Jean Brunhes unterschied „6 faits humains en géographie", 6 Tatsachenzusammenhänge zwischen Menschen und Umwelt. Hier sind sie:

1. Häuser
2. Wege } unproduktive Bodenbenutzung
3. Felder, Gärten
4. Haustiere und Kulturpflanzen } pflanzliche und tierische Errungenschaften
5. Zerstörung der Tier- und Pflanzenwelt
6. Bergbaubetriebe } Raubwirtschaft

Diese sehr verschiedenartige Ganzheit hat als gemeinsames Band die menschliche Arbeit, und da es sich um die Arbeit gruppierter Menschen handelt, sprechen wir von Sozialgeographie.

Das nachstehende Kapitel will diese Denkweise an konkreten Tatsachen noch einmal zeigen. Wir wählen dazu Polen, aber nicht das gegenwärtige, in vollem Umbruch befindliche, sondern das Polen des 18. Jahrhunderts. Historische Untersuchungen haben uns über die damaligen Lebensformen aufgeklärt. Für Leser, die über Polen nicht gut Bescheid wissen, wiederholen wir hier, daß Polen ein Land war, wo der Adel als absoluter Herrscher regierte, das Bürgertum war praktisch verschwunden, in vielen Städten war es durch die Juden ersetzt worden, die Bauern vegetierten in einem unvorstellbaren Elend dahin. Zitieren wir Voltaire: (Geschichte Karls des Zwölften) „Polen, dies große Land, ist sehr fruchtbar, aber die Bevölkerung ist nicht weniger fleißig. Dies Land, das von schönen Flüssen bewässert wird, ist reich an Weidegebieten, Salzbergwerken und geradezu von Getreideernten bedeckt; aber es bleibt arm trotz seines Überflusses, weil hier das Volk versklavt ist und die Adligen stolze Nichtstuer". Man lese auch, was die „Encyclopédie" über Polen berichtet. Die Klassendiktatur des Adels war ein Unglück für das Land. Man kann in fast allen geographischen Tatsachen, die wir nun studieren wollen, den Niederschlag dieser Verhältnisse sehen.

Unter 18. Jahrhundert sind hier die letzten Jahre vor den polnischen Teilungen 1772, 1793, 1795 zu verstehen.

Die Volksdichte ist ein erstklassiges Thema sozialgeographischer Untersuchungen. Heute wird die Volksdichte meist in Einwohner je qkm ausgedrückt. Aber um dies tun zu können, muß man außer der Oberflächengröße in qkm die Resultate von Volkszählungen haben. Für Polen haben wir keine Angaben über die Volkszahl vor etwa 1780. Die Volksdichte, d. h. die Dichte der Bewohner ist mehr ein Problem der Sozialmorphologie, für die Geographen ist die Siedlungsdichte, d. h. die Dichte der Wohnplätze, wichtiger. Heute kann man diese direkt aus einer guten topographischen Karte ersehen. Die Mapa Polski in 1:100 000 gibt außerdem für jede Siedlung die Zahl der Wohnhäuser an, erlaubt also einen direkten Vergleich. Für das 18. Jahrhundert besitzen wir in Polen Rauchfangregister (die „dymy"), Verzeichnisse der Feuerstellen, welche Büsching z. T. veröffentlichte. Das würde uns die Siedlungsdichte angeben. Die alten Schriftsteller wie Holsche (Geographie von West-, Süd- und Neuostpreußen, Berlin 1800) usw. haben diese Zahlen mit 6 Personen je Herd multipliziert und sind so auf die Zahl der Bewohner gekommen. Dividiert man diese Zahl durch die Anzahl der qkm, welche man durch Ausplanimetrieren alter Karten (z. B. Gilly, „Spezialkarte von Südpreußen", Berlin 1803) erhält, so kommt man auf die Volksdichte in modernem Sinne. Die Sozialgeographie kann dies auch auf andere Weise erreichen. Alle diese Leute aßen Brot. Es haben sich die Steuerregister der Mühlen erhalten. Wenn man diese Mühlen auf einer Karte einträgt (wenn man will, mit konventionellen Zeichen, um die Zahl der Mahlgänge oder die Größen der Mühlen, welche sich aus der Steuerhöhe ergibt, zu zeigen), so sieht man auch die Volksdichte. Aber diese Mühlenkarte zeigt uns noch andere Dinge. Man sieht den Einfluß des Reliefs auf die Wassermühlen: in den Vorkarpathenhügeln und in den Endmoränengebieten gibt es viel mehr von ihnen als in den Ebenen und das wegen des leichter ausnutzbaren Gefälles der Wasserläufe. Andererseits sieht man den Einfluß der Technik: die Windmühle kam nach Polen vom Westen und daher überwiegen diese Mühlen in Westpolen noch im 18. Jahrhundert. Dort findet man Städte wie Rawitsch, Schmiegel usw., welche nach der Legende von 99 Windmühlen umgeben sind. Baut man die hundertste, so brennt der Teufel eine ab, denn sonst wäre es mit seiner Herrschaft vorbei ...

Die große Mehrheit der Bewohner Polens waren Katholiken, die Verteilung der Kirchen gibt also ebenfalls ein gewisses Maß für die Volksdichte, aber hier spielen die historischen Einflüsse eine zu große Rolle, als daß eine Karte der Parochien gut die Volksdichte widerspiegele. In jedem Falle würde eine derartige Karte allerlei zeigen, zumal wenn man die Klöster, die Wallfahrtsorte und die Gotteshäuser anderer Religionen hinzufügen würde. Und alle diese Einzelheiten sind uns für das 18. Jahrhundert und selbst vorher bekannt. Nach der Zahl der Abendmahlsgäste (man könnte dies durch Symbole verschiedener Größe ausdrücken), würde man selbst numerisch die Verbreitung der Katholiken erkennen. Schon Kant, mehr noch Niceforo[1] und andere haben behauptet, daß die Möglichkeiten einer zahlenmäßigen Angabe solche Studien zum Range einer Wissenschaft erheben ...

Die Beschäftigung der sehr großen Mehrheit der Bewohner Polens im 18. Jahrhundert war die Landwirtschaft. Aber es gab andere Berufe, es gab übrigens auch Gegenden, wo es damals keine Landwirtschaft gab, und wo es heute welche gibt, denken wir nur an die großen Wälder. Es ist richtig, es wäre unmöglich, eine Waldkarte von Polen mit einiger Genauigkeit vor dem Ende des 18. Jahrhunderts zu zeichnen und selbst dann, welche Unklarheiten! Aber, selbst wenn man die genauen Grenzen der großen Waldkomplexe nicht kennt, so kennt man doch ungefähr ihre Lage. Welches war der Anblick dieser Wälder?

Heute bildet die Kiefer in den Wojewodschaften Posen und Warschau 4/5 der Bestände, dies war im 18. Jahrhundert nicht der Fall, es gab damals viel mehr Eichen, welche zur Schweinemast dienten. Auch die Zeidlerei (poln. bartnictwo) spielte eine Rolle. Heute gibt es nicht viele Waldblößen, die Wälder sind in rechteckige Jagen geteilt und von vielen Schneisen durchquert. All dies war unbekannt im 18. Jahrhundert, die Blößen waren sehr zahlreich, es gab die Einrichtung der Pustkowien, diese wurden in Ostpreußen, wo sie damals auch häufig waren, Scheffelplätze genannt, denn der Siedler, dem man einen Teil des Waldes zu landwirtschaftlicher Nutzung überlassen hatte, zahlte dafür jährlich eine Pacht von so und so viel Scheffeln. Es gab Wälder, die förmlich durchlöchert waren „wie ein Sieb" infolge dieser Pustkowien. Weiterer Schaden wurde von denen angerichtet, welche noch stehende Bäume verbrannten, um Terpentin daraus zu gewinnen. William Coxe, der um 1770 in Polen reiste[2], beschreibt diese waldverwüstenden Methoden, die in Frankreich unter schwerer Strafe schon seit der berühmten Ordonnance sur les forêts von 1669 verboten waren. Aber „Im alten Polen hat es nie Waldschutz gegeben"[3] (Miklaszewski) und das Sprichwort „Nie było nas, był las, nie będzie nas, będzie las" (Wir waren noch nicht da, der Wald war da; wir werden nicht mehr da sein, der Wald wird noch da sein) zeigt ja deutlich die Indifferenz. Diese Wälder interessieren die Sozialgeographie nicht nur, weil dort keine Landwirtschaft war, sondern auch, weil hier der größte Teil der damaligen Industrie lokalisiert war. Denken wir an die Schmieden. Sie waren aus zwei Gründen in den Wäldern, einmal weil das Holz als Heizmaterial beim Schmelzen der Erze diente, zweitens aber, weil das Frischen in Polen wie in Frankreich und fast überall auch in Deutschland bis zur Mitte des

---

[1] Niceforo: Les indices numériques du progrès, Paris 1921.
[2] William Coxe: Travels into Poland, Russia, Sweden, Denmark. London 1784.
[3] Miklaszewski: Lasy i leśnictwo w Polsce, Warschau 1928.

19. Jahrhunderts mit Holzkohle geschah, nur in Oberschlesien benutzte man seit etwa 1800 den Koks. Wie kann man heute diese seit langem eingegangenen Gewerbebetriebe wiederauffinden? Manchmal besitzen wir noch die Steuerregister für die Hammerwerke. Aber in vielen Fällen ist es die Ortsnamenkunde, die uns helfen kann: Namen wie Hamernia, Kuźnica, Fryszarnia und besonders Huta bezeichnen diese alten Schmiedewerke[4]. Für Huta ist das übrigens nur in Südpolen sicher, in Nordpolen ist dieser Name öfter der Beweis des früheren Bestehens einer Glashütte. Auch diese waren in den Wäldern wegen des Brennholzes und wegen der Pottasche. Über diese muß eine besondere Bemerkung gemacht werden[5]. Wenn man eine Spezialkarte von Mittelpolen betrachtet, sieht man viele Ortsnamen wie Budy, Majdany, Potaźnia, Potaźniki u. ä. Hier übte der Budnik oder Potaźnik, d. h. der Pottaschsieder seine Tätigkeit aus. Gewaltige Mengen von Pottasche wurden seit dem 16. Jahrhundert, besonders aber im 18. Jahrhundert, aus Polen über Danzig und Riga nach Frankreich, England usw. ausgeführt, wo die Pottasche in vielen Industrien gebraucht wurde. Um sich davon zu überzeugen, genügt es, den Artikel „Potasse" in der berühmten Encyclopédie von Diderot und d'Alembert zu lesen. Auf dem einen Blatt Raciąż der Karte von Polen (Mapa Polski) 1:100 000 gibt es 33 Ortsnamen Budy. Über andere waldgewerbliche Namen habe ich in den „Mitteilungen des Institutes für deutsche Ostarbeit in Krakau" 1943 berichtet. Ich habe Rudnik dazu gerechnet, von Ruda = Erz, es gab eine besondere Klasse von Menschen, die Rudnicy, welche Erz, vor allem das Raseneisenerz gewannen; in der Gegend von Częstochowa gibt es freilich auch Sphärosiderite in den dortigen Juraschichten. Dies ist vielleicht der Grund, warum es hier so viele mit Kuźnica (Schmiede) zusammengesetzte Ortsnamen gibt und das seit dem 14. Jahrhundert[6]. Um Pottasche zu gewinnen, wurden ganze Wälder verbrannt. Oft war die Sache damit erledigt, man hat Unland geschaffen, das Pobudach oder Hucisko genannt wurde, Namen, welche anzeigen, daß es dort früher eine Pottaschsiederei, Schmiede oder Glashütte gab. Aber es gab Grundherren, die wollten, daß diese Gebiete nach der Entwaldung auf eine rationellere Art, d. h. landwirtschaftlich, genutzt würden. Damit sind wir bei dem großen Kapitel der Entwaldungen, der Rodungen angekommen. Schon Strabo wußte, daß die schwere Rodearbeit nur von freien Menschen ausgeführt werden kann. Davon gab es im 18. Jahrhundert in Polen sehr wenige und daher kommt es, daß Siedlungsaktionen größeren Stils nur mit Ausländern, mit Deutschen gemacht werden konnten. Diese Siedler wurden Hollendry, Holländer genannt, da die ersten Siedlungsversuche dieser Art im 16. Jahrhundert mit Holländern aus den Niederlanden betrieben worden waren. Ich

---

[4] Vgl. Maas: Géographie et Sociologie, Moulins 1940, S. 12, und Maas: Geographie und Soziologie, Braunschweig 1958, S. 15.
[5] Maas: Deutsche Monatshefte in Polen VII, S. 573–584.
[6] Ebenda.

habe darüber eine ganze Anzahl Artikel, meist auf Deutsch, aber auch auf Französisch und Englisch veröffentlicht, vgl. z. B. „Die Hauländereien, im ehemaligen Polen" = „Deutsche Monatshefte in Polen" VI, 1939 Oktober, S. 149 ff. Man wird vielleicht einwenden, daß es sich hier um Geschichte, nicht um Geographie handele. Nein, diese Dinge hängen stark von den geographischen Gegebenheiten, insbesondere den Böden, ab. In Nord- und Mittelpolen kann man die folgenden Landschaftsformen unterscheiden:

1. Die Hügel der Endmoränen
2. Die sandbedeckten Flächen vor den Endmoränen, die Sander der Geologen
3. Die meist lehmbedeckten Grundmoränenebenen
4. Die Urstromtäler der Eiszeit.

Welches war die Besiedlungsgeschichte dieser verschiedenen Gebiete? In den Ebenen waren die trockneren und wenig bewaldeten Gebiete seit der Jungsteinzeit besiedelt und von dort aus hatte die Besiedlung große Fortschritte gemacht, besonders im Mittelalter in der Form der deutschrechtlichen Dörfer, der villae locatae jure theutonico. Die lehmigen Gebiete waren im allgemeinen um 1350 schon besiedelt, die sandig-lehmigen wurden es zum größten Teile schon bis etwa 1500, es blieben die sandigen Schollen. Die Sander besaßen auch noch keine Bewohner bis etwa 1650, diese Sander waren von ungeheuren Kiefernwäldern bedeckt und sind es zum Teil noch heute. In den kuppigen Endmoränengebieten waren die höheren und damit trockneren Gebiete schon im Mittelalter besiedelt, aber die feuchteren Teile warteten noch auf den Pflug und die Siedler. Eine ähnliche Bemerkung läßt sich auch über die fruchtbaren, aber schwer zu bearbeitenden Böden der Urstromtäler machen, welche außerdem immer unter Hochwassergefahr standen. Hier hatten die Holländer und ihre Nachfolger das Werk der Trockenlegung und Besiedlung bei Danzig um 1530 angefangen, und von dort waren sie die Weichsel aufwärts gegangen: 1564 bei Graudenz, 1600 bei Thorn, 1629 bei Warschau usw. Ähnlich war es in den Tälern der Netze und der Warthe. Eine Karte der Hauländerdörfer zeigt deutlich ihre Abhängigkeit von den feuchten Böden und andererseits von den sehr sandigen Böden. Übrigens, Holländer und ihre Nachfolger, besonders Pommern legen vor allem die Sümpfe der Urstromtäler trocken, während Schlesier die Kiefernwälder roden. Da diese Stämme verschiedene Siedlungsformen haben (Straßendorf und Streusiedlung) zeigt sich ein anderes Problem der Sozialgeographie. Aber die Karte der Hauländerdörfer zeigt noch eine andere soziale Bedingtheit: sie erlaubt, oft mit einer erstaunlichen Genauigkeit, die Grenzen der Starosteien festzulegen, d. h. der Krondomänen, welche auf kurze Zeit Adligen überlassen wurden für ihre Verdienste um König und Staat. In den „Deutschen Monatsheften in Polen" V, 1938, S. 332 – 347 habe ich die drängenden Gründe auseinandergesetzt, warum die Starosten Land mit nichtfronpflichtigen, aber Grundzins zahlenden Bauern besiedelten (infolge der Abnahme des Wertes des Getreides, das von den frondienstpflichtigen Bauern erzeugt wurde). Die Einrichtung der Starosteien war so charakteristisch für das alte Polen, daß sie sich in sozialgeographischen Karten dieses Landes widerspiegeln mußte. Im Mittelalter hätten die Starosteien sich auf einer Karte der Schlösser und Burgen widergespiegelt, im 18. Jahrhundert waren es die Hauländereien, die sie widerspiegelten. Es wäre übrigens falsch, zu glauben, die Deutschen hätten in Polen ein Rodemonopol innegehabt.

Viele Polen heißen Nowak (was man mit Neumann übersetzen könnte). Ihre Ahnen wurden von den Grundherrn angesetzt, um Neuland, Nowiny zu schaffen, welches Wort sich auch ziemlich häufig als Ortsname findet. Aber es gab einen Unterschied zwischen dieser polnischen Rodearbeit und der der Deutschen: die erste erfolgte um bestehende Dörfer, deren Nährfläche sie erweiterte, während die andere neue Dörfer gründete und deswegen hat sie in den Archiven und auf den Karten viel mehr Spuren hinterlassen. Ortsnamen wie Nowiny, Nowerole, Wyrobki, Karczunki usw. geben alte Weiler an, die, besonders im 19. Jahrhundert, Dörfer geworden sind[7].

Wenn man heute im Flugzeug reist, so ist der stärkste Eindruck, den die Landschaft unter einem hervorruft, der des Wegenetzes. Davon war im Polen des 18. Jahrhunderts so gut wie keine Rede, es gab keine Kunststraßen oder auch nur gepflasterte Straßen. Aber eine Bemerkung muß gemacht werden über die Wege, auf denen die Ochsen von Podolien bis nach Mitteldeutschland (z. B. den Markt in Buttstädt) getrieben wurden. Damit diese Ochsen auf den Märkten nicht völlig erschöpft und nicht abgemagert ankamen, fütterte und tränkte man sie an bestimmten Orten, ja sorgte für ihre Unterkunft. Die „Trakty", wie diese Wege hießen, waren sehr breit und stellten eine Belastung der Bevölkerung dar, den Cañadas oder Schaftriebewegen der Mesta in Spanien vergleichbar, beide Wegesysteme waren der Ausdruck des Willens eines allmächtigen Adels in der Landschaft. Ich glaube, man würde in den Archiven die nötigen Einzelangaben finden, um den genauen Verlauf dieser Wege auf Karten eintragen zu können, letztes Ziel aller Geographie.

Heutzutage würde die Landwirtschaft viele sozialgeographische Karten liefern. Z. B. schon die Frage des Grundbesitzes: großer, mittlerer, kleiner. Im 18. Jahrhundert in Polen existierte diese Frage nicht oder vielmehr sie hatte ein ganz anderes Aussehen, es gab sicher verschiedene Arten von

---

[7] Vgl. Maas: Noms de villages polonais indiquant le défrichement, in Géographie et Sociologie, S. 37–40. „Polnische Ortsnamen, die auf Rodung deuten" in Maas „Bauernleben in Mittel-, Nord- und Osteuropa", Braunschweig 1960, S. 85–87.

Eigentum: der König besaß seine Güter nach anderem Recht als die Kirche die ihren, wieder anders als der Adel, Herr des weitaus größten Teils des Grund und Bodens. Und tatsächlich, wenn auch nicht juristisch, war das Eigentum etwas anderes für die großen Magnatenfamilien als für die kleinen Krautjunker. Es gab außerdem selbst noch im 18. Jahrhundert einige Ländereien, die Bauern gehörten oder vielmehr einer bevorrechtigten Schicht unter diesen: einigen Schulzen (Sculteti) und „wybrańcy" besaßen Land erbeigentümlich, gewöhnlich auf Grund einer Einkaufsgebühr (die manchmal beim Wechsel des Herrn durch Verkauf oder Erbgang neu bezahlt werden mußte). Aber diese Ausnahmen waren winzig und selbst auf Karten großen Maßstabes könnte man sie nicht darstellen. Die „Holländer" hatten ihr Land jure emphyteutico (eine Art Pachtrecht) und das entweder mit Erbrecht oder für eine gewisse Zeitspanne, welche für die wirklichen Holländer an der Weichsel gewöhnlich 40 Jahre betrug. Die große Masse der Bauern besaß nichts, weder Land noch Haus noch Möbel, selbst der Holzlöffel, mit dem der Bauer seine Krautsuppe aß, gehörte dem Herrn und mußte beim Weggang des Bauern abgeliefert werden. Und um die Mitte des 18. Jahrhunderts war etwa der Höhepunkt der stets ansteigenden Kurve des Ersatzes selbständiger Bauern durch Häusler, hortulani, einfache Tagelöhner erreicht, deren gesamte Tätigkeit vom Herrn befohlen und geleitet war. Czacki hat bereits im 18. Jahrhundert festgestellt, daß dieser Ersatz, dieses Größerwerden der Fron, zuerst und am schnellsten da stattfand, wo man nahe der Weichsel (und ihrer Nebenflüsse) war und daher eine leichte Ausfuhrmöglichkeit von Getreide über Danzig hatte. Diese Bemerkung ist durchaus richtig, aber um 1750 gab es wahrscheinlich in ganz Polen westlich der Weichsel keine freien polnischen Bauern mehr, und die Ausfuhrmöglichkeit hatte zur Folge die Schaffung von neuen Rittergütern (Praedia) auf Gebiet, das bisher nicht von Bauern bewirtschaftet worden war (so entstanden nämlich überall die Rittergüter seit dem 16. Jahrhundert) sondern auf Neuland, in den Kiefernwäldern. Dies war z. B. da der Fall, wo Großpolen, Pommern und die Neumark zusammenstießen, an der Netze, der Küddow und der Drage. Die dazu notwendigen Arbeiter kamen aus Hinterpommern, wo die Adligen zu starke Fron verlangten.

Befassen wir uns nun mit dem Landschaftsbild, welches durch die Art der damaligen Landwirtschaft geschaffen wurde. Wenn wir heute im Flugzeug dahin fliegen, so sehen wir, daß die Landschaft unter uns einem Teppich gleicht, aus vielen bunten Tuchstückchen zusammengesetzt, wie solche vor einiger Zeit Mode waren. Denn hier ist z. B. ein goldenes Weizenfeld, daneben ein hellgrünes Rübenfeld, eins das rot und grün ist wegen des dort wachsenden Klees usw. Wenn man im 18. Jahrhundert im Flugzeug über die Felder hätte dahinfliegen können, hätte man nichts dergleichen gesehen. Neben jedem Dorfe befanden sich drei große Felder (oder 6, 9,

12 usw.), eins war braun, die Brache, eins golden, der Roggen (im größten Teil Polens; Weizen wurde nur auf den besten Böden im Süden angebaut), eins grün mit Bohnen, Erbsen usw. Manchmal etwas Flachs oder Hanf. Diese verschiedenen Gewanne waren von Unland umgeben, denn, und das ist wichtig, nicht die gesamte anbaufähige Fläche jeden Dorfes war wirklich bestellt, wenigstens nicht dauernd, und das noch um 1750. Dies System der drei Gewanne, die Dreifelderwirtschaft, erstreckte sich von Großpolen über Kujavien und Masovien nach Podlachien, von Schlesien über das kleinpolnische Hügelland bis in die Karpathentäler, d. h. über das Gebiet, welches die mittelalterliche Kolonisation erreicht hatte. Weiter östlich gab es im 18. Jahrhundert noch ältere Wirtschaftsformen, die z. B. das Buch von Rozdólski über die Feldgemeinschaft in Ostgalizien[8] oder die Studien von Łowmiański über Litauen[9] behandeln. Fruchtfolgewirtschaft gab es noch gar nicht, keinen Klee, Lupinen und die verschiedenen Futterkräuter. Übrigens auch keine Kartoffeln und keine Zuckerrüben. Der Anblick der Landschaft war also sehr gleichmäßig, um nicht zu sagen eintönig[10]. In den Wäldern bildeten die Dörfer mit ihrer Umrahmung von Feldern und Unland Kulturinseln. Die Brücher waren erst zum kleinsten Teile angegriffen, im Südosten herrschte die wirkliche Grassteppe als absoluter Herr.

Die Formen der Dörfer in Polen wurden von Zaborski meisterhaft geschildert[11]. Im Großen und Ganzen bestanden dieselben Formen auch schon vor zwei Jahrhunderten, die Bevölkerung war weniger dicht, also gab es weniger Dörfer und fast überall kleinere Dörfer. Aber es gibt heute einige Siedlungstypen, die es damals nicht gab. Da ist in erster Linie das Reihendorf zu nennen, also ein Dorf, dessen Häuser alle auf einer Seite der Straße stehen, welche selber mathematisch genau gezogen ist. Denn es waren die preußischen Ingenieure, welche diese Siedlungsart nach 1793 in Polen einführten. Dieser Typus wurde dann von den Polen adoptiert und besonders nach 1864 weit verbreitet. Das moderne Straßendorf, welches sich vom Reihendorf dadurch unterscheidet, daß die Häuser zu beiden Seiten der Straße stehen, fand man auch kaum im 18. Jahrhundert. Die Streusiedlung gab es bei den Litauern und in einigen Holländereien; bei wirklichen Polen gibt es sie erst seit der Mitte des 19. Jahrhunderts, mit der Ausnahme einiger weniger Fälle in den Karpathen, wo physiogeographische Ursachen Einzelsiedlungen bedingen. Die Häuser dieser Dörfer waren in fast ganz Polen aus Holz und mit Stroh gedeckt, in Kujavien und einigen anderen holzarmen Gegenden benutzte man Stampflehm, in

---

[8] Rozdólski: Wspólnota gminna b. Galicji wschodniej i jej zanik, Lemberg 1936.
[9] Łowmiański: Studja nad początkiem społeczeństwa i państwa litewskiego,
[10] Vgl. Maas: Wandlungen im Anblick der Bromberger Kulturlandschaft, in Deutsche Monatshefte VII, 343–352.
[11] Zaborski: Kształty wsi w Polsce i ich rozmieszczenie, Krakau 1927.

Podolien gab es Lehmhütten, in den Karpathen einige Steinhäuser. Ziegelbauten sah man nur in den Städten und manchmal als Adelsschlösser[12].

Aber unser Bild Polens im 18. Jahrhundert wäre nicht vollständig, wenn wir nicht davon sprächen, daß Polen nicht nur von Polen, sondern auch von anderen Nationalitäten bewohnt war. Diese verschiedenen Volkstümer hatten verschiedene Siedlungs-, Wirtschafts-, Lebensformen, welche sich in der Landschaft widerspiegelten. Die Sozialgeographie muß sich also damit befassen. Im Westen gab es Deutsche in den Hauländereien und in den Städten. Ebenfalls in den Städten gab es die Ghettos der Juden. Aber die Juden lebten als Herbergswirte und als Angestellte des Adels auch auf dem Lande, besonders im Süden und im Osten. Im Nordosten gab es Litauer und Weißruthenen, ja sogar Tataren, im Südosten Ukrainer und in einigen Städten Armenier. Lemberg besaß drei Erzbischöfe: einen römisch-katholischen, einen griechisch-katholischen, einen armenisch-katholischen. Die drei Kathedralen spielten eine Rolle im Landschaftsbild, gehören also zur Sozialgeographie. Wir hatten gesehen, daß die Verteilung der Hauländereien zum Teil durch die gewisser Böden zu erklären ist. Es gibt ein anderes Beispiel, wo die Verbreitung oder Ausdehnung eines physiogeographischen Elements eine Verbreitung oder Ausdehnung eines soziologischen Elementes bedingt. Nördlich von Lemberg liegt die ukrainisch-polnische Sprachgrenze östlich vom Bug, während in den Karpathen die Ukrainer, und zwar die Stämme der Bojken und Lemken, weit nach Westen reichen. Dies kommt von der Tatsache, daß diese Stämme Hirten waren, welche den Almen der Karpathen folgten und so nach Westen gingen, während die polnische landwirtschaftliche Kolonisation dem Löss in den Vorkarpathen folgte und so nach Osten vorstieß[13]. Und so erklärt sich die heutige Sprachgrenze, deren Verlauf rätselhaft erscheint. Das ist ein neues Beispiel der innigen Durchdringung natürlicher und sozialer Faktoren, welche überall das europäische Landschaftsbild charakterisiert. Und Polen gehört dazu trotz allen Geredes. Östlich davon, ja, da fängt eine andere Welt an — [14].

Gehen wir nun an den anderen Rand Europas und betrachten wir die Dörfer Englands, ihr Aussehen, ihre Formen, ihre Verbreitung.

---

[12] Vgl. Sochaniewiczówna, in Czasopismo geograficzne 1928, S. 86—96.
[13] Maas: La Pologne 1934, XV, 330—334.
[14] Dies Kapitel erschien in meinem Buche „Zur Siedlungskunde des Warthe-Weichsellandes", Marburg 1961, S. 11—18.

Englische Dörfer

Es gibt ein Land, in dem sehr enge Beziehungen zwischen der Geologie und dem Baumaterial der Bauernhäuser bestehen. Dies Land ist England. Aber wir müssen vor geographischem Materialismus warnen: der Bauer war nicht gezwungen, die Steine seiner Nachbarschaft zum Hausbau zu verwenden, wenn er die Mittel dazu hatte, konnte er bessere Steine von weiter weg holen, da wo z. B. Flüsse als Transportwege vorhanden waren. Andrerseits, falls er aus irgendeinem Grunde den Stein an Ort und Stelle nicht verwenden wollte, konnte er fast überall in England sein Haus errichten aus Holz oder Ziegeln oder einer Mischung beider und noch anderer Dinge. Es ist freilich wahr, daß in der Mehrzahl der Fälle die Bauern den örtlichen Stein verwandten. Daher kann man aus einer geologischen Karte sehen, was wir als Baumaterial zu erwarten haben, wenn wir auf einer Autofahrt durch England in ein Dorf kommen, oder umgekehrt, die Steine, die wir in einem Orte oft als Baumaterial verwandt finden, geben uns einen Hinweis darauf, in welche geologische Zone wir gekommen sind.

Betrachten wir nun eine geologische Karte Englands (wir sprechen hier weder von Wales noch von Schottland). Im Norden, d. h. in Nordwest-Yorkshire, Ost-Lancashire bis herunter zum Peak Distrikt in Derbyshire sind wir (kleine Gebiete von Sandstein und Granit ausgenommen) in der Zone des Kalksteins (auf der Karte Schraffur 1, d. h. weiß) der Karbonformation (carboniferous limestone). Er ist grau, manchmal rötlich oder braun, er spaltet leicht in zähe Blöcke. Die Wände der Bauernhäuser werden daraus gemacht und das Dach mit Schiefer gedeckt. Diese Häuser sehen etwas düster und ungeschlacht aus. Gehen wir weiter, so kommen wir in eine Zone (Schraffur 2), zu der West-Lancashire, Cheshire, Nord-Shropshire, die NW Midlands, Nottinghamshire und Teile von Yorkshire und Lincolnshire gehören. Die vorherrschenden Gesteine sind Sandstein, Mergel und der sog. millstone grit, ein sehr harter Sandstein, der früher zu Mühlsteinen benutzt wurde. Rote und graue Sandsteine wurden häufig zum Bau im nördlichen Teile dieser Zone benutzt, besonders in Derbyshire, Cheshire, Nottinghamshire. Weiter südlich überwiegt Holzbau besonders als Fachwerk mit Ausfüllung der Fächer mit Ziegeln oder Steinen. Der millstone grit liegt häufig unter Heideflächen (moorlands), weswegen er auch moorstone genannt wird, er entspricht dem Eisenstein. Wenn er als Baustein verwandt wird, erinnern die Häuser an solche aus Karbon-Kalkstein, von denen wir oben sprachen. Die nächste Zone (Schraffur 3) er-

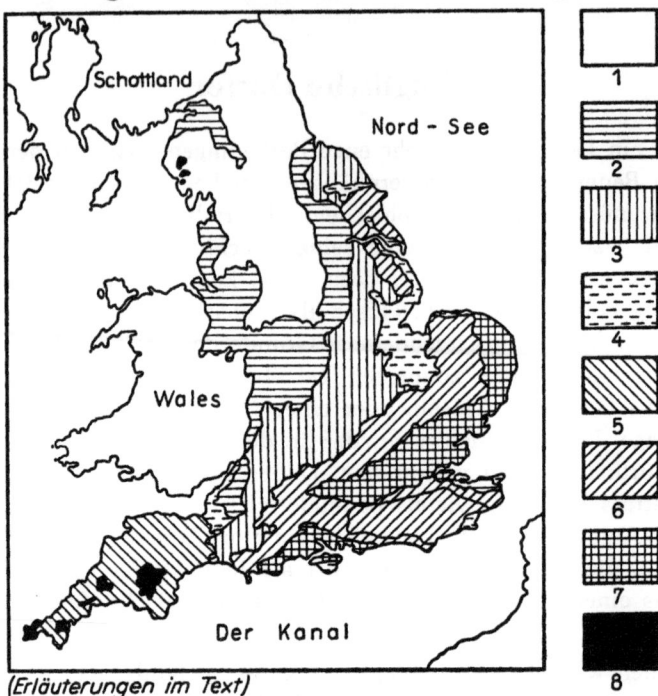

Geologie u. Baumaterial in England

(Erläuterungen im Text)

Dieses Schaubild „Geologie und Baumaterial in England" entstammt dem Buche von Victor Bonham-Carter: „The English village", Harmondworth, Penguin Books, 1952, S. 104/105.

streckt sich von Ost-Yorkshire quer durch Zentral-England nach Gloucestershire, von dort nach Süden nach Purbeck in Dorsetshire. Wenn wir den grauen Karbon-Kalkstein der Mendip Hills südlich von Bristol ausnehmen, dann ist die ganze Zone das Gebiet des Oolith- und Lias-Kalksteins. Der erste ist ein weicher heller Stein, der, dem Wetter ausgesetzt, hart wird und „reift" und den Häusern der Cotswolds ihre Schönheit verleiht. Im Nordosten ist der Kalkstein verbunden mit Eisenerzen und anderen harten Gesteinen, was man im Hausbau in dunkleren und düsteren Farben sieht, aber der Struktur nach sind diese Steinhäuser dieselben wie die in den Cotswolds. Die nächste Zone (Schraffur 6) ist die der Kreide. Es gibt zwei Exklaven nördlich und südlich des Flusses Humber und dann von Nord-Norfolk durch die Chiltern nach Berkshire, Hampshire und Dorset. Aber dann geht die Kreide nach Osten, bildet die Downs, bis nach Kent, wo sie das Tongebiet des Weald umschließt. In Wiltshire und Berkshire finden wir die „sarsens", d. h. große Sandsteinblöcke, die bei der Erosion übrig geblieben sind. Sie sind sehr nützlich als Fundamente,

Ecksteine, Fensterstürze usw. Wir können sie in vielen älteren Bauernhäusern und Scheunen sehen. Das Bedachungsmaterial in der Kreidezone ist Stroh oder in Norfolk Schilf. Der Ton des Weald (dies Wort ist mit Wald verwandt) war bis vor kurzem von großen Wäldern bedeckt. Daher sehen wir hier Fachwerk oder Ziegelhäuser mit Dachziegeln oder -pfannen. Das Baumaterial ist Kreide und oft sehen wir abwechselnde Schichten von Flint (Feuerstein) und Kreide oder nur Flint, wie in Teilen von Sussex. Zu dieser Zone gehört auch der Süden der Insel Wight.

Die nächste Zone (Schraffur 7) wird durch die Kreidezone durchschnitten, im Süden sind beide Seiten des Southampton Water und der Norden der Insel Wight getrennt von ähnlichen Gebieten, die von Nordost-Norfolk und Suffolk südwärts nach Essex, London, Middlesex und Nord-Kent verlaufen. Hier finden wir Ton, Sand und Kies, die früher bewaldet waren. So sehen wir viel Holz und Fachwerkbauten, aber die Verschiedenheiten des Gebrauchs und der Technik sind groß. Das vorherrschende Material ist freilich Fachwerk. Daß London selber seit langer Zeit sein Baumaterial einführte, ist ein Beweis für das, was wir oben über die Freiheit des menschlichen Willens in dieser Hinsicht sagten. Aber schließlich ist London kein Dorf und wir sprechen hier von Bauernhäusern, die wir noch in alter Tradition in den Ost-Grafschaften sehen können, wo Bemalung und Tünche und Kalkbewurf sowohl zur Dekorierung wie zum Wetterschutz sichtbar sind. Das Fennland-Gebiet (Schraffur 4) in Yorkshire, Lincolnshire, Cambridgeshire, Norfolk, Somerset und die Romney Marsh hatten kein eigenes Baumaterial, das einfachste war hier, Ziegel und Dachziegel zu importieren. Wir wollen nun über Somerset, Devonshire und Cornwall sprechen (Schraffur 5). Hier treten sehr verschiedene Gesteine an die Oberfläche. In West-Somerset und Ost-Devon findet man rote Sandsteine, woraus warmfarbige Häuser gebaut werden. In Exmoor und an der Küste von Nord-Devon erscheinen diese Farben nur selten. Weiter südlich gibt es den Karbon-Kalkstein und stellenweise Granit (Schraffur 8, d. h. schwarz), z. B. in Dartmoor und in Cornwall. Granit wird oft als Baumaterial verwandt. Die Gegend ist reich an Schiefer, der oft zum Dachdecken dient. Aber hier sehen wir häufig auch den Einfluß modernerer Bauweisen, die hierher „übers Meer" kommen. (Diese Angaben sind teilweise nach V. Bonham-Carter[1] gemacht). V. Bonham-Carter behandelt auch die Formen der englischen Dörfer. Er unterscheidet street villages (Straßendörfer) und square villages (Platzdörfer). Square heißt eigentlich Quadrat, aber er betont, daß bei der Bezeichnung square village das Wort square nicht mathematisch zu verstehen ist: „Der square hat viele Abarten, in Wirklichkeit jede Anordnung von Gebäuden, die an mehr als einer Seite eines offenen Platzes stehen, kann so genannt werden. Daher

---

[1] Victor Bonham-Carter: The English Village, Harmondsworth 1952.

können dreieckige, rechteckige, längliche Formen gefunden werden, die große Masse der Dörfer umschließt einen Anger (village green), einen Teich oder einen Marktplatz"[2]. Er gibt als Beispiele den Plan von Coxwold in Yorkshire, einem Straßendorf, und den von Heighington in Durham, einem Platzdorf.

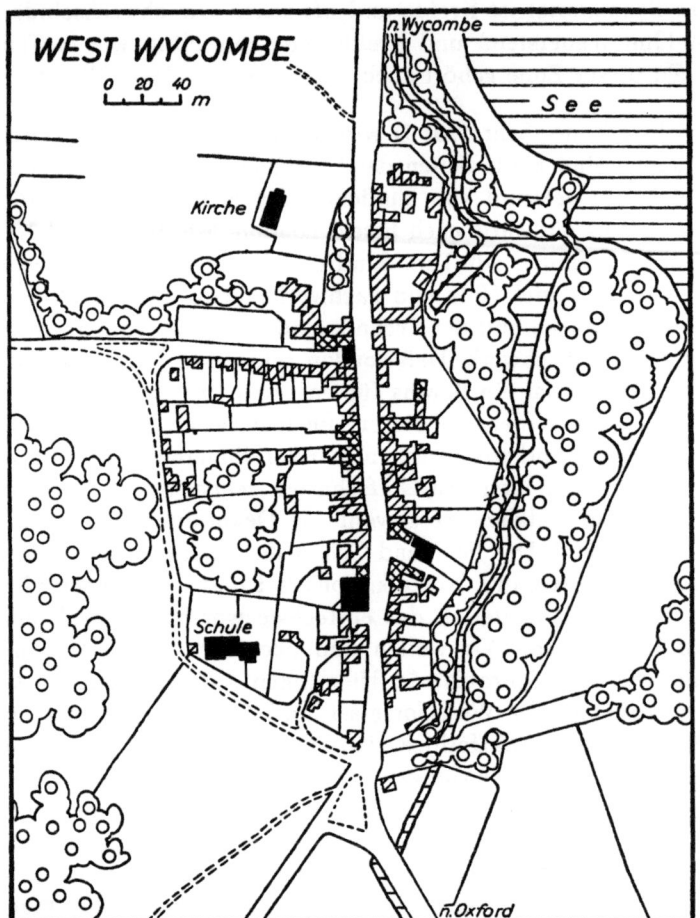

Dieses Schaubild „Plan von West Wycombe" entstammt dem Buche von Thomas Sharp: „The Anatomy of the village", Harmondsworth, Penguin Books, 1946, S. 7.

Denselben Unterschied macht Thomas Sharp[3], er nennt die Dörfer road side village und squared village, aber auch er unterstreicht, daß der square „unregelmäßig sein kann, dreieckig oder von irgendeiner Form"[4] und er

---

[2] Ebenda, S. 101.
[3] Thomas Sharp: The Anatomy of the Village, Harmondswort 1946.
[4] Ebenda, S. 7.

betont mit Recht „Und während es viele Dörfer gibt, die reine Beispiele des einen oder des anderen Typs sind, gibt es natürlich auch tausende, die in etwas zu jedem Typ gehören"[4]. „Das Straßendorf ist viel häufiger als das Platzdorf. Es besteht vielfach aus einer Reihe von Gebäuden, Wohnhäusern, Läden, Gasthäusern und anderen, die mehr oder weniger geordnet nebeneinander stehen. Im allgemeinen liegt es an einer Weggabelung und zieht sich ein wenig an beiden Wegen entlang, aber es mag eine einfache Reihe an nur einem Wege sein. Der Weg oder die Straße mag im Dorf ein wenig breiter werden, um ein Stück Rasen (green) zu umschließen oder ein gepflastertes Gebiet, wo Marktstände sind, einer oder zwei, oder auch ein paar Wagen stehen. Wenn dieser zentrale Platz eine erhebliche Breite erreicht, so ist es schwer zu sagen, ob ein Dorf zum Straßendorftyp oder zum Platzdorftyp gehört"[4]. „Das Straßendorf ist relativ kurz. Es mußte so sein, denn das Land rings herum konnte nur eine bestimmte Zahl von Menschen ernähren, die Bewohner waren im wesentlichen Landleute. So war nicht nur die Länge jeden Dorfes mehr oder weniger fest bestimmt, sondern da war auch notwendigerweise eine ziemlich große Entfernung von einem Dorfe bis zum nächsten"[5].

Er gibt die Pläne der folgenden Straßendörfer: Coxwold in Yorkshire[6], West Wycombe in Buckinghamshire[7], Castle Acre in Norfolk, Shincliffe in Durham, Kimbolton in Huntingdonshire und als Übergang zum Platzdorf die Pläne von Thaxted in Essex, Clare in Suffolk, Sherston in Wiltshire.

„Obwohl der allgemeine Charakter des natürlich gewachsenen Platzdorfes so unregelmäßig (informal) sein mag wie der des Straßendorfes, da seine Gebäude im allgemeinen ebensowenig vorherbestimmte (studied) Beziehungen zueinander haben, so spricht der einfachere und leichter verständliche Plan dieses Dorfes die Imagination unmittelbarer an. Unregelmäßig in den Einzelheiten, hat es doch eine leicht erkennbare und bemerkenswerte Form im Ganzen. Und diese Form mag nicht nur für das Auge befriedigend sein, sie gibt auch klarer einen Begriff davon, daß das Dorf das Heim einer Gemeinschaft ist"[8]. „Das Platzdorf kann praktisch jede beliebige Form haben und es ist sicher unregelmäßig, falls es das Ergebnis natürlichen Wachstums ist. Wieder, wie bei den Straßendörfern, haben die Straßen, ihre Lage und Anordnung, einen erheblichen Einfluß auf die allgemeine Anlage"[8]. „Die Platzdörfer der Midlands und Südenglands sind im allgemeinen unregelmäßiger und weniger einfach als die des Nordens. Sie sind tatsächlich meist eine Mischung von Platzdörfern und Straßendörfern und erscheinen meistens in Verbindung mit einem großen

---

[5] Ebenda, S. 9.
[6] Eine Abbildung bringt H. Pakington: English Villages and Hamlets, London 1934, auf S. 105.
[7] Dies Dorf bildet das Titelbild des Buches von Pakington.
[8] Sharp, S. 12.

Gebäude; eine platzartige Erscheinung an den Toren eines Schlosses oder Landgutes ist sehr häufig der Beginn, während Häuser sich dann an den sich nähernden Straßen entlang ziehen. Aber viele der nördlichen Dörfer sind einfach und klar in ihrer Form, ein wirkliches und oft regelmäßiges Rechteck oder fast ein Quadrat, mit wenig äußerem Anwachs, obwohl sie manchmal ein System von Umgehungswegen (bye-pass) um sich herum haben. Sie finden sich vor allem in den Grenzgrafschaften, Durham ist reich an besonders guten Beispielen, und ihre Form kommt ohne Zweifel teilweise von den Verteidigungsbedingungen – denn sie bilden eine Art Befestigung (stockade), in welche Schafe und Rindvieh in der Zeit von Grenzraubzügen getrieben werden konnten – und teilweise von einer Marktfunktion, die in meisten Fällen seit langem verschwunden ist"[9].

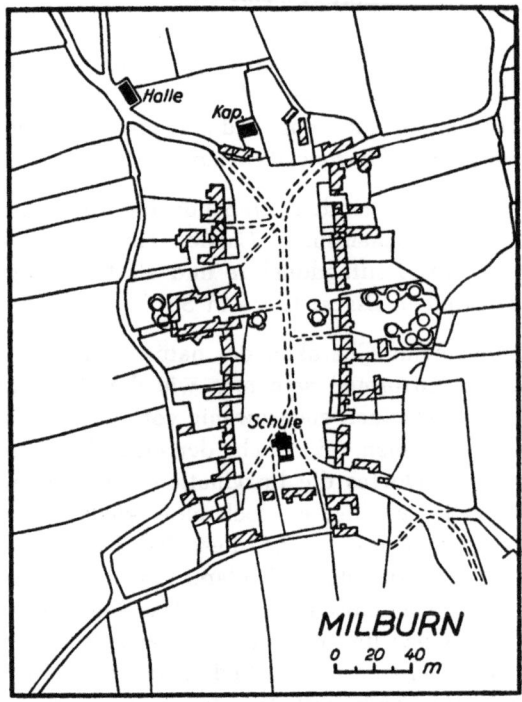

Dieses Schaubild „Plan von Milburn" entstammt dem beim vorangehenden Schaubild genannten Buche, S. 17.

Er gibt die folgenden Pläne von Platzdörfern:

Gainford in Durham, Platz oder Anger (green) fast fünfeckig,
Finchingfield in Essex, Platz oder Anger (green) fast dreieckig,
Milburn in Westmoreland, Platz oder Anger (green) rechteckig,
Heighington in Durham[10], Platz oder Anger (green) unregelmäßig rechteckig,

---

[9] Ebenda, S. 14.

Coneystorpe in Yorkshire, Platz oder Anger (green) rechteckig,
Writtle in Essex, Platz oder Anger (green) dreieckig,
Wickham in Hampshire, hier gibt es keinen Anger, aber zwei Häuserreihen liegen einander gegenüber mit einem schmalen rechteckigen Platz dazwischen. Es könnte also ein Übergang zum Straßendorf sein.

Dasselbe gilt für Chilham in Kent, aber das ist ein Dorf auf einem Hügelgipfel (hill top village)[11].

Sharp verwendet mehrere Male das Wort „natürliches Wachstum", denn er betont (und er faßt sie zu einem besonderen Typus zusammen), daß es Dörfer gibt ohne natürliches Wachstum, denn sie sind begründet, sie sind geplant. Wir werden sofort Beispiele geben, aber zitieren wir ihn vorher noch einmal: „Die meisten unserer geplanten Dörfer wurden im 18. und beginnenden 19. Jahrhundert erbaut, d. h. zu einer Zeit, als der größte Teil der Architektur mehr oder minder ‚formal' (regelmäßig) war. Einige von ihnen wurden gebaut im Zusammenhang mit einem großen Gebäude und wurden an Parktoren errichtet, welche das beherrschende Zentralmotiv des Plans darstellen. Andere nahmen ihren Ursprung bei der Landgewinnung oder bei Besiedlungsprojekten oder bei dem Ausbau eines kleinen Hafens oder eines anderen Werkes dieser Art. Alle wurden unter der Leitung eines Mannes oder einer Körperschaft gebaut, ein Großgrundbesitzer, der seine Gutsleute ansiedelte, ein früher Industrialist oder eine kleine Gruppe von Industrieleuten, die ihre Arbeiter unterbringen wollten. Die Pläne sind alle einfach und klar und sie gehören meist zum Platzdorftyp. Aber obwohl sie regelmäßiger sind als die natürlich gewachsenen Dörfer, so sind diese geplanten Dörfer im Schlußeffekt doch durchaus innerhalb der Strömungen der englischen Dorftradition"[12].

Hier einige Beispiele, bei denen Sharp sowohl den Plan als auch eine Ansicht bietet, deren Vergleich äußerst instruktiv ist:

Milton Abbas in Dorset, ein Straßendorf, das um 1786 erbaut wurde.
Harewood in Yorkshire, ein Übergang vom Straßen- zum Platzdorf, 1760 an Parktoren errichtet.

Blanchland in Northumberland, in der 2. Hälfte des 18. Jahrhunderts erbaut, um Arbeiter für die Bleibergwerke in den umliegenden Heidegebieten unterzubringen, ein Platzdorf[13].

Lowther in Westmoreland, geplant und erbaut um 1682, blieb aber unvollständig, Platzdorftyp[14].

---
[10] Auch Bonham-Carter bringt den Plan dieses Dorfes.
[11] Pakington gibt auf S. 11 ein Bild dieses Dorfes.
[12] Sharp, S. 22.
[13] Pakington gibt eine Abbildung, Fig. 13.
[14] Auf dies Dorf beziehen sich die Abb. 18 und 131 bei Pakington.

Da England ein Teil einer Insel ist, sollte man erwarten, etwas Besonderes über die Dörfer am Meere zu finden. Heute würden die Städteplaner und Raumordner besonders an die Sommerfrischler denken und versuchen, von der Aussicht auf das Meer den größten Nutzen zu ziehen. Das war früher keineswegs so. „Es mag nach den Plänen dieser Dörfer fast so scheinen, als ob sich ihre Häuser absichtlich weigerten, die Existenz dieses großen Naturelementes so nah bei ihren Türen anzuerkennen. Die Häuser stehen meist rückwärts zum Meere oder verstecken sich richtig im Schutze eines Kliffs. Diese anscheinend fehlende Anerkennung ist in Wirklichkeit eine Anerkennung einer sehr ehrfürchtigen Art: eine Anerkennung, daß die Lage direkt gegenüber einem Elemente, das in den wenigen ruhigen Sommermonaten wohltuend erscheint, sehr wenig befriedigend sein kann in den stürmischen Tagen, die den größten Teil des Jahres zu herrschen pflegen. Die Häuser eines Fischerdorfes drängen sich ganz eng zusammen in engen gewundenen Straßen, um sich gegenseitig zu wärmen und zu schützen. Schließlich war Schutz auch der Hauptzweck des kleinen Hafens, zu dem sie gehören, und dieser Schutz wurde am besten in einer kleinen Bucht zwischen zwei Vorgebirgen erreicht. Die Steilheit der Ufer der Bucht machte die schon von Natur aus zusammengedrängten Straßen noch krummer und noch enger. Kurz, die anscheinend perverse Unregelmäßigkeit unserer Dörfer am Meeresufer kommt mehr von einer funktionalen Notwendigkeit als von den blinden Zufällen eines natürlichen, nicht geplanten Wachstums"[15]. Als Beispiel gibt er den Plan und die Ansicht von Polpero in Cornwall.

Während also Bonham-Carter und Sharp mit zwei oder drei Dorftypen sich begnügen, unterscheidet Humphrey Pakington[16] sechs Typen:

1. Platzdörfer (village built round a green), z. B. Ickwell in Bedfordshire oder Evenlay in Northamptonshire[17].

2. Straßendörfer (roadside village), z. B. Ramsbury in Wiltshire[18] oder Dunchurch in Warwickshire[19].

3. Ende-der-Welt-Dorf (dead end village), z. B. Selworthy in Somerset[20] oder Elmley Castle in Worcestershire[21].

4. Dörfer auf den Downs, z. B. West Dean in Sussex[22] oder Telscombe in Sussex[23].

---

[15] Sharp, S. 21.
[16] Humphrey Pakington: English Villages and Hamlets, London 1934.
[17] Beschreibung Pakington, S. 82.
[18] Beschreibung Pakington, S. 33.
[19] Beschreibung Pakington, S. 89.
[20] Beschreibung Pakington, S. 50, Abb. 58.
[21] Beschreibung Pakington, S. 91, Abb. 106.
[22] Beschreibung Pakington, S. 27, Abb. 30.
[23] Beschreibung Pakington, S. 28/29.

5. Dörfer auf Hügelgipfeln (hill top village), z. B. Stogumber in Somerset[24] oder Chilham in Kent[25].

6. Dörfer an Flüssen (riverside village), z. B. Dittisham in Devonshire[26] oder Lower Slaughter in Gloucestershire[27,28].

Auch dieser Forscher bemüht sich, das Baumaterial der englischen Dörfer mit der geologischen Karte in Einklang zu bringen, wofür wir einige Zitate bringen wollen: „Kent, Surrey, Sussex, Hampshire, Berkshire, Buckinghamshire, Hertfordshire, Bedfordshire: die wichtigste geologische Tatsache in diesen Landesteilen ist die, daß es hier keinen Baustein gibt. Sie grenzen im Norden und im Westen an die große Kalksteinzone, die diagonal durch das Land verläuft. Eine Kreidezone läuft neben der Steinzone nach Südosten, durch Hertfordshire, die Chiltern, die Downs von Berkshire, wendet sich dann nach Osten, um ein großes Stück von Hampshire und die South Downs einzuschließen, während die North Downs ebenfalls

---

[24] Beschreibung Pakington, Abb. 56.
[25] Beschreibung Pakington, S. 24, Abb. S. 11.
[26] Beschreibung Pakington, S. 54, Abb. 65.
[27] Beschreibung Pakington, Abb. 94.
[28] Wir wollen hier noch einige Dörfer aufführen, von denen Pakington Beschreibungen gibt.

1. *Platzdörfer:* Hawkedon in Suffolk, S. 62; Snowshill in Gloucestershire, S. 80; Elmly Castle in Warwickshire, S. 91; Abb. 106; Blanchland in Northumberland, S. 112, Abb. 13.
2. *Straßendörfer:* Boughton Street in Kent, S. 22/23; Harbledown in Kent, S. 22/23; Bletchingley in Surrey, S. 26; Cuxham in Oxfordshire, S. 35; West Wycombe in Buckinghamshire, Titelbild, Text S. 36; Frampton in Dorset, S. 46; Sydling St. Nicholas in Dorset, S. 46; Queen Carmel in Dorset, S. 48; Broad Hambury in Devon, S. 51, Abb. 60; Dunsford in Devon, S. 53, Abb. 61; Bow in Devon, S. 53; Hemingford Gray in Huntingdonshire, S. 71, Abb. 14; Uley in Gloucestershire, S. 76, Abb. 90; Broadway in Worcestershire, S. 81; Morston Pinkney in Northamptonshire Text u. Abb., S. 83; Wixford in Warwickshire, S. 90; Cleeve in Worcestershire, S. 90; Offenham in Worcestershire, S. 91, Abb. 109; Alveley in Shropshire, S. 95, Abb. 117; Cotgrave in Nottinghamshire, S. 101, Abb. 118; North Newbalde in Yorkshire, S. 102; Low Kilburn in Yorkshire, S. 105, Abb. 124; Castle Bolton in Yorkshire, S. 106; Hornby in Lancashire, S. 106; Caton in Lancashire, S. 106, Abb. S. 107.
3. *Dörfer am Ende der Welt:* Etal in Northumberland, S. 112. Dazu die Dörfer am Meere: Lynmouth in Devon, S. 51; Boscastle in Cornwall, Abb. 66; Cadgwith in Cornwall, S. 57.
4. *Downdörfer:* keine weiteren Beispiele.
5. *Hügelgipfeldörfer:* Crayke in Yorkshire, S. 105; Greenbridge in Kent, S. 25/26, Abb. 28; Aynho in Northamptonshire, S. 82; Coxwold in Yorkshire, S. 105, Text und Abb.
6. *Dörfer an Flüssen:* Neasham in Durham, S. 110; Bishop Wilton in Yorkshire, S. 104, Abb. 121; Aylesford in Kent, S. 25; Netter Wallop, Middle Wallop, Over Wallop, alle drei in Hampshire, S. 31; Crombe Bisset in Wilshire, S. 43; Stoke Gabriel in Devon, S. 54, Abb. 65; Aveton Giffard in Devon, S. 54; Kersey in Suffolk, S. 64, Abb. 11, 80; Ashton Keynes in Wiltshire, S. 75, Abb. 4; Burton on the Water in Gloucestershire, S. 79/80; Lockington in Yorkshire, S. 103.

zu dieser Formation gehören. Ton bedeckt Middlesex, den Süden von Buckinghamshire und Berkshire und den Norden von Hampshire und Surrey, während in alten Zeiten ein großer Forst durch Kent, Surrey, Sussex und Hampshire sich erstreckte. Als ein Erfolg dieser geologischen Verhältnisse waren Ziegel das wichtigste Baumaterial in den Dörfern dieser Grafschaften seit dem 17. Jahrhundert, während Flint (Feuerstein) in Teilen von Buckinghamshire, Berkshire und Sussex üblich ist. Surrey, Kent und Sussex gebrauchten in früheren Zeiten viel Holzfachwerk, wobei die Fächer mit Backsteinen ausgefüllt wurden mit einer vertikalen Dachziegelverkleidung, wenigstens am Obergeschoß. Horizontale Wetterverkleidung ist ein schöner Anblick, besonders im Wealdgebiet von Kent, während Dachpfannen das übliche Bedachungsmaterial überall sind"[29]. L. D. Stamp und St. H. Beaver sagen darüber: „In diesem Gebiete Südostenglands, wo Holz reichlich vorhanden war, aber Stein selten, gab es infolgedessen Fachwerk mit Backsteinen als Ausweg"[30]. Pakington fährt fort: „In Dorset und Wiltshire gibt es Flint aus der Kreideformation, gefolgt von Steinbau, wo wir die Steinzone erreichen; im Somerset finden wir Stein, Ziegel und cob, d. h. Stampflehm oder Stampferde, wenn wir weiter nach Westen gehen; in Devon finden wir viel Stampflehm neben Granit in Dartmoor, und in Cornwall Granit und Sandstein. Als ungefähres allgemeines Gesetz über die Dächer wird man sagen können, daß sie aus Stroh in Dorset und Wiltshire sind, aus Steinplatten da, wo die Steinzone anfängt, aus Dachpfannen im Backsteingebiet von Somerset, aus Stroh, wo Stampflehm vorherrscht und aus Schiefer in Cornwall"[31].

„East Anglia: sehr allgemein gesagt, läuft die Kreidezone von Hertfordshire durch den Südteil von Cambridgeshire und den Westteil von Suffolk und Norfolk, weswegen wir Häuser aus Flint finden und in neuerer Zeit aus den hellfarbigen Ziegeln des Gault. Ton erstreckt sich über Essex und entlang der Ostküste von Suffolk und Norfolk und wieder westlich des Kreidegürtels in Cambridgeshire und Teilen von Huntingdonshire, das Gebiet wird im Westen von dem des Kalksteins begrenzt. In Essex, Suffolk und Cambridgeshire wird viel Gipstünche auf Holzkonstruktionen verwandt, oft mit Mustern in dem Bewurf. Wetterverschalung ist üblich in Essex. Flint und Ziegel zusammen kann man am besten in Norfolk sehen, wo der Gebrauch von Ziegeln frühzeitig (wieder) entdeckt wurde infolge fremder Einflüsse. Dachziegel und Stroh sind die üblichen Bedeckungsmaterialien und Pfetten in Norfolk"[32].

---

[29] Pakington, S. 22.
[30] L. Dudley Stamp & Stanley H. Beaver: The British Isles, a geographic and economic survey, London 1941, 3rd. ed, S. 238.
[31] Pakington, S. 41.
[32] Ebenda, S. 59.

„Die Kalksteinzone ist die wichtigste geologische Erscheinung in England. Sie verläuft von Dorset nach Lincolnshire und man könnte leicht nach Nordosten von Portland Bill bis an den Humber über Land gehen, ohne irgendein Dorf zu sehen, das nicht aus Stein gebaut ist, während, wenn man von Beachy Head nach Holy Head nach Nordwesten fährt, man das ganze Schauspiel (pageantry) des englischen Bauernhausbaus sehen könnte. Zu der Kalksteinzone gehören praktisch die Gesamtfläche von Gloucestershire, Oxfordshire, Northamptonshire, Rutland, Teile von Lincolnshire und Striche von Somerset, Wiltshire, Berkshire, Worcestershire und Buckinghamshire. Der Kalkstein variiert natürlich in Textur und Farbe, grau, kremfarbig, lohfarben (tawney), ledergelb (buff), aber die Dörfer als solche können als homogene Gruppen von Bauwerken vom feinsten und dauerhaftesten Baumaterial angesehen werden. Die Dächer sind manchmal mit Stroh, öfter aber mit Steinplatten gedeckt und es gibt kein Gebiet in England, wo die Häuser besser in die Landschaft passen als im Cotswold Gebiet, wo der Stein von bester Qualität ist"[33].

Über die Cotswolds wollen wir gleich Professor L. D. Stamp hören: „Die Cotswolds bestehen aus Kalkstein, der seit langem als Baustein berühmt ist. Dieser Stein wurde massenhaft bei Bath als ‚Bath freestone' (Quaderstein) abgebaut, aber überall in den Cotswolds wurde der örtliche Stein als Baustein (manchmal auch als Dachstein) benutzt, und die Steindörfer der Cotswolds bilden einen angenehmen Gegensatz zu den Fachwerkhäusern mit Strohdach (nun Ziegel und Dachziegel) der tonigen Täler"[34].

Kehren wir zu Pakington zurück. „Sandstein erstreckt sich über einen großen Teil von Warwickshire, Worcestershire, Herefordshire, Shropshire, Cheshire, Staffordshire, Leicestershire, aber kennzeichnender ist das Fachwerkhaus von Warwickshire, Worcestershire, Herefordshire, Shropshire und Cheshire, wobei die Fächer ausgefüllt werden mit getünchten oder bemalten Backsteinen, so daß der ‚Schwarz-Weiß'-Eindruck entsteht"[35].

„Es gibt ein weites Tongebiet im East Riding von Yorkshire, weswegen es dort Backsteindörfer gibt, die bis nach Durham hineinreichen, während im Zentrum eine Zone von Kohlenkalk (carboniferous limestone) bis nach Schottland sich hinzieht und an der Westküste verschiedene Sandsteine gefunden werden. Dachpfannen überwiegen im East Riding und Schiefer oder Steinplatten anderswo. Im allgemeinen wird man sagen können, daß die Bauernhäuser in der Steinzone von Nordengland ein gewisses mürrisches (grim) Aussehen haben mit ihrem kastenartigem Bau und ihren wenig steilen Dächern"[36]. „Die Dörfer von Northumberland sind im Typ

---

[33] Ebenda, S. 73.
[34] L. Dudley Stamp: The Face of Britain, London 1945 (1. Aufl. 1940), S. 58.
[35] Pakington, S. 89.
[36] Ebenda, S. 100.

alle untereinander sehr verschieden"[37]. Lancashire ist eine Grafschaft, die sich nur weniger Dörfer von irgendeinem besonderen Interesse rühmen kann"[38].

Alle diese Zitate lassen nun doch fast den Eindruck entstehen, als müßten in den Steingegenden die Häuser aus Stein sein und in den Holzgegenden aus Holz. Dies ist aber nicht so. Diese Gleichung stimmt in Frankreich nicht (siehe das letzte Kapitel dieses Buches), die Regel stimmt auch in England nicht. Sie stimmt hier öfter, das kommt von dem erstaunlichen Reichtum an guten Bausteinen und ihrer Variationsbreite. Wenn wirklich ein derartiger Determinismus, eine völlige Abhängigkeit vom örtlichen Baumaterial bestände, dann müßten doch in einem gegebenen Dorfe alle Häuser aus dem gleichen Material sein. Das ist aber nicht der Fall. Pakington betont öfter, daß im selben Dorfe verschiedene Baumaterialien verwandt wurden, ja er klagt darüber manchmal. Hier einige Beispiele: Shere in Surrey: „Ich habe niemals so viele Typen von Häusern gesehen, alle nur vorstellbaren Arten von Fachwerk, Ziegel, Gipsbewurf, Dachziegelverkleidung und ich weiß nicht was noch"[39]. Holybourne in Hampshire: „Häuser aus Ziegel und Stein und in Fachwerk, Dächer aus Stroh, Schiefer und Dachziegel. Wenige Dörfer enthalten so verschiedene Bauweisen in einer Straße"[40]. Lake in Wiltshire: „Hier sieht man eine bezaubernde Verschiedenheit im Baumaterial: Flint und Stein, Wetterverkleidung und bemalte Ziegel, Dächer aus Stroh und Stein und Schiefer, wirklich ein Epitom der Bauleute"[41]. Hoxne in Suffolk: „Die verschiedenartigsten Häuser, getüncht, Ziegel, Fachwerk, gedeckt mit Stroh, Dachziegeln oder Schiefer"[42]. Bei dem Dorfe Peston-upon-Stour in Gloucestershire hebt er selber hervor, daß es sich um ein aus Ziegeln erbautes Dorf in der Steinzone handelt[43]. Aber es kommt noch besser. In Weobley und einigen Nachbardörfern in Herefordshire sind die schwarzen Streifen an den Häusern keine Fachwerkbalken, sondern nur schwarz gemalt, um solche vorzutäuschen, die Häuser sind solide aus Ziegeln gebaut[44]. In Pott Shrigley in Cheshire gibt es ein „Fachwerkhaus", aber es ist tatsächlich ein Steinhaus, nur so bemalt, „um dem örtlichen Geschmack zu genügen"[45]. Also das Gegenteil von Determinismus! Aber wenn es guten Baustein gibt, warum sollte man ihn nicht verwenden? Zumal da, außer an Flüssen, es früher schwer war, sich andere Baumaterialien zu beschaffen. London freilich verwandte früh-

---

[37] Ebenda, S. 112.
[38] Ebenda, S. 106.
[39] Ebenda, S. 27, Abb. 29.
[40] Ebenda, S. 29.
[41] Ebenda, S. 41.
[42] Ebenda, S. 65, Abb. 81.
[43] Ebenda, S. 89.
[44] Ebenda, S. 93.
[45] Ebenda, S. 96.

zeitig Steine aus der Normandie, aus Norwegen und z. B. nach dem großen Feuer von 1666 stark den Portlandstein. Aber wir sprechen hier von Bauernhäusern. Da geschah ein starker Wechsel in der Bauweise, seitdem es die Eisenbahnen gab, nun wurde man von den lokalen Baumaterialien unabhängig, ja, W. G. Hoskins schreibt: „Die alten örtlichen Materialien, die so gut in die Gegend paßten, weil sie aus dem Boden selbst stammten, verschwanden nach und nach. Alle regionalen Stile und alle örtlichen Materialien wurden vernichtet außer da, wo ein wohlhabender Mann es bezahlen konnte, mit Hilfe eines Architekten auf die alte Weise zu bauen. Und so wurde das, was der lebende Stil einer ganzen Gegend gewesen war, etwas verschieden, um allen Volksklassen zu genügen, als ein Ergebnis der Eisenbahnen ein Stück angenehmer Altertümelei (antiquarianism) eines reichen Mannes"[46]. Dies dürfte eine Übertreibung sein, aber es läßt sich nicht leugnen, daß auch in England die neuen Bauweisen (Beton, Eisen, Hohlziegel usw.) wie in allen übrigen Ländern ihre uniformierende Wirkung ausübten. Wir wollen also schon zugeben, daß in den Baumaterialien die Bauern sich früher stark den örtlichen Verhältnissen anpaßten (wie sie dies ja auch in ihrer Nahrung taten).

In einer Schrift „Man — slave or master of the environment?", die in Calcutta erscheinen soll, habe ich den Gegensatz in den menschlichen Haltungen der Natur gegenüber unter dem Gegensatzpaar Human Ecology und Social Geography behandelt. Unter menschlicher Ökologie sei die Anpassung an die Raumelemente verstanden, genau wie Pflanzen und Tiere ökologischen Gesetzen unterworfen sind, je besser sie sich ihnen anpassen, um so besser geht es ihnen. Dagegen sollte man unter Sozialgeographie dort den Kampf des Menschen gegen seine Umwelt, die Veränderung der Umwelt verstehen, die Antwort auf die Herausforderung der Natur, die berühmte challenge von Arthur Toynbee. (Das Ganze übrigens als ein Widerspruch gegen die amerikanische Publikation „Geography as Human Ecology = Annals Assoc. American Geographers XIII, 1923, 1—14 von Harlan H. Barrow). Daß man in Wüsten wegen des Wassermangels keinen Ackerbau betreibt sondern nomadisierende Viehzucht, wäre also Ökologie, daß man dort Bewässerungswirtschaft betreibt, die Natur dank des menschlichen Verstandes (nous) überlistet und einen Teil der Wüste in die Noosphäre einbezieht, wäre Sozialgeographie. Nimmt man diese Unterscheidung an, die wir dort zu einem bestimmten Zweck einführten (gegen Barrow), so wird man sagen können, daß im Baumaterial der englischen Dörfer (früher) die Ökologie überwog, in den Dorfformen jedoch die eigentlich sozialgeographischen Elemente.

Aber kehren wir zu Pakington zurück, er befaßt sich nicht nur mit Dorfformen und Baumaterialien. S. 13 lesen wir: „Ich denke, daß das Wich-

---

[46] W. G. Hoskins in The Listener 1954, S. 866.

tigste an einem guten Dorfe das ist, daß das Dorf sozusagen als Einheit aufgefaßt werden kann, daß es so den Eindruck vermittelt, daß das dort herrschende Leben das einer Gemeinschaft ist. Es gibt Streuungsdörfer (scattered villages) in England zu Hunderten, tatsächlich vermute ich, daß die Mehrzahl der englischen Dörfer nicht den Eindruck eines Gemeinschaftslebens macht. Aber dann sind die meisten englischen Dörfer, wenigstens nach unserer Meinung, keine guten Dörfer. Manche sind es, wie Lowther in Westmoreland (Abb. 18) und Milton Abbas in Dorset (Abb. 17), die von einem Geiste ersonnen wurden und gleichzeitig erbaut wurden (im 18. Jahrhundert) und deren Aufgabe, einen Gemeinschaftseindruck zu machen, daher leicht war. Da gibt es andere wie Woolpit in Suffolk und Sherston in Wiltshire (Abb. 86), welche einen Gemeinschaftseindruck erzielen durch eine sehr zusammengedrängte Struktur wie eine Miniaturstadt. Aber da sind andere Dörfer, die diesen Eindruck einer Gemeinschaft machen trotz eines auseinander gezogenen Dorfplans wie Bishop Burton in Yorkshire (Abb. 5 und 6)". Er befaßt sich also mit dem inneren Leben der Dörfer und hier dürften die historischen Elemente eine große Rolle spielen.

Befassen wir uns also etwas mit der Geschichte der englischen Dörfer. Zitieren wir L. D. Stamp und St. H. Beaver: „Man muß sich daran erinnern, daß weite Gebiete des nassen Tieflands in England lange mit feuchtem Eichenwald bestanden waren. Wahrscheinlich waren die ersten Siedlungen in diesem bloße Waldlichtungen, d. h. isolierte Gehöfte. Später wurde viel von diesem feuchten Eichwald ersetzt durch Dauerweiden und bis heute sind die Viehzuchtsgebiete Englands charakterisiert durch nichtzusammenhängende Siedlungen oder isolierte Farmen, während die Ackerbaugebiete charakterisiert sind durch kompakte Dörfer (nucleated villages)"[47]. Daß die ältesten Siedlungen Waldlichtungen, Rodungen waren, glaubt I. Taylor aus den Ortsnamen erweisen zu können[48].

Wir lesen in dem bekannten Buche „The Making of England" von J. R. Green:[49] „Prof. Stubbs[50] sagt, daß in England wahrscheinlich alle ursprünglichen Dörfer, in deren Namen die patronymische Silbe ing vorkommt, zu Beginn angelegt wurden von Gemeinschaften, die entweder tatsächlich Blutsverwandte waren oder doch wenigstens an eine gemeinsame Abstammung glaubten." Aber zitieren wir zwei Geographen, S. W. Wool-

---

[47] Stamp & Beaver, S. 560. Sie zitieren R. W. Bryan: Man's Adaptation to Nature, London 1932.
[48] Rev. Isaac Taylor: Words and Places, or etymological illustrations of history, ethnology and geography, London 1865. Siehe Maas: Bauernleben I, 122.
[49] John Richard Green: The Making of England. London 1897 (1. Aufl. 1882). I, 212.
[50] William Stubbs: Constitutional History of England, London 1873, I, 92.
[51] S. W. Wooldridge & W. G. East: The Spirit and Purpose of Geography, London 1951, S. 92.

dridge und W. G. East: „Die Kolonisation der Angelsachsen deutet auf bemerkenswerte Änderungen bei der Auswahl der Siedlungslagen (sites) und der Eroberung des Bodens. Sie waren mehr Landwirte als Stadtmenschen und waren mit einer neuen landwirtschaftlichen Technik versehen, die verkörpert wurde durch den von 8 Ochsen gezogenen Pflug, der wirksamer war als das leichte radlose aratrum oder die schwerere mit Rad versehene caruca der Zeit des römischen Britanniens. Die Angelsachsen vermieden zunächst die römischen Städte und Landstraßen und suchten kühn (adventurously) Tiefland auf, das bisher vermieden worden war wegen der Schwierigkeiten von Boden und Wasserführung, aber auch die leichteren mit besseren Abflußverhältnissen versehenen Böden des offenen Landes, die seit langem benutzt wurden"[51].

Wir werden noch einige Angaben über die ältesten Zeiten bringen, aber hier müssen wir mit aller Schärfe unterstreichen, daß durch menschlichen Willen viel von der alten „geologischen" Abhängigkeit der Landwirtschaft in England aufgehoben wurde, nämlich durch Acts of Parliament, wir sprechen von den Enclosures und hören darüber W. G. Hoskins: „In etwa einem Drittel von England fand eine wirkliche Revolution in der Landschaft statt, eine vollständige Veränderung einer seit undenklichen Zeiten bestehenden Szenerie (durch die Einhegungen durch das Parlament). Dies war konzentriert in dem Teile Englands, der etwa bei Flamborough Head beginnt, in Nord-Yorkshire, und sich durch Yorkshire in die Midlands erstreckt, den größten Teil der Midlands umfassend außer zur Grenze mit Wales hin, und der herunterkommt bis zur Küste von Dorset und von dort sich wendend wieder in die Midlands kommt und irgendwo an der Nordküste von Norfolk endet. Innerhalb dieser unregelmäßigen Figur kann man sagen, daß die Einhegungen durch das Parlament der Landschaft ihr Muster aufprägten. Die neue Landschaft war so beschaffen: auf Tausenden von Streifen von offenem Feld (open field) wurde alles verändert in das moderne Schachbrett von kleinen quadratischen Feldern. Sie haben vielleicht bemerkt, daß diese Felder einem gewissen Muster entsprechen. Die 25-Zoll-Karte gibt die Feldergröße an, und Sie können nicht übersehen, daß sie etwa 10 acres groß sind (= etwa 4 ha), 8, 9, 10, 11, ja 12 acres, aber immer so etwa 10. Sie haben so nicht angefangen, aber sie endeten so, hauptsächlich, aber nicht nur aus diesem Grunde, weil in den Midlands in jedem Falle es Weideland gab, und daß Viehzüchter (graziers) herausfanden, daß ein Zehnacresfeld die beste Kontrolle beim Weiden gibt. Das war die Erfahrung des großen Bakewell und seiner Zeitgenossen. Diese Felder mit etwa 10 acres, mit geraden Hecken, bilden ein geometrisches Muster auf der Karte, und woher man sie auch betrachten mag, in der Landschaft bilden sie Quadrate und Rechtecke"[52,53].

---

[52] Hoskins in The Listener 1954, S. 733. Maas: Geographie und Soziologie, S. 231/232.

Vergleichen wir den Zustand der englischen Landwirtschaft im 17. und 19. Jahrhundert nach Macauley. Er spricht von einer starken Nordwärtswanderung auf den Britischen Inseln, aber sie erfolgte nur im eigentlichen England: „Die Kirchenprovinz York enthielt Ende des 17. Jahrhunderts 1/7 der Bevölkerung Englands, 1841 aber 2/7, ein Strom von Einwanderern rollte nach Norden[54]. Zwischen 1685 und 1841 verneunfachte sich die Bevölkerung von Lancashire, während die von Norfolk, Suffolk, Northamptonshire sich kaum verdoppelte[54]. „Wenn durch einen magischen Vorgang das England von 1685 vor unsere Augen gebracht werden könnte, so würden wir von hundert Landschaften kaum eine und von 10 000 Gebäuden kaum eins erkennen. Der Landedelmann würde seine eigenen Felder, der Stadtbewohner seine eigene Straße nicht wiedererkennen. Jedes Ding hat sich geändert außer den großen Zügen der Natur und einigen massiven und dauerhaften Werken menschlicher Kunst. Wir würden Snowdon und Windermere, Cheddar Cliffs und Beachy Head wiederfinden. Hier und da würde uns ein Normannenmünster oder ein Schloß begegnen, das Zeuge war der Kriege der Rosen. Aber mit solchen seltenen Ausnahmen würde jedes Ding uns fremd erscheinen. Viele Tausende Quadratmeilen, die nun reiches Kornland und Wiese sind, geteilt durch grüne Hecken und durchsetzt mit Dörfern und angenehmen Landsitzen, würde uns als Heide (moor), bewachsen mit Stechginster oder als Seesumpf erscheinen, der wilden Enten überlassen blieb. Wir würden zerstreute Holzhütten mit Strohdächern da sehen, wo wir nun Industriestädte finden und Seehäfen, deren Ruhm bis zu den äußersten Enden der Welt reicht. Die Hauptstadt selbst würde zu Dimensionen herabsteigen, nicht viel größer als jetzt die Vorstadt südlich der Themse"[55]. England war damals außer der Schiffahrt ein rein agrarisches Land, aber wie sah das Land aus? Macauley glaubt, daß durch die enclosures in etwas mehr als einem Jahrhundert mehr als der vierte Teil von England „was turned from a wild into a garden" (ebenda I, 224). Er glaubt, daß damals etwa die Hälfte des Landes Äcker und Wiesen bildeten, die andere Hälfte war Wald, Heide (moor) und Sumpf (marsh and fen). „Karten des 17. Jahrhunderts zeigen, daß Wege, die heute an einer endlosen Prozession von Obsthainen, mähdigen Wiesen, Bohnenfeldern entlang laufen, damals nur Heide, Sumpf und Gehäge (warren) durchquerten. In den Zeichnungen englischer Landschaften, die damals für den Großherzog Como gemacht wurden, sieht man kaum je eine Hecke und zahlreiche Landstriche, die nun reich bestellt sind, waren so nackt wie heute Salisbury Plain. Bei Enfield, wo man fast noch den

---

[53] Über die Einhegungen oder enclosures siehe noch die Schriften von: J. S. Leadam: The Domesday of Inclosures 1517–1518, London 1897. W. H. R. Curtler: The Enclosure and redistribution of our land, Oxford 1920.

[54] Thomas B. Macaulay: History of England, Boston 1862 (1. Aufl. 1848), I, 222.

[55] Ebenda, I, 218.

Rauch der Hauptstadt sehen kann, gab es ein Gebiet von 25 Quadratmeilen (also etwa 65 qkm W. M.), wo nur drei Häuser standen und kaum umzäunte Felder. Hirsche, frei wie in den amerikanischen Wäldern, wanderten hier zu Tausenden"[54]. Letzteres dürfte übertrieben sein. Wir dürfen auch nicht vergessen, daß Macauley vor dem Niedergang der englischen Landwirtschaft in der 2. Hälfte des 19. Jahrhunderts schreibt (die erste Auflage der History erschien 1848), allein seit 1870 sind mehr als 5 Millionen acres Ackerland zu Grasland geworden!

Gehen wir nun zur Betrachtung von Einzellandschaften über.

E. T. Leeds veröffentlichte[56] Karten der vorgeschichtlichen Besiedlung des oberen Themsebeckens, im Neolithikum, in der Bronzezeit, in der Eisenzeit, in der Römer- und der Angelsachsenzeit.

H. King veröffentlichte[57] eine Karte der Dörfer und Weiler in Südwest-Lancashire um 1800.

Eine Beschreibung der Besiedlung im oberen Derwentbecken in Yorkshire gab E. Halliwell[58]. Es gibt dort Dörfer (typical valley villages und andere) und in den Heidegebieten Einzelhöfe. Die Dörfer haben oft die Form von Straßendörfern, oder sie bilden ein Kreuz oder ein T. Auch Weiler kommen vor sowie eine Art Platzdorf um Wasserläufe „herum". George Eliot nennt in ihren Novellen Derbyshire Stoneshire und Staffordshire Loamshire, also Steingau und Lehmgau.

In Wiltshire gibt es Kreideboden und große Dörfer wie in der Picardie. Aber während sie dort gleichmäßig über das Land verteilt sind, halten sie sich hier an die Täler und die Ebenen (Salisbury Plain), die Downs sind dörferleer[59].

Über Hertforshire schrieb William Page „The origins and forms of Hertfordshire towns and villages = Archaeologia (London) Bd. 69, 1917/1918, S. 47 – 60.

Über die Cheviots schreibt Cyril Bailey: „Dörfer jeder Größe sind überall verstreut, die meisten von ihnen zusammengedrängt um eine alte Kirche, daneben das alte Pfarrhaus, oft gibt es einen Glockenturm, wie in Alnham, von dem aus man bei Grenzeinfällen warnte. Von Zeit zu Zeit kommt man an den Hügelhängen und an kleineren Straßen zu einem alten Familiensitz wie Biddlestone oder Eslington oder Roddam. Aber am charakteristischsten sind die einzelliegenden Farmen, abseits hoch in fernen Tälern oder auf der offenen Heidefläche, massive Steingebäude. Es gibt wenig Ackerland, denn der Boden ist dünn und rauh, aber es gibt Rindvieh und

---
[56] In Ier Rapport de la Commission de l'Habitat Rural, Newton Mont. 1928, S. 122 – 130.
[57] Ebenda, S. 116.
[58] IIe Rapport de la Commission de l'Habitat Rural, Florenz 1930, S. 76 – 8.
[59] A. Aurousseau in Geographical Review 1920, X, 225 ff.

Schafe auf den vielen Hügeln und man kann selten weit gehen, ohne von einem Schäfer und seinem Hunde begrüßt zu werden"[60]. In Shropshire unterscheidet Dorothy Sylvester[61] drei Dorfformen (sie nennt sie townships):

1. Valley townships
2. Hill townships
3. Forest townships.

Die valley townships finden sich an Flüßchen, auf den alluvialen Wiesen, am Rande feuchter Gebiete. Da liegt das Dorf, auf dem Hügelhang (oft Geschiebemergel) sind die Felder, weiter oben und bis an die Grenze des nächsten Townships ist Weideland. Diese Form kommt besonders im Norden des Gebietes vor, da im Süden die Täler schmal und die Flußauen sumpfig sind; daher hier wenig Ackerland und vor allem Viehzucht. Diese überwiegt auch in den hill townships. Diese liegen entweder am Hügelhang (die meisten) oder auf dem Gipfel, sie kennt nur zwei Beispiele für diesen Fall: Prees auf einem Liashügel, Wentmoor auf einem Riedel zwischen zwei Bächen. In beiden Dörfern steht die Kirche am höchsten Punkte. Es gibt hier keinen Acker oder Wiesen. Die Forest townships sind Einzelhöfe auf Rodeland.

Über die Fenlands von Lincoln bis Cambridge berichtete H. C. Darby[62]. In der Schlickzone gibt es Einzelsiedlungen; in der Torfzone sind Siedlungen nur auf den Durchragungen von jurassischen Felsen möglich, auf diesen gibt es kompakte Dörfer.

Meitzen hatte behauptet, auch in England seien die eigentlichen Dörfer ein Ergebnis germanischer Siedlung, die Einzelhöfe keltischer. Diese Ideen (von 1895) spuken noch im englischen Schrifttum von heute herum. Z. T. erklären sich die Einzelhöfe im keltischen Gebiet Großbritanniens dadurch, daß dies zugleich die gebirgigen Gebiete sind, die Einzelhöfe erklären sich hier also weitgehend physiographisch wie in den deutschen Gebirgen. Hoskins schreibt ganz richtig: „Es ist ein Fehler, zu glauben, die Sachsen hätten nur große Dörfer gegründet und sie mit offenen Feldstücken umgeben. In gewissen Gebieten eines stark bewaldeten tonigen Landes waren sie gezwungen, das Rodungswerk Einzelsiedlern und Pionieren zu überlassen. Z. B. im mittleren Hertfordshire gibt es auf der Karte eine Farm gleich östlich von Welwyn genannt Queen Hoo Hall, das war 1060 die Hecke oder Umhegung (enclosure) einer Frau namens Cwenhild. Es kann keinem Zweifel unterliegen, daß diese Farm als Einzelsiedlung außerhalb jeden Dorfes seit wenigstens dem 11. Jahrhundert so existiert hat. Es gibt viele solcher Siedlungen in Hertfordshire im Domesday Book verzeichnet, noch mehr in Devon und Cornwall"[63].

---

[60] Manchester Guardian Weekly 2. 12. 1948.
[61] II° Rapport . . ., S. 64–69.
[62] III° Rapport de la Commission de l'Habitat Rural, Paris 1931, S. 36.
[63] The Listener 1954, S. 773.

Wir lesen in „The Making of England" von J. R. Green: „Selbst noch unter Elisabeth war unser Warwickshire in zwei Teile geteilt: „„Feldon" und „Wooland" oder Woodland, d. h. Waldland, der erste Teil waren offene Weiden zwischen dem Avon und den Cotswolds, der andere nördlich des Avon, obwohl nicht „ohne Weiden und Kornfelder, so doch hauptsächlich mit Wald bekleidet" (Cambden „Britania", Ausgabe 1753 I, 598, 600). Die Lichtung des Waldlandes war tatsächlich nur eine Folge des späteren Wachstums der Eisenwerke, welche so gewaltige Holzmengen vernichteten, daß sie das Land „offener machten" und allmählich „Raum machten für den Pflug, so daß, während seit Menschengedenken sie mit Korn vom „Feldon" versorgt worden waren", schreibt Gibson 1753, sie nun „mehr Korn anbauen, als sie nötig hatten". Gleichzeitig erfolgte eine andere Veränderung: da der so gerodete Boden sich als viel fruchtbarer erwies als die Tonböden des „Feldon", dieser, dessen „fruchtbare Felder und grünenden Wiesen" Cambden's Auge 1606 erfreut hatten, zur Zeit von Gibson beinahe völlig Weideland geworden waren" (Green... II, 115).

Betreiben wir noch etwas Geschichte nach M. W. Barley[64] in Nottinghamshire: „Es handelt sich um die Parochien Rufford und Wellow, halbwegs zwischen Mansfield und Newark. Rufford ist eine für Nottinghamshire große Parochie, mehr als 6 Meilen (10 km) von einem Ende zum anderen. Dafür gibt es zwei Gründe, der größte Teil ist armer Boden, auf der Buntsandsteinformation und früher ein Teil von Sherwood Forest; die meisten Forest-Parochien sind groß, weil jede mittelalterliche Gemeinschaft eine größere Landfläche gebrauchte, um sich zu erhalten. Der andere Grund ist der, daß die Parochie zum Zisterzienserkloster Rufford gehörte, daß um 1145 gegründet wurde. Die Mönche haben offensichtlich die Parochie vergrößert, im Südwesten trieben sie die Grenzen bis an den Rand des Dorfes Rainworth. Aber was wichtiger ist, es gab hier zu Zeiten des Domesday Book drei Dörfer, alle drei wurden von den Zisterziensern bei der Einrichtung und Entwicklung ihrer Gutswirtschaft verlegt. Die drei Dörfer hießen Rufford, Winkerfield, Cratley. Wellow existierte z. Zt. des Domesday Book (d. h. 1080 W. M.) noch nicht. Es fängt kurz nach 1200 an, in den Urkunden zu erscheinen. Unter den Urkunden des Klosters Rufford ist ein Dokument, nach dem der Abt ein halbes Dutzend Bauern in Rufford auskauft oder mit Land entschädigt. Die Namen der Zeugen zeigen, daß diese Urkunde in die ersten Jahre des Klosters zu setzen ist. Wellow ist nicht erwähnt, aber es scheint fast sicher, daß diese und einige andere „umgesetzte" Bauern die Erlaubnis bekamen, auf das Unland am Rande der nächsten Parochie zu ziehen und dort eine neue Siedlung anzulegen. Da die Zeiten unsicher waren, beschlossen sie, einen Graben um ihr Dorf anzulegen, das einzige Beispiel eines Schutzgrabens (moat) um

---

[64] M. W. Barley: Lost villages in Nottinghamshire, in The Listener 1955, S. 795/796.

ein Dorf! Der Grund dafür, daß sie lieber in dieser Richtung wegzogen und nicht in einer anderen, ist klar: die neue Siedlung war schon außerhalb der Grenzen des Sherwood Forest. Die Forest-Gesetze waren sehr streng und wurden grausam durchgeführt, es war viel besser, außerhalb ihrer Jurisdiktion zu sein. Im 13. Jahrhundert übernehmen die Bauern von Wellow die Verpflichtung, einen eigenen Pfarrer zu unterhalten und heften an diese Urkunde, einen Vertrag mit dem Bischof, ein Siegel mit der Inschrift „Comunity of Wellow". Es ist sozusagen unerhört für ein Dorf, ein Siegel zu besitzen. Es scheint, als ob dies ein Beweis mehr für den Geist der Unabhängigkeit und Unternehmungslust ist, welcher zur Gründung von Wellow führte". Die Mönche von Rufford bauten Wehre und schufen Teiche, um den trockenen Sandsteinboden zu bewässern. Später wurde hier eine Kohlengrube eingerichtet, Bilsthorpe Colliery, für den Betrieb derselben wurde das Wasser der Bäche gebraucht und die Teiche trockneten aus. 1650 bestanden sie noch, später wurden sie umgepflügt[64].

Das ist nun ein wahrer Rattenkönig sozialgeographischer Probleme: Siedlung von Mönchen und unabhängigen Bauern, Landschaftsveränderungen durch die Mönche, Bergwerksbetrieb führt zur Veränderung der Wasserwirtschaft usw. usw. Aber wir wollen nicht weiter darauf eingehen.

J. Mackinder neigte zum geographischen Materialismus. So schrieb er über den Wealden-Distrikt: „Die Ortslage der landwirtschaftlichen Dörfer ist hier wie anderswo in England hauptsächlich durch Überlegungen über die Wasserversorgung bestimmt. Dank der allgemeinen Struktur des Wealden Distrikts streichen die wasserführenden Schichten von Osten nach Westen; in dieser Richtung nun folgen die Kirchen aufeinander in Abständen von einer oder zwei Meilen, während Streifen von wasserarmem Land sich auf beiden Seiten 5 – 6 Meilen (= 8 – 10 km) ausdehnen. Daher sind die Parochien im allgemeinen sehr langgezogene Rechtecke mit ihren Längsseiten quer über die wasserführenden Schichten. Aus diesem Grunde sind die Nord- und Südränder sowohl der North Downs wie der South Downs durch Reihen von Dörfern gekennzeichnet, welche dem Rande der Grünsandhügel folgen. Die Marktflecken sind gewöhnliche Glieder dieser Dorfketten, dort gelegen, wo die örtlichen Wege zusammenkommen, um nordwärts oder südwärts durch die Quertalpässe die Hügel zu überschreiten"[65]. Dazu sagt M. Aurousseau: „In einem Teil des Weald Distrikts sind die Parochien lang und schmal, sie kreuzen das Streichen der Schichten im rechten Winkel und sichern so jeder einen Streifen Schafweide auf den Kalkhügeln (Downs), ein Stück trockenen aber wasserführenden Gesteins, das für eine Dorflage geeignet ist auf dem Oberen Grünsand und ein Stück fetten Ackerlandes auf dem Gault und ein Stück rauher

---

[65] J. Mackinder: Britain and the British Seas, London 1902, S. 238. Maas: Bauernleben I, 121, 122.

Viehweide auf dem unteren Grünsand, wo der Fluß strömt mit seiner Wasserkraft und seinen Transportmöglichkeiten"[66]. Die Abhängigkeit ist also weniger geologisch als wirtschaftlich. Ein anderes Beispiel von J. Mackinder: „Cheshire und Anglesey gehören nun zu den wohlhabenden landwirtschaftlichen Gebieten Großbritanniens, eine Tatsache, die einmal auf die Milchwirtschaftsbetriebe (dairy farms) zurückzuführen ist, die bei der ozeanischen Feuchtigkeit blühen, andrerseits auf die Nachbarschaft unersättlicher Märkte"[67]. Gewiß, das feuchte Klima ermöglicht Wiesen und diese Viehzucht, aber das Wichtigste ist doch die Möglichkeit, die Viehzuchtprodukte abzusetzen! Dasselbe ist L. D. Stamp entgegenzuhalten, wenn er schreibt: „Das Verschwinden des Ackerlandes in den Midlands, außer auf den leichten Böden der Hügelrücken (ridges) zeigt die größere Bedeutung der geographischen Faktoren in neuerer Zeit als in der Vergangenheit. 1939 lohnte es sich nicht, Land umzupflügen und zu bestellen, welches einen so hohen Ertrag als Grasland brachte. Denn diese Midlands haben mit das beste Grasland in Großbritannien. In Leicestershire, Northamptonshire und Rutland gibt es Mästungsgrasland, welches einen Jungbullen je acre (= 40 Ar) mästet ohne jede andere Nahrung als die, welche das Gras gibt"[68]. Aber wenn es keine Märkte für das Rindfleisch in den Großstädten gäbe, oder wenn vielleicht die Engländer Hindus wären, die kein Rindfleisch essen, so würde man, nach wie vor, auch in den Midlands Ackerbau betreiben. Wie man es ja während der Kriege, sowohl im ersten wie im zweiten Weltkriege, tat, was das englische Landschaftsbild stark veränderte, worüber man Maas Geographie und Soziologie S. 191 bis 193, 216 nachlesen möge.

Andere historische Einflüsse machen sich in Durham, der Grenzlandschaft gegen Schottland bemerkbar. Wir lesen bei Gordon Home: „Bis zum Beginn des 17. Jahrhunderts fühlte sich der Bauer in Durham nicht sicher genug, um die großen Ausgaben eines Hausbaus in Ziegel oder Stein zu wagen, er zog Holz vor und Stroh als Dach"[69]. Dörfer wurden in Defensivlage und -form gebaut, später aus Ziegeln wie Neasham[70] in Flußlage, Egglescliffe[70] oder aus Stein wie Gainford[70]. Aber es war nicht nur die größere Sicherheit, als die Grenzkriege aufhörten, es waren auch die Bergwerke, G. Home schreibt: „Im 17. Jahrhundert wurden alte Kohlenbergwerke vergrößert, neue eröffnet, Fortschritte erfolgten im Blei- und Eisenerzbergbau, die Bevölkerung wuchs an, zuerst langsam, dann schnell, rauhe (gaunt) aus Stein gebaute Dörfer entstanden plötzlich auf nackten Berghängen"[71]. Dazu einige Zeilen von L.D. Stamp: „Die Form des englischen

---

[66] Geographical Review 1920, X, 228.
[67] Mackinder, S. 273.
[68] Stamp: The Face of Britain, S. 57.
[69] The Geographical Magazine 1935 I, 306.
[70] Pakington, S. 8 und 110.
[71] The Geographical Magazine 1935, I, 308.

Dorfes spiegelt oft Bedingungen wider, die seit langem nicht mehr existieren. Wo die Wasserversorgung in einer Quelle oder einem Brunnen bestand, ist das Dorf oft eng um dies Zentrum, das eine lebenswichtige Notwendigkeit lieferte, herum gebaut. Wo wie im tonigen Gebiet es reichlich Oberflächenwasser gibt, da mag es keinen Dorfmittelpunkt geben, nur eine Anzahl von Weilern. Nur in den alten Grenzgebieten im Norden und im Westen gibt es Beweise für eine Verteidigungsanlageform"[72].

Aber kehren wir zum Bergbau in Durham zurück, nun freilich ins 20. Jahrhundert: „Die gegenwärtige Verteilung der Siedlungen in Durham ist so, wie der Kohlebergbau sie bewirkt hat, eine dichte Durchsetzung mit Grubendörfern, einige klein, andere ausgewachsen, jedes beherrscht von seinem Schlackenhaufen, und fast alle, wie die Hammonds sie beschrieben haben ,mehr Industriekasernen als organisierte Gemeinschaften'. Aber die Verteilung des Bergbaus selbst verändert sich schnell. Die kleinen Gruben auf den oberflächennahen Kohlenfeldern in West- und Südwest-Durham sind der Erschöpfung nahe, die Arbeit konzentriert sich auf eine kleine Anzahl großer Tiefgruben näher zur Küste, und man erwartet, daß die Kohlenarbeiterschaft in den nächsten 10 oder 15 Jahren von 108 000 auf etwa 80 000 abnehmen wird. W. A. Geenty sagte, daß so der eigentliche Grund für die Existenz von einigen der kleinen isolierten Orte völlig verschwunden sein wird. Andere werden verkleinert werden müssen, die allgemeine Ostwärtsbewegung der Bevölkerung muß begleitet werden von einer Konzentration der Besiedlung in verhältnismäßig wenige Städte, die geeignet sind, andere Industrie anzuziehen, Städte, als deren Musterbeispiel Peterlee erscheint"[73].

Denn wir dürfen nicht vergessen, England ist seit langem kein Agrarland mehr.

Wir haben an anderer Stelle uns mit den Fragen der Dörfer und Einzelhöfe in Frankreich befaßt, wir wollen es hier kurz für England tun. Im allgemeinen sehen wir heute in England Streusiedlungen, aber es gibt auch kompakte Dorfsiedlungen, z. B. in den Ebenen von Yorkshire und am Fuße der Kalkhügel der Downs und Wolds — sichtbar besonders auf den folgenden Blättern der englischen Karte 1:63 320: Ripon, Pickering, Scarborough, Great Driffield, Beverley, Devizes, Salisbury. A. Demangeon sagt: „Diese Züge von landwirtschaftlichen Gruppierungen beschreiben bemerkenswerte Flecken inmitten der britischen Zerstreuung"[74]. Er kommt auf diese Fragen zurück: „Es gibt dabei den Einfluß des Reliefs. In Großbritannien stellen viele Schriftsteller, welche das Landleben vor der Ausdehnung der enclosures, welche das Siedlungswesen in den Ebenen völlig

---

[72] L. D. Stamp: The Land of Britain, London 1948 (1. Aufl. 1946), S. 22.
[73] Manchester Guardian Weekly 16. 8. 1951. Maas: Geographie und Soziologie, S. 31/32.
[74] A. Demangeon: Problèmes de Géographie humaine, Paris 1942, S. 161.

verändert (bouleversé) haben, den Gegensatz heraus zwischen den Wohnweisen in der Ebene und im Gebirge. So liest man in der Description of England von Harrison, die unter Elisabeth verfaßt wurde, den bezeichnenden Satz: ‚Die Wohnhäuser unser ländlichen Märkte und Dörfer in den flachen und offenen Gebieten stehen alle nebeneinander in Straßen und berühren einander, während in den waldigen Gegenden (das waren die Gebirge) sie zerstreut sind, jedes auf den Feldern seines Besitzers'. Zur Zeit des Domesday Book findet man, daß Einzelsiedlungen häufig in den Wäldern (d. h. den bergigen Gegenden) auftreten. Vinogradoff zitiert einen Satz über Eardisley (Herefordshire): In medio cujusdam silvae est posita et ibi est domus una defensabilis. Zur gleichen Zeit zeigt ein Gebirgstal, das Langdendale in Derbyshire, einen klaren Streusiedlungstyp, eine Reihe kleiner Weiler, jedesmal ein paar Farmen, folgen in einem Abstand von einer bis zwei Meilen aufeinander"[75]. Aber die enclosures haben gerade die Siedlungsweise völlig verändert. Demangeon schreibt, unter Zitierung der auch von uns erwähnten Bücher von Leadam und Curtler und anderer Quellen: „Das merkwürdigste Beispiel einer Umkehrung der Siedlungsweisen durch einen systematischen Umbau der ländlichen Wirtschaften wird von Großbritannien geliefert. Solange das System des open field mit seinen drei Gewannen und seinem Flurzwang dauerte, standen die Häuser der englischen Landwirte in Dörfern. Aber überall da, wo die Neuverteilung des Ackerlandes, Resultat der enclosures, die zerstreuten Ackerstreifen in kompakte Blöcke zusammenfaßte, wurde das Gehöft inmitten seiner Felder errichtet. Dies Heraufkommen der individuellen Wirtschaft entspricht einer völligen Verkehrung der Höfe und Herde. Die historischen Dokumente erlauben uns, die Größe dieser Revolution in der Siedlungsweise zu ermessen. Der Triumpf der enclosures, der sich in der Zerstörung der Dörfer und ihren Ersatz durch Streusiedlungen aussprach, zerfällt in zwei Perioden, eine im 15. und 16. Jahrhundert, die andere im 18. und 19. Jahrhundert. In der älteren erfolgen die stärksten Veränderungen. Die Urkunden zeigen, daß zwischen 1485 und 1517 in Berkshire die Einhegung von 6615 acres die Eviktion von 670 Personen und Zerstörung von 119 Wohnhäusern mit sich brachte. Von dem genauen Beispiel von Stretton Baskerville in Warwickshire sieht man, daß am Ende des 15. Jahrhunderts dieselbe Operation 4 Häuser und 3 cottages, dann 12 Häuser und 4 cottages mit sich brachte, so daß 80 Bauern auswandern mußten und die ruinierte Kirche als Stall diente. Alle Dokumente unterstreichen das Verschwinden von Dörfern. Tawney publiziert eine Karte von 1620 von dem Manor von Whadborough in Leicestershire, wo sich die Eintragung findet „The place where the town of Whatboroughe stood" (Stelle, wo das Dorf [town heißt hier oft kompaktes Dorf] stand). Im 18. Jahrhundert erneuern sich diese Vorgänge. In einer Parochie der Midlands

---

[75] Ebenda, S. 169.

führt man die Vereinigung von 20 Farmen durch und den Ländereien, die zu 60 Bauernhäusern gehörten, zu vier neuen Farmen, die der Viehzucht dienen und zu deren Bewirtschaftung vier Hirten genügen. In Wiseton im Nottinghamshire ließ bei der Einhegung seines Gutslands ein Besitzer 7 funkelnagelneue Farmen bauen, jedesmal inmitten der Felder. Im Leicestershire und Nottinghamshire hatten mehrere Dörfer, die zur Zeit des openfield hundert Häuser und Familien besaßen, am Ende des 18. Jahrhunderts nur 8 bis 10 Herde, 40–50 Einwohner statt 500–600. Man zitiert 1803 eine Parochie des Cambridgeshire, wo 43 Wirtschaften verschwanden, 43 Herdfeuer ausgelöscht wurden, um eine Farm von 200 acres verdoppeln zu können. So führte die Entwicklung eines modernen Typs der Landwirtschaft in Großbritannien zu einem Ersatz der Gruppensiedlung durch Streusiedlungen auf einen großen Teil des Territoriums"[76].

Man kennt die Worte von Thomas Morus über das Schaf als Raubtier, das in England so viele Bauern aufgefressen hat ...

Wir haben gesehen, daß neben ältesten auch ganz neue Dinge die englischen Dörfer „beeinflussen".

Dazu gehört natürlich auch die Volkszahl. Wir zitierten schon Macaulay darüber und wollen hier noch nachtragen, daß die Midlands und die nördlich davon gelegenen Teile Englands heute 20 Millionen Einwohner haben, fast die Hälfte der Bevölkerung Englands, während im 17. Jahrhundert hier nur etwa eine Million Menschen lebte. Geben wir nun Ergebnisse von Volkszählungen (jedesmal in Millionen). Es lebten in England und Wales:

1801	8,89	1811	10,16	1821	12,00	1831	13,83
1841	15,91	1851	17,92	1861	20,06	1871	22,79
1881	25,97	1891	29,00	1901	32,52	1911	36,07
1921	37,88	1913	39,95	1951	43,74		

Und diese starke Volksvermehrung war trotz starker Auswanderung zustande gekommen. Für den Geographen sind allerdings Dichtezahlen interessanter, es lebten je square mile, eine solche hat 2,59 qkm, in England und Wales Menschen 1801 = 152; 1811 = 174; 1821 = 206; 1831 = 238; 1841 = 273; 1851 = 307; 1861 = 344; 1871 = 389; 1881 = 445; 1891 = 497; 1901 = 558; 1911 = 618; 1921 = 649; 1931 = 685 und 1951 = 750 (Zahlen nach Statesman's Yearbook 1953, S. 58).

In anderthalb Jahrhunderten hat sich also die Bevölkerung von England und Wales verfünffacht. Das muß sich natürlich auch im Landschaftsbild auswirken. Freilich handelt es sich da um eine Vergrößerung der städtischen Bevölkerung, die nicht nur absolut, sondern auch relativ anwächst. 1931 lebten von den fast 40 Millionen Menschen in England und Wales nur 4 Millionen in Dörfern und 2 Millionen in Einzelsiedlungen[77]. Oder

---
[76] Ebenda, S. 199/200.

Englische Dörfer 161

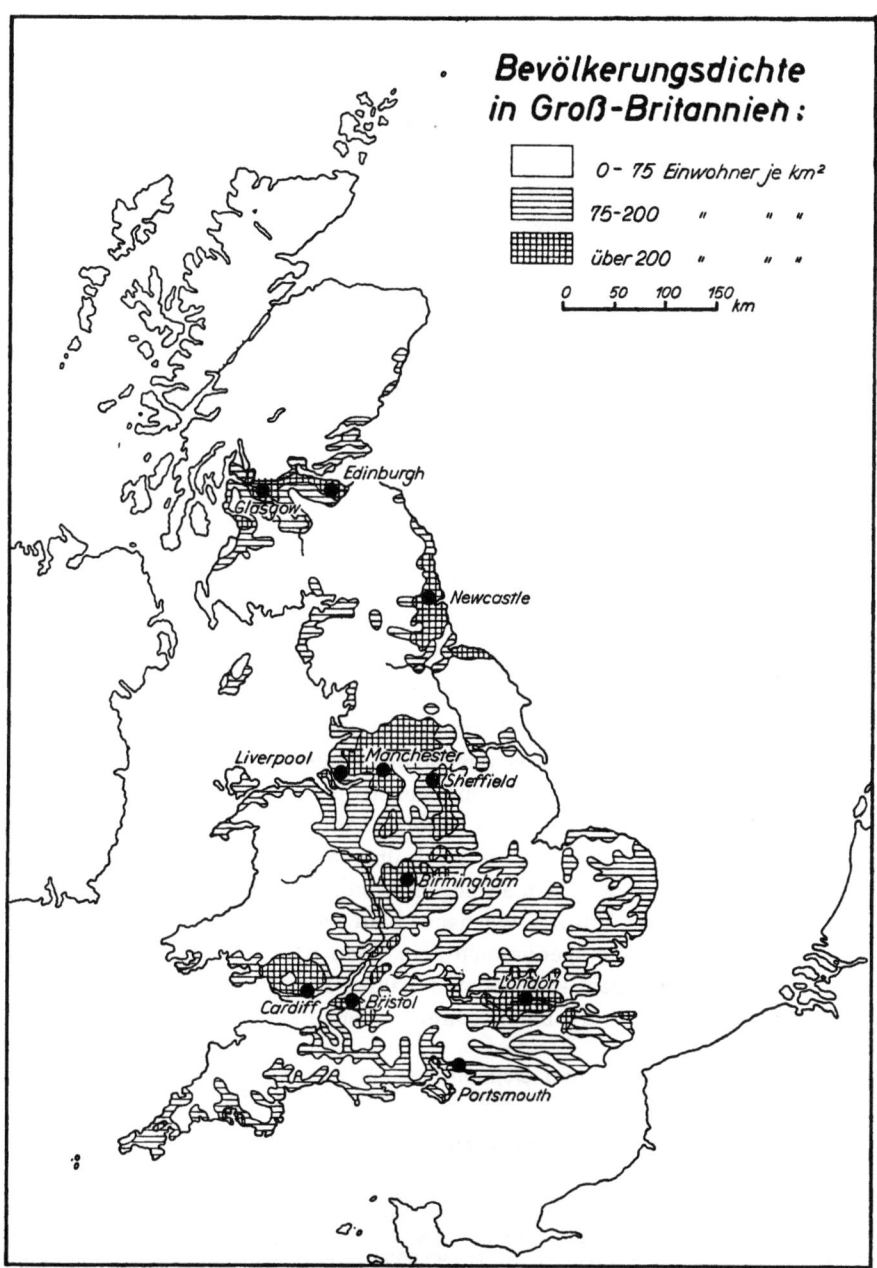

Dieses Schaubild sollte heißen: Factoriculture; es heißt: Volksdichte in Großbritannien. Es ist eine Kombination zweier Karten, nämlich der Karte „Factoryculture" in der Schrift „Your inheritance – the land", The Architectural Press, Cheam, Surrey 1943, S. 49, und der Karte „Densité de la population" (zwischen S. 278 und 279) im Buche von A. Demangeon: „Iles Britanniques" (Géographie Universelle t. I), Paris 1927.

11 Maas

anders gesagt 9/10 der Bevölkerung lebten auf 1/10 des Landes, 1/10 der Bevölkerung lebte auf 9/10 des Landes. Im 19. Jahrhundert hat eine starke Landflucht stattgefunden, über die R. P. Roxby bereits 1912 wichtige Darlegungen machte[77]. Geben wir noch einige Einzeltatsachen. Drei Parochien in Suffolk verloren zwischen 1871 und 1921 21, 23 und 25% ihrer Bewohner[78]. Im Oxfordshire verminderte sich die landwirtschaftliche Bevölkerung in derselben Zeit von 27 000 auf 17 000, während die Zahl der landwirtschaftlichen Arbeiter auf die Hälfte sank, von 20 000 auf 10 000[78].

Nach John Saville (Rural Depopulation in England and Wales 1851 to 1951, London 1957) lebten 1851 50,2% der Bevölkerung Englands und Wales in Städten, 1951 aber 80,7%, „auf dem Lande" lebten 1851 49,8%, 1951 19,3%. Und man muß bedenken, daß „auf dem Lande" oft keinesfalls eine dörfliche Bevölkerung bedeutet. Die stärkste Landflucht fand nach ihm in den südlichen Midlands, in Cornwall (und in weiten Gebieten in Wales) statt, während Kent, Sussex und Cheshire einen Zuwachs „auf dem Lande" zeigten. Aber die Südwärtswanderung der Industrie, eine seit dem ersten Weltkriege immer stärker zu beobachtende Erscheinung, ließ zwar z. B. in Kent die Bevölkerung „auf dem Lande", d. h. in Orten unter 2000 Einwohnern ansteigen, die Zunahme ist zwar „rural", ländlich, aber nicht landwirtschaftlich, dörflich.

Was bedeutet diese Verstädterung für die Dörfer? Wir antworten darauf mit diesen Zeilen von R. Dutton: „In den Home Counties von England hat die Landschaft ein nachgemachtes (spurious) Aussehen, als würde sie nur durch künstliche Mittel am Leben erhalten. Die mit Heidekraut bedeckten Gemeindeländereien (commons) werden von Asphaltstraßen zerschnitten, die buschigen Wälder sind übersät mit Neo-Tudor-Häusern: auf den ersten Blick würde man sagen: Land, beim zweiten ist es, leider, nur Suburbia"[79]. Die Vororte wachsen, bald werden 15% des Landes von Häusern und Straßen eingenommen sein. Man pflegt in England von dem pleasant green land, dem angenehmen grünen Lande, dem Lande der Landwirtschaft, und dem ugly black country, dem häßlichen schwarzen Land

---

[77] Siehe P. M. Roxby: Rural Depopulation in England during the XIXth century, in The Nineteenth Century and after 1912, S. 174–190.
[78] Demangeon, a.a.O., S. 87.
[79] Ralph Dutton & Lord Holden: The Land of France, New York & London 1939, S. 11.
Hierzu noch einige Sätze von G. P. Wibberley („The Listener" Nr. 1617 vom 24. 3. 1960, S. 550: „Städtisches Land bedeckte 1900 etwa 2 000 000 acres (= 800 000 ha), es wuchs bis 1950 auf 3 600 000 acres an (1 440 000 ha), es wird 1970 wahrscheinlich 4 200 000 acres (1 680 000 ha) betragen. Um das Bild in Einklang zu bringen mit persönlicher Erinnerung, man kann sagen, daß zwischen 1925 und 1950 städtische Ländereien um mehr als die Hälfte anwuchsen. Das unterstreicht, wie neu das Wachstum der Städte in diesem Lande ist. Aber gegen die allgemeine Annahme ist es nicht die Industrie selbst, die die größte Bedrohung des Landes darstellt, die Industrie selbst nahm nur 7% der Vergrößerung des städtischen Geländes ein, Häuser 42%, Freiflächen 20%.

Englische Dörfer

der Industriegegenden zu sprechen. Letzteres wächst täglich auf Kosten des ersteren ... Cowper sagte schon 1785 „God made the country and man made the town" und John Ruskins beklagte sich bitter über die Vergrößerung des black country: „Die französischen Revolutionäre haben die Kathedralen Frankreichs in Ställe verwandelt, ihr habt aus den Kathedralen des Bodens Pferdebahnen gemacht. Es gibt kein ruhiges Tal in England, in das ihr kein heulendes Feuer gebracht habt, es gibt kein Stückchen englischen Bodens, in das ihr nicht Kohlenasche getrampelt habt". Landwirtschaft heißt auf englisch agriculture, man hat ein Wort gebildet für die, die nicht mehr im Acker, sondern in der Fabrik, der factory, ihr Lebenszentrum finden, sie leben in der factoriculture, deren Gebiet sich dauernd erweitert!

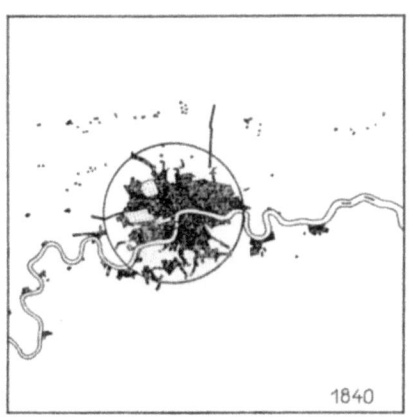

Die Entwicklung Londons
(von 1840 bis 1930)

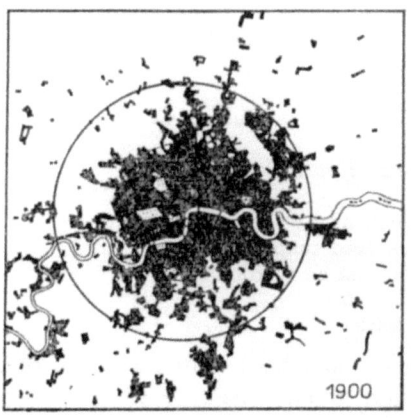
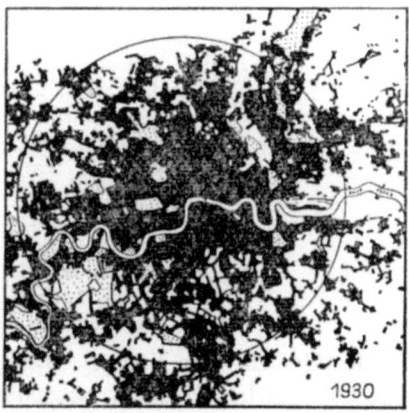

Dieses Schaubild „Entwicklung von London 1840–1930" entstammt der Schrift „The Greater London Plan" = „Planung", Dezember 1947, Hamburg, S. 3, im Vergleich mit einer Karte (S. 28) in der Schrift „Changing Britain", University of London Press, July 1943.

Auf dem Lande nimmt das Grasland auf Kosten des Ackerlandes zu, 1936 waren in England und Wales 23,7% der Fläche Ackerland, 57,0% Grasland, 4% Wald, 15,3% „sonstiges": Häuser, Straßen, Unland. In Deutschland waren die Zahlen: 43,7%; 17,4%; 27,3%; 11,3%, in Frankreich 38,3%; 20,9%; 19,5%; 21,3%. Noch mehr Grasland als England und Wales hatten in Europa nur Schottland 63,1% und Nordirland 56,3%, also ebensoviel, nach England kamen der Irische Freistaat 49,1%, die Schweiz 40,7%, die Niederlande 39,2%[80].

Über das grüne England wollen wir abschließend noch einige lyrische Urteile bringen. Conan Doyle sagt: „Der vom Avon durchflossene Teil der Midlands ist der englischste Teil Englands. Es ist ein Land welliger Weideflächen, es erhebt sich in immer höheren Schwellungen nach Westen bis zur höchsten Erhebung in den Malvern Hills. Es gibt hier keine Städte, dafür zahlreiche Dörfer, jedes mit einer grauen Kirche aus der Normannenzeit. Man hat die Ziegel der südlichen und östlichen Grafschaften hinter sich gelassen, alles ist Stein, steinern die Mauern und mit Flechten bedeckte Platten als Dach. Alles ist düster und solide und massiv, wie es passend ist für das Herzland einer großen Nation"[81].

Richard Aldington sagt: „Es war eine völlig zivilisierte Landschaft, eine Harmonie. Jeder Baum, jede Hecke, jeder Weizen- oder Gerstenhalm, fast jeder Grasstengel in den sanften Wiesen waren vom Menschen gepflanzt worden. Es war keine ‚Natur', es gibt keine wilde Natur in England, nur Land, das durch Arbeit und Liebe zivilisiert wurde".

Die Dichterin Elisabeth B. Browning sagte vor 100 Jahren:

>You understand the letter — ere the fall
>How Adam lived in a garden. All the fields
>Are tied up fast with hedges, nosegay like;
>The hills are crumpled plains, the plains parterres,
>The trees, round, woolly, ready to be clipped,
>And if you seek for any wilderness
>You find, at best, a park.
>
>Du verstehst besser, wie Adam vor dem Sündenfall
>in einem Garten lebte.
>Alle Felder sind fest mit Hecken umschlossen
>wie ein Blumenstrauß,
>die Hügel sind runzliche Flächen,
>die Ebenen, Beete, die Bäume sind rund,
>wollig, warten darauf, beschnitten zu werden.
>Und wenn du nach Wildnis suchst,
>findest du höchstens einen Park.

Dies Gedicht „On English Ground" geht dann etwa weiter, Farmen, die überall zwischen Bäumen eingenistet sind, grüne Hügel, lächelnde Täler

---

[80] Margaret Shackleton: Europe, a regional Geography, London 1939, 3rd. edition, S. 410 (1. Aufl. 1934, 4. Aufl. 1950).
[81] Conan Doyle: L'Entonnoir de Cuir, Paris 1929, S. 118.

und Wälder, die ein silberner Nebelschleier umgibt, Vieh, das auf Wiesen weidet, Bauernhäuser mit aufsteigendem Rauch. Und sie faßt ihr Urteil zusammen: A sweet, familiar Nature, eine liebliche, vertraute Natur.

Als Gegensatz erscheint dann z. B. Schottland mit seinem rauhen Hochland, seiner menschenleeren Wildnis. In ganz Schottland leben keine 70 Menschen auf dem qkm, in England fast 290, und es gibt in Schottland weite Gebiete, wo es keine 10 Menschen auf dem qkm gibt: Argyll, Inverness, Ross-Cromarty, Sutherland, Caithness, zusammen 33 990 qkm und 245 066 Menschen, also je qkm sieben Menschen. Da wir „Geographie und Soziologie", S. 34, für Kulturlandschaften wenigstens zehn Menschen je qkm forderten, sind wir hier in Naturlandschaften (unterbrochen durch kleine Kulturinseln). In England aber ist fast die ganze Landschaft vom Menschen gemacht, ist man made, aber sweet und familiar höchstens in Südengland und kleinen Gebieten anderswo, sicher nicht dort, wo die factoriculture herrscht![82]

Wir wollen nun die Städte als Hauptsitz dieser Factoriculture betrachten und dann Technik und Industrie in der Landschaft.

---

[82] Vgl. auch noch „Legacy of Ugliness" in The Observer 29. 5. 1960.

Die Städte

Die Gesamtheit der Kulturlandschaften nennen wir die Noosphäre. Sie ist also die durch menschliche Handlungen geänderte Erdoberfläche. Handlungen oder Hinzutun, wozu der Mensch dank seinem Geiste fähig war (Geist griech. nous). Biber, Maulwürfe, Mäuse, Termiten verändern die Landschaft auch beim Bau ihrer Wohnungen, aber welcher Unterschied mit menschlichen Häusern!

Außer in Industriegegenden hat man den stärksten Eindruck von der Noosphäre in Städten. Hier scheint die ganze Landschaft von Menschen gemacht. Wir wollen daher nun den Städten unsere Aufmerksamkeit zuwenden.

Das Phänomen Stadt kann in sehr verschiedener Weise studiert werden. Der Historiker wird fragen: wann entstand die Stadt? und, falls es sich um eine gegründete Stadt handelt, wer gründete sie? Dabei mag dann die Frage nach dem Warum? der Stadtentstehung auftreten, auf die häufig der Nationalökonom antworten muß, falls es sich nicht um eine strategische Stadtgründung handelt. Der Stadtplan mag Architekten, Verkehrsfachleute, Urbanisten interessieren, die Aufriß Architekten und Kunsthistoriker. (Wir sprechen nicht von den vielfachen Problemen, die die Stadt und besonders die Großstadt den Sozialpolitikern und Juristen stellt.) Alle diese Fragen und besonders die nach dem Wo? der Stadtlage interessieren den Geographen, wie diesen (und den Ökonomen) die Frage nach der Versorgung der Stadtbevölkerung mit Lebensmitteln, Heizmaterial, Wasser, Rohstoffen, falls Industrie vorhanden ist, angeht.

Schon die bloße Frage Was ist eine Stadt? hat eine weitschichtige wissenschaftliche Literatur hervorgerufen. Wir werden mit Adam Smith die Stadt e contrario definieren als einen Ort, der von nichtlandwirtschaftlicher Arbeit lebt. Er muß also seine Güter gegen Lebensmittel austauschen, um leben zu können (von der geringen Agrarproduktion, die besonders in früheren Zeiten selbst in Großstädten stattfand, wollen wir hier absehen). Das setzt zweierlei voraus: erstens, daß agrarischer Überschuß vorhanden ist und zwar in der Gegend, die nach dem Stande der Transporttechnik der Epoche die Stadt versorgen könnte, also bis etwa 1800 überall die nächste Umgebung, Häfen ausgenommen. Zweitens, daß dieser Austausch gewünscht wird. Beide Bedingungen sind keineswegs selbstverständlich. So entstanden in Großpolen Städte erst, als infolge der sog. deutsch-rechtlichen Kolonisation die Landwirtschaft sich soweit gehoben hatte, daß sie Überschüsse für die entstehenden Städte produzierte. Auch in den Vereinigten Staaten im 18./19. Jahrhundert besteht ein sehr enger Zusammenhang zwischen Vergrößerung der landwirtschaftlichen Produktivität und Städtewachstum. Als andererseits die Magnaten in Polen im 17./18. Jahrhundert anfangen, auf ihren Gütern gewerbliche Produktion zu betreiben und z. T. sogar schon für den Markt arbeiten, verfallen die Städte noch mehr (als sie es schon infolge der städtefeindlichen Politik des polnischen Adels taten).

Im 19. Jahrhundert bekämpften sich in Deutschland zwei Stadtgründungstheorien. Die eine wollte die Städte aus Burgen entstehen lassen: um eine Burg hätten sich Kaufleute angesiedelt wegen des Schutzes, den ihnen diese bot. Die andere wollte die Städte aus gelegentlichen Märkten entstehen lassen; an gewissen Orten, Flußübergängen und dergl., trafen sich zu gewissen Zeiten Kaufleute, die ihre Waren durch das Land führten, allmählich wurden diese Märkte eine stehende Einrichtung, einige Leute siedelten sich am Marktorte an, und so entstand schließlich eine Stadt. Wir können heute sagen, daß beide Theorien recht hatten: oft entstand eine Stadt im Schutze einer Burg, oft entwickelte sich ein periodischer Markt zu einer Stadt. Aber keine der beiden Theorien ist allein richtig. Nach nochmaliger Durchsicht des Urkundenmaterials, besonders des reichhaltigen französischen, sagt E. Perroy („Revue du Nord" 1947 S. 63): „Die Bildung der mittelalterlichen Städte erfolgte vermittels eines Prozesses, der stark verschieden war in den einzelnen Gegenden, verschieden auch nach dem vorstädtischen Kern". Und Max Weber, der wohl am meisten über die Stadt nachgedacht hat, sagt, ehe er in eine Klassifizierung nach ökonomischen Grundsätzen eintritt: „Es braucht kaum gesagt zu werden, daß die empirischen Städte fast durchwegs Mischtypen darstellen und daher nur nach ihren jeweils vorwiegenden ökonomischen Komponenten klassifiziert werden können"[1] (S. 517).

Wir wollen hier die folgenden Stadttypen unterscheiden und besprechen:
>   die antike Stadt,
>   die europäische Stadt des Mittelalters,
>   die moderne Stadt in Europa und Amerika,
>   die altrussische Stadt,
>   die orientalische Stadt von gestern und heute.

Die antike Stadt, die Polis, unterscheidet sich in vielen von der mittelalterlichen und der modernen Stadt. Diese sind vor allem Produzentenstädte, handwerklicher Produktion früher, industrieller heute. Die antike Stadt ist Konsumentenstadt; wenn sie produziert, dann ist es (meist) nur

---

[1] Max Weber: Die Stadt, in Kap. VIII in Wirtschaft und Gesellschaft, Tübingen 1925 (Grundriß der Sozialökonomik III). (Erschien auch im Archiv für Sozialwissenschaften und Sozialpolitik, Bd. 47, 1921).

für den eigenen Bedarf. Es hat seine guten Gründe, daß wir von „Politik" sprechen, denn das war die Hauptbeschäftigung der Bürger einer Polis, ihrer freien Bewohner. Der Grieche Pausanias war wohl der erste Geograph, der nach den Kennzeichen einer Stadt fragte. Er fand sie im Quellwasser, Markt, Amtsgebäuden, Theater, Gymnasien. Max Weber sagt dazu: „Das Gymnasion fehlte nirgends, in ihm und auf dem Markte verbringt der Bürger den Hauptteil seiner Zeit" (S. 597).

Markt entspricht der Markttheorie, von der wir schon sprachen. Amtsgebäude, Theater, Gymnasion sind sog. zentrale Funktionen, die die Städte auch in anderen Kulturen ausüben, und mit denen sich besonders W. Christaller befaßt hat („Die zentralen Orte in Süddeutschland", Jena 1933, und andere Arbeiten).

Zitieren wir noch einmal Max Weber: „Die antike Stadt war durchaus Küstenstadt: bis in die Zeit Alexanders und der Samnitenkriege gab es keine Polis weiter als eine Tagereise vom Meer. Außerhalb des Bereichs der Polis gab es nur das Wohnen in Dörfern (Komai) mit labilen politischen Verbindungen von „Stämmen" (ethne). Eine Polis, die aus eigenem Antrieb oder von Feinden aufgelöst wird, wird in Döfer „dioikosiert". Als mehr oder minder fiktive Grundlage der Stadt galt dagegen der Vorgang des Synoikismus: die auf Geheiß des Königs oder nach Vereinbarung vollzogene Zusammensiedlung der Geschlechter in oder an eine befestigte Burg" (S. 555). Hier also die Burg als Zentrum der Stadtgründung. Aber er sagt selbst, daß dies eine mehr oder minder fiktive Grundlage war. Burgen, Akropolen hatten die antiken Städte freilich wohl alle, die Zeiten waren zu unruhig, um ohne solche auskommen zu können. Aber sie waren manchmal erst dazugebaut worden. Freilich, nach der wohl richtigen Theorie von M. Hérubel waren die ersten Häfen Wasserburgen[2], so daß also auch die Hafenfunktion, die ja viele Städte aufblühen ließ, mit einer Defensivfunktion, wenn vielleicht nicht immer anfing, wie Hérubel fest behauptet, so doch eng verbunden war.

Die mittelalterlichen Städte entstehen an den verschiedensten Stellen. Sehr häufig in Schutzlage: auf Bergkuppen (sog. Hill top towns, oft im Mittelmeergebiet besonders schön Orviedo, aber auch in Deutschland, z. B. Meissen, Nürnberg), auf Flußinseln (Paris), in Flußschlingen (Besançon, Cahors, Rothenburg ob der Tauber), auf Vorgebirgen (Cadiz, Belgrad), auf Meeresinseln (Venedig, Stockholm, St. Malo), in Sümpfen (Hannover, Péronne, Amsterdam). Bei anderen ist es der Verkehr, der die Stadtanlage „hervorruft", z. B. ein Flußübergang (Brugghe, Zweibrücken, die beiden Frankfurts, Posen) oder die Stelle, wo Seeschiffahrt und Inlandsschiffahrt zusammenkommen (Hamburg, Bordeaux, Rouen), wo Paßstraßen aus dem Gebirge herauskommen, wobei es im allgemeinen zwei Stadtanlagen gibt,

---

[2] M. Hérubel: L'Homme et la Côte, Paris 1936.

eine kleinere ziemlich dicht am Gebirge und eine größere weiter ab, wofür die bayerischen, schwäbischen, schweizerischen und andrerseits oberitalienischen Städte Beispiele geben. Schließlich am Rande zweier durch geographische Gegebenheiten wohl definierter Wirtschaftsszenen: Steppe und Wald (Moskau), Gebirge und Ebene (die Städte um den Harz oder den Thüringer Wald), Städte am Wüstenrande. Weitgehend sind die mittelalterlichen Städte „Neuauflagen" römischer Siedlungen (manchmal schon griechischer oder gar phönizischer wie Marseille, Cadiz usw.). In Frankreich und im Rheinland sind es besonders die Bischofssitze, die sich durch die „städtelose" Zeit der frühen fränkischen Könige hindurchretten, wobei man wieder den Einfluß der Verwaltung („zentraler Funktionen") sieht. Dann sind es die Königs- und Fürstenhöfe (vorher zieht der König von Pfalz zu Pfalz), welche Konsumentenstädte aufblühen lassen. Aber die mittelalterliche Stadt ist doch im wesentlichen Produzentenstadt, Handwerkerstadt und Handelsstadt, und die ganze Stadtpolitik des Mittelalters muß in diesem Sinne verstanden werden: Absatz zu schaffen für die eigene Produktion, ohne zu sehr den heimischen Markt der Überschwemmung mit auswärtiger Ware auszusetzen. Freilich, die Konsumenten in der Stadt haben oft entgegengesetzte Tendenzen, und die Handwerker wollen billig die Rohstoffe einkaufen, nicht aber durch auswärtige Konkurrenz in Fertigwaren bei der Festsetzung der Preise für ihre Erzeugnisse gehindert werden. „Die Stadt", d. h. der Rat, muß da oft lavieren zwischen den verschiedenen Tendenzen, in welche die aufkommende Territorialmacht auch noch eingreift. Das Resultat ist für Geographen sehr interessant: die mittelalterlichen Städte sind klein und bleiben klein. All die Fragen der Stadtausdehnung, die für die modernen Städte so schwierige Probleme aufwerfen, existieren für nur ganz wenige mittelalterliche Städte, Hauptstädte, Häfen, aber alle zusammen kein Dutzend in Europa, alle übrigen wachsen aus ihrem Mauerkranz nicht heraus. Denn wenn es vielleicht auch übertrieben ist, zu erklären, eine Mauer „mache" die Stadt, so waren doch fast alle mittelalterlichen Städte ummauert. Damit ist wieder die Defensivfunktion unterstrichen. Oft gibt es dann in der Stadt noch einmal eine befestigte Anlage, Burg oder Schloß (doch ist dies oft gegen die Bürger gerichtet . . .). Man denke auch an den Festungscharakter mancher Kirchen in der Stadt, von der Kathedrale in Albi in Südfrankreich bis zur Marienkirche in Danzig.

Die fremde Kaufmannschaft sondert sich ab: rue des Lombards, vicus Frisiorum, vicus Theutonicorum und die Sondersiedlungen der Hansen: der Stahlhof in London, die Deutsche Brücke in Bergen und die festungsähnlichen Kaufmannshäuser von Witby bis Naugard (Novgorod). Aber die Hansestädte in Deutschland und darüber hinaus sind doch Handelsstädte, die Festungsanlagen sind doch nur da, weil es da etwas zu „nehmen" gibt, Kaufmannswaren und auch – die bürgerliche Freiheit. Denn auch als

Geographen können wir an der Tatsache nicht vorübergehen, daß das Hauptkennzeichen der mittelalterlichen Stadt, das sie von allen übrigen (weitgehend sogar von der modernen Stadt) unterscheidet die Autonomie ist. Gewiß, zwischen einem englischen borough, einer französischen ville royale und einer deutschen Freien Reichsstadt gibt es große Unterschiede hinsichtlich der Art und Weite der politischen Autonomie, aber eine wirtschaftliche Autonomie, ein Markt*recht* haben sie alle, wie immer es sich auch nennt, ob es auf eigenem Boden erwachsen ist oder als Nürnberger Recht, Magdeburger Recht, Lübisches Recht, droit de Beaumont, droit de Verviers, fuero de Pampeluna usw. von woanders kommt. Hier ist keine Willkür des Herzogs, Königs oder Potentaten, hier sind unabhängige Bürger. Und als Zeichen dessen dient die Stadtmauer, an der sich der belagernde Fürst die Zähne ausbeißt oder ausbricht. Die französischen Städte hören auf, Mauern zu haben, als nicht mehr sie selbst, sondern königliche Gerichte (Parlaments) wirtschaftliche Streitfragen entscheiden. Die polnischen Städte werden absolut ohnmächtig, als die Könige ihnen verbieten, Mauern zu haben, und als die stolzeste von ihnen, Krakau, vom König erobert worden ist. Danzig widersteht dem König, und Wall und Graben bleiben hier als Symbol bestehen und nicht nur als das, wenn man an die Belagerungen des 16.–18. Jahrhunderts denkt. Die englische Entwicklung ist etwas anders, da hier auch die Entwicklung der anderen Stände anders verläuft: kein städtefeindlicher Adel, der König ist zumindest in der Wirtschaft städtefreundlich, ja in seiner Außenwirtschaftspolitik „städtischer" als die englischen Städte selbst. Dann spielte auf der Insel England, meerumgürtet, der auswärtige Feind keine Rolle. Aber all dies in Einzelheiten auszuführen, muß ich mir hier versagen. Auch die spanische Sonderentwicklung kann ich nicht behandeln.

Hinsichtlich des Baumaterials dieser Städte nur dies. Wo Holz zu finden war (und das war damals mehr der Fall als heute) wurde es stark benutzt, die Häuser waren entweder ganz aus Holz oder doch wenigstens in Fachwerk (Normandie, Flandern, ganz Norddeutschland, große Teile Englands). An anderen Stellen verwandte man die Steine, die man unter der Hand hatte. Denn von Städten, die an Flüssen liegen, abgesehen, bestand keine Möglichkeit zu einem weiten Transport von Baumaterialien. Daß England in seinen Kathedralen öfter Steine aus der Normandie verwenden konnte, verdankt es Meer und Flüssen. Wo es keinen Haustein gab, da verwandte man Ziegel, in Norddeutschland, aber auch in Toulouse. Schon die Römer bauten in Ziegel, dann geriet das wieder in Vergessenheit, in Norddeutschland kommt es um 1200 wieder auf, in Polen erst im 18. Jahrhundert, zu preußischer Zeit, eine Ziegelmauer heißt noch heute mur pruski, preußische Mauer. Denn hier sind wir im Gebiete, wo das Holz als absoluter Meister herrscht. In England und Frankreich kann man wegen der größeren Varietät der Gesteine den Zusammenhang zwischen Baustein und Geologie besser verfolgen (obwohl Franken z.B. auch gute Studienobjekte bietet, auch Teile von Hessen usw.). Die moderne Stadt bricht diesen Zusammenhang und baut in allen Materialien, nahen und aus der Ferne herbeigeholten. Der moderne Verkehr erlaubt das.

Die moderne Stadt verbindet mit der mittelalterlichen (und unterscheidet von fast allen anderen) die Tatsache, daß sie eine Produzentenstadt ist oder wenigstens vorwiegend, es wird hier für die nichtstädtische Welt produziert oder für die Bevölkerung außerhalb der eigenen Stadt. Aber von der mittelalterlichen Stadt unterscheidet die moderne Stadt die Tatsache, die für den Geographen von besonderer Bedeutung ist, des Entstehens besonderer Wohn-, Geschäfts- und Arbeitsviertel. Gewiß, Anfänge dazu sind auch schon in der mittelalterlichen, russischen und orientalischen, vielleicht auch schon in der antiken Stadt zu finden. Im Mittelalter gab es, auf dem Markte Marktbuden, wo man nicht wohnte, am Hafen, falls die Stadt einen solchen hatte, gab es einige Gebäude, Speicher usw., die nicht Wohnzwecken dienten. Aber im wesentlichen übten mittelalterliche Handwerker und Kaufleute ihre Tätigkeit in ihrem Wohnhause aus. Die Entstehung der Verkehrsmittel hat es erlaubt, daß die Arbeiter weit von ihren Fabriken, die Angestellten und Beamten weit von ihren Büros, Geschäftsräumen und Läden wohnen. Den Urbanisten erwachsen dabei besondere Probleme, denn da die Fabriken alle zu etwa derselben Zeit die Arbeit anfangen, die Büros zwar später, aber wieder alle zur selben Zeit, so gibt es Zusammenballungen von Menschenmassen zu gewissen Stunden des Arbeitsbeginns und des Arbeitsschlusses, die in Großstädten besonders zu unlösbaren Verkehrsproblemen führen. Nur diese Trennung von Arbeitstadt und Wohnstadt (die natürlich nie vollkommen sein kann, in der Londoner City leben immerhin dauernd noch 5000 Personen, vor 20 Jahren waren es noch 10 000, aber 1801 waren es 128 000! hat die Bildung so vieler Großstädte und Riesenstädte überhaupt ermöglicht. Gewiß, Niniveh und Babylon waren auch sehr weiträumige Städte, aber wir wissen von den Ausgrabungen, daß in ihnen selbst Ackerbau betrieben wurde. Bei Rom, wo dies weniger der Fall war, machte zu kaiserlicher Zeit die Versorgung der Bevölkerung sehr ernstes Kopfzerbrechen. Und diese Städte konnten schließlich als Hauptstädte von Reichen Tribute an Lebensmitteln erzwingen, wie wollte dies eine moderne Stadt tun können? Sie muß ihre Lebensmittel durch Austausch ihrer eigenen Erzeugnisse sich erwerben, dazu muß sie sie in großen Mengen herstellen können, daher Fabrikviertel. Gesundheitsgründe aber sind es im wesentlichen, die fordern, daß die Wohnstätten davon entfernt seien. Die Schlafstätten der Arbeiter sollen ruhig sein, und die Wohngegenden sind ja auch die Spielstätten der Kinder. Natürlich wird man sich bemühen, den Abstand von Arbeitsstätte und Wohnung nicht gar zu groß werden zu lassen, um selbst bei modernem Schnellverkehr nicht zuviel Zeit täglich auf dem Wege zu und von der

Arbeit zu verlieren (ich spreche nicht von Notzeiten, wo z. B. die Arbeiter fürs Volkswagenwerk viele Stunden unterwegs sind, und ähnliche Dinge in den zerstörten Städten in Deutschland und anderswo).

Über den Stadtplan vergleiche man „Geographie und Soziologie S. 206 bis 208. Regelmäßiger Stadtplan und Trennung von Arbeits- und Wohnvierteln sind also die Kennzeichen der modernen Stadt. Größe und selbst Höhe des Aufrisses schließen sich dem an, waren aber in einigen Beispielen schon im Altertum vorhanden. Freilich, die skyline von New York, die Reihe der Wolkenkratzer, die einem bei der Einfahrt in den Hafen entgegentritt, das hat es früher nie gegeben, das ist ein Erzeugnis der modernen Technik. Man wird sagen können, daß, wenn antike und mittelalterliche Stadtgründer (wir sprechen hier von bewußten Stadtgründungen) noch allerlei religiöse, ästhetische oder sonstige „Vorurteile" hatten bei der Anlage ihrer Städte, so handelt es sich bei den „amerikanischen" Städten (es gibt sie auch in Asien und in der Sowjetunion, vielleicht auch anderswo) um rein rationale Nützlichkeitsanlagen. Le Corbusier spricht von Wohnmaschinen. Das ist dann Noosphäre in chemisch reiner Form. Aber bedenken wir, daß wir von chemisch reinem Wasser nicht leben könnten . . .

Als altrussische Städte wollen wir die russischen Städte vor der Aufhebung der Leibeigenschaft, also vor 1861, bezeichnen. Sie dienten zwei Funktionen, beide im Interesse des Adels. Dieser verbrachte den Sommer auf den Gütern, dirigierte (mehr oder minder) die Feldarbeiten der Bauern. Im Winter, im russischen Winter, fiel dies fort, man langweilte sich. So zog man in Gouvernementstädte, die Reicheren nach Moskau, und verbrachte dort den Winter mit Bällen, Adelsversammlungen und dergl. Das ist keine bloß russische Erscheinung. Warschau hatte auch seine Adelshöfe, wo dasselbe Leben im Winter vor sich ging. Ja, Moulins hat dieselbe Rolle für den Kleinadel des Bourbonnais noch im 20. Jahrhundert gespielt. Der dortige Adel hatte zwei Wohnungen, ein Schloß auf dem Lande und eine Wohnung in Moulins, und sicher könnte man andere Beispiele aus anderen europäischen Ländern anführen. Was aber nur russisch (mit gewissen Ausnahmen in Polen und Ungarn im 18. Jahrhundert) war, das war die Tatsache, daß nicht nur die Adligen für einige Zeit in die Stadt zogen, sondern auch ein Teil der Leibeigenen dieser Adligen, jene nämlich, die ein Handwerk verstanden. Diese übten nun in der Stadt für eine gewisse Zeit ihr Handwerk aus, ein Markt war ja geschaffen einmal durch die anderen Adelshäuser (es sei denn, daß diese auch gerade das betreffende Handwerk betreiben ließen), zweitens durch die Kaufmannssiedlungen, die ja auch in den Städten bestanden, z. T. fremde Kaufleute (Kitai gorod = Chinesenstadt in Moskau, Smolensk, Twer usw.), wobei auch viele Deutsche, z. T. auf den Jahrmärkten, Messen, zu denen auch viele fremde Händler erschienen, es ist bezeichnend, daß ein Jahrmarkt auf Russisch auch so heißt, d. h. daß man das deutsche Wort verwendet, daß ein gewöhnlicher Markt torg heißt, was ein skandinavisches Wort ist usw. Man lese die Erinnerungen von Tolstoi, Gogol, Krapotkin usw., die diese Verhältnisse plastisch schildern. Die russische Stadt hatte also die zentrale Funktion der Verwaltung (Gouvernement), des mehr oder minder periodischen Marktes, der Adelssiedlungen, der Handwerkersiedlungen, und gewöhnlich auch eine Defensivaufgabe, welcher ein Kreml diente. Unter „Verwaltung" können wir auch die religiöse Verwaltung, die Bischöfe, Archimandriten usw. einreihen. Von den Handwerkern abgesehen, ist die russische Stadt im wesentlichen Konsumentenstadt, wozu noch die vielen Klöster beitrugen, die in jeder russischen Stadt zu finden waren, ja, wie im Norden Rußlands, den Grund zur Stadtanlage geben, Märkte entstehen und die Adligen ziehen für den Winter für ihre Bälle und Versammlungen in die Nähe eines Klosters, um auch etwas für ihre Seelen zu tun.

Hinsichtlich des äußeren Eindrucks: fast alles war in Holz gebaut. Aber so war es weiter westlich auch, in Polen bis in unsere Tage, aber selbst Altonna brannte 1730 völlig ab, da ganz aus Holz gebaut. Doch ist zuzugeben, daß der russische Holzstil, der Izbastil, doch viel Lokalkolorit hatte. Heute ist das weitgehend verschwunden, Zementblöcke erfüllen die Städte der Sowjetunion, die ganz moderne Städte wie USA oder andere Neuländer baut.

Nach marokkanischer Meinung gehören zu einer Stadt: eine Stadtmauer, ein Minarett, ein Markt, eine casbah (nach A. Bernard[3] S. 179). Es kommt darauf an, was man unter einer casbah versteht. Es ist nicht einfach irgendeine Burg oder Fort, sondern das feste Schloß eines Beamten der Zentralregierung oder des Sultan, Kalifen, Kaisers selber. Denn das Wesen der orientalischen Stadt besteht darin, daß sie Sitz einer zahlreichen Beamtenschaft ist. Das waren schon die altägyptischen Städte und die Babyloniens mit ihren vielen „Schreibern", für die der im Louvre befindliche nur ein Symbol ist, es gab Tausende hochgeehrter oder bestgehaßter Beamter. Was machten sie?

In den Sammlungen der Asiatischen Gesellschaft in Calcutta befindet sich eine schöne etwa handgroße Kupferplatte, die sog. Schagura-Platte aus dem 3. Jahrhundert vor Chr. Die Inschrift besagt: Auf Veranlassung des kaiserlichen Hofes von Indien sendet der Mahamatras-Rat von Sravasti ein Rundschreiben aus, welches befiehlt, Lagerhäuser einzurichten für Getreide und andere Feldfrüchte, welche nur in Zeiten von Dürre und Hungersnot abgegeben werden sollen. – Also vorsorgende Staatswirtschaft. Oder gehen wir noch weiter in der Geschichte zurück und erinnern wir uns an den Rat, den Joseph dem Pharao gab laut 1. Mose 41, Vers 34–36:

---

[3] Augustin Bernard: Le Maroc, Paris 1932.

„Pharao möge Beamte im ganzen Lande ernennen, die ein Fünftel der Ernten Ägyptens einsammeln sollen während der sieben Jahre des Überflusses. Sie sollen alle Feldfrüchte dieser guten Jahre sammeln, die kommen werden, sie sollen im Auftrage des Pharao Getreide einsammeln zur Versorgung der Städte und sollen darüber die Aufsicht führen. Diese Vorräte sollen eine Reserve für das Land Ägypten darstellen für die sieben Hungerjahre, die dann im Lande Ägypten kommen werden, damit das Land nicht von der Hungersnot vernichtet werde".

Mit anderen Worten, Joseph befaßte sich mit der „Bewirtschaftung von Lebensmitteln", wie man heute sagen würde. Das ist das Kennzeichen der in den Städten konzentrierten altasiatischen Bürokratie. Vor allem saß in den orientalischen Städten jene große Wasserbau-Bürokratie, die sich mit der sachgemäßen (wenn auch vielleicht nicht immer „gerechten") Verteilung des Berieselungswassers befaßte. Gewiß, die orientalischen Städte haben auch Handwerker in den Suks. Aber man kann die Stadt doch nicht als Produzentenstadt bezeichnen. Diese Handwerker arbeiten meist nur für einen sehr beschränkten lokalen Markt. Gewiß, es gibt Ausnahmen, die Damaszener Klingen (die in Wirklichkeit übrigens meist aus Indien kamen und meist nur in Damaskus verkauft wurden) wurden bis nach Marokko und Europa verhandelt, Maroquinerie (der Name kommt von Marokko) ist die Bezeichnung für feines Lederzeug, der Schuster heißt auf Französisch cordonnier nach Cordoba, im Mittelalter eine „orientalische" Stadt. Aber es mag sogar sein, daß diese Waren an Fürstenhöfen erzeugt wurden, also nicht städtisches sondern Hofgewerbe. Konsumentenstadt war die orientalische Stadt auch insofern, als hier Fürstenhöfe oder hohe Beamte mit großem Gefolge zu finden waren. Daneben Klöster, besonders in buddhistischen Gegenden, an deren Stelle in mohammedanischen Moscheen und Schulen traten. Aber was völlig fehlt, das ist ein selbstbewußtes Bürgertum, ein unabhängiger Kaufmannstand. Selbst das Handelsrecht wird von Priestern ausgelegt oder aufgestellt, falls es nicht direkt von der „Ministerialbürokratie" herkommt. Militärisch sind die Städte Stützpunkte der Zentralgewalt, nicht etwa städtische Wehrbauten. Groß können die Städte dabei schon werden, besonders da die Urproduktion in ihnen eine große Rolle spielt (Gärten!). Das Baumaterial ist örtlich recht verschieden, in den Oasenstädten der Wüsten meist Lehmstampfbau, sonst Stein, Ziegel, Holz. Der Bau ist leicht, in Japan Holz und Papier. Das Klima erlaubt meist diese Bauweise. Die Stadtpläne zeigen alle Übergänge von größter Regelmäßigkeit zur größten Unregelmäßigkeit, meist in Abhängigkeit von lokalen Schwierigkeiten (wie in den europäischen Städten des Mittelalters), aber auch ohne dieselben. Größte Unterschiede bestehen zwischen Palästen und Hütten, denn wieder: es fehlt ein Bürgertum, ein Mittelstand, ein dritter Stand. Prachtbauten für religiöse und dynastische Zwecke fallen ins Auge wie ein hoher Stand der Brücken- und sonstigen Wasserbautechnik.

Seit 100 Jahren wird nun auf diese orientalischen Städte das Schema der modernen Stadt aufgepfropft und zwar außer in Japan, wo es der heimische Adel tut, durch koloniale Beherrscher. Z. T. freilich werden Neustädte neben den alten orientalischen Siedlungen geschaffen wie New Dehli neben Dehli, z. T. auch einfach ganz neu geschaffen: Singapore, Tel Aviv, Ankara, Casablanca (z. T. neben alten kleinen Kernen), aber meist bleibt eine Art Bastard zwischen moderner und orientalischer Stadt: Bombay, Calcutta, Bangkok, oder einige der japanischen Großstädte, in andern erlaubten Erdbeben usw. „amerikanisch" anmutende Neustädte bzw. Neuanlagen. Disparateste Stile und Baumaterialien sind oft die Folge. Die meisten Städte haben dann so etwas Unfertiges, Unausgereiftes in ihrem Anblick, was durch die „Mischung" der Verkehrsmittel erhöht wird, in Karachi z. B. Kamele, Ochsenkarren, Pferdewagen, Autos ältester und allerneuester Konstruktion, Rikschas, Fahrräder, Reiter, Kopflastenträger alles durcheinander und ohne jede Verkehrsdisziplin, wozu noch Kühe, Ziegen, Hunde und sonstiges Getier kommen. Gesamtanblick also sehr bunt fürs Auge, sehr laut fürs Ohr und auch sehr einprägsam für die Nase. Aber wie in der Kleidung der Menschen mehr und mehr der sog. europäische Stil sich durchsetzt, in Japan sich schon durchgesetzt hat, wenigstens für die Männer, so europäisieren oder vielmehr amerikanisieren sich die orientalischen Städte täglich mehr.

In ganz Nordasien gab es vor dem Kommen der Russen keine Städte, ebensowenig vor dem Kommen anderer Europäer in Australien, in Südafrika, im außerandinen Südamerika, in Nordamerika nördlich von Mexiko. Die Städte der Inkas, der Mayas, der Azteken können dem Typ der orientalischen Stadt weitgehend zugeordnet werden. Die Neger haben keine Städte, was man so nennt, sind große Dörfer z. B. in Nigeria. Aber im Sudan hatten die Araber, die dort Königreiche gründeten, auch Städte. Diese glichen im allgemeinen den nordafrikanischen arabischen und berberischen Städten, d. h. sie gehörten zum Typus der orientalischen Stadt. Aber in einigen Fällen scheint der kriegerische und der handwerklich produktive Charakter stärker ausgebildet gewesen zu sein, so daß diese Orte sich dem Typus der europäischen mittelalterlichen Stadt näherten. Wir wollen letztere nicht feudalistische Städte nennen, denn wenn sie auch im Zeitalter des Feudalismus lebten, so bestand doch ihr Wesen gerade im Kampfe gegen die feudalen Mächte und waren sie berufen, eine Wirtschafts- und Sozialordnung zu schaffen, die über den Feudalismus hinausführte.

Betrachten wir hier das Problem der Vergroßstädterung. Etwa 1945 gab es auf der Erde die folgende Anzahl von Großstädten:

Erdteil	Städte über 1 000 000 Einw.	500 001 b. 1 000 000	250 001 b. 500 000	100 001 b. 250 000	Summe
Europa	15	36	65	211	327
Asien	13	23	33	141	210
Nord- u. Mittel-Amerika	6	12	24	77	119
Südamerika	3	6	5	18	32
Afrika	1	1	5	17	24
Australien u. Ozeanien	2	0	2	5	9
	40	78	134	469	721

Nach Gist und Halbert[4] S. 21. — Die Wissenschaft muß sich bereits mit dem Problem der Weltstadt befassen, z. B. den schönen Band, den der 32. Deutsche Geographentag in Berlin unter dem Titel „Zum Problem der Weltstadt" als Festschrift bekam.

---

[4] P. Gist & L. A. Halbert: Urban Society, New York 1950.

Technik und Industrie in der Landschaft

M. Haltenberger hat auf dem Geographenkongreß in Warschau 1934 einen Vortrag über die Technik als umgestaltender Faktor im geographischen Landschaftsbild gehalten[1]. Allerdings hat er mehr einzelne technische Bauten und ihre Wirkung betrachtet. Die Technik arbeitet aber auch flächenweise. Man kennt das Sprichwort: Deus mare ac Batavus litora fecit. Holland, Deutschland, Dänemark, Teile von England und Frankreich haben ähnliche Küstenverhältnisse, überall hat man dem Meere Land abgewonnen, aber am meisten in Holland (allein von 1500 – 1850 355 000 ha) und an anderen Stellen wirkten Holländer mit, es scheint der Kampf mit dem Meere der dortigen Bevölkerung allmählich eingeboren zu sein, was sozialgeographisch bedingt ist. Über die Holländerdörfer in Polen habe ich schon so häufig geschrieben, daß ich hier nicht darauf zurückkommen will.

Vergleichen wir zwei Flüsse in Polen, die Netze und den Narew. Sie haben sehr ähnliche physiogeographische Bedingungen und vor 190 Jahren sahen sie auch einander sehr ähnlich, wie wir aus zeitgenössischen Reisebeschreibungen usw. wissen. Dann kam die Netze an Preußen, der Narew wurde (nach kurzer preußischer Herrschaft, in der übrigens auch schon für ihn wasserbauliche Arbeiten vorbereitet wurden) russisch, in Preußen entstand das fruchtbare und dicht besiedelte Netzebruch, der Narew mit seinen Sümpfen sieht heute noch so aus wie vor 190 Jahren. Gehen wir nach Ungarn, der Lauf der Theiß betrug früher 1400 km, jetzt nur 1000. Deutsche Ingenieure schufen die Begradigung, deutsche Bauern trockneten die Sümpfe aus und machten das Land urbar.

Von allen Posener Flüssen war die Prosna am meisten im Naturzustand geblieben, nicht etwa, weil sie besonders schwer zu bändigen gewesen wäre, nein, aber sie war Grenzfluß zwischen Preußen und Rußland, daher tat man nichts für sie. Für die preußische Weichsel, etwa von Thorn ab, wurde viel Geld ausgegeben, auch Österreich gab sich viel Mühe für die galizische Weichsel. In Kongreßpolen, also auf der langen Strecke von Sandomir bis fast Thorn geschah nichts. Noch heute kann man, wenn man auf der Weichsel fährt, die alte Grenze bei Ottlotschin bei Thorn genau erkennen, denn Polen tat 1919 – 1939 auch nichts, gab es doch Jahre, in

---

[1] Haltenberger: Die Technik als umgestaltender Faktor in der geographischen Landschaft, in Comptes rendus du Congrès Intern. de Géographie, Varsovie 1934, III, 9 – 15.

denen die Freie Stadt Danzig für ihre paar Kilometer Weichsel mehr ausgab als Polen für seine Hunderte von Kilometern!

„Lentschütz (Łęczyca) und die weitere Umgebung dieser Stadt zeigen überall einen nützlichen Wechsel. Die seit Jahrhunderten berüchtigten Lentschützer Brücher und Sümpfe, in denen früher nur Reptilien und unnütze Fische sich wanden, Wildschweine sich wälzten und eingebildete Ungeheuer, sind jetzt durch Kanäle und durch die Reinigung des Bzuraflusses trockengelegt, man sieht hier Herden von Rindvieh und Pferden und ungezählte Heuhaufen und Schober"[2]. Die Worte beziehen sich auf 1825, zu südpreußischer Zeit waren die Kanäle, zunächst zum Schutze der Festung Lentschütz, ausgehoben worden.

Zusammenhang von Sozialordnung und Landschaftsaussehen und Landbau unter Ausnutzung der Technik: im liberalen Italien geschah fast nichts für die „Bonitierung" des Landes, für die Sumpfaustrocknung und Urbarmachung, erst das faschistische Italien leistete Großes in den Pontinischen Sümpfen und anderswo. Und dabei noch eins: „Die Studien von Missiroli lassen keinen Zweifel mehr über die Art der Zusammenhänge zwischen endemischer Malaria und landwirtschaftlicher Prosperität, der landwirtschaftliche Fortschritt bringt einen Rückgang der Malaria mit sich, der Rückgang der Agrikultur bringt ein Wiederauftreten hervor"[3].

Aber die Technik kann auch schlechte Einflüsse haben: „Bei Straßen und Bahnbauten werden in der Regel nur soviel Wasserdurchlässe und in solcher Tiefe hergestellt, wie der augenblickliche überhohe Wasserstand mit Rücksicht auf die Bahn oder Straße es absolut erfordert, aber ohne Rücksicht auf die Wasser- und Kulturverhältnisse der umliegenden Ländereien. Infolgedessen entstehen häufig durch die Aufschüttung von Bahndämmen neue Sümpfe, wo vorher keine gewesen waren. Diese Wassernöte betrachtet man, wie es scheint, als ein ebenso unabwendbares Schicksal wie die fabelhafte Verkrautung der meisten Felder, die eine unvermeidliche Folge der Rückständigkeit der gesamten Bodenkultur ist"[4]. Viel größere Ausmaße als hier in Litauen nehmen die Dinge in Indien ein, wo durch Bahndämme große Sumpfflächen geschaffen wurden, die die sowieso schon karge Lebensmittelbasis der armen indischen Bevölkerung noch vermindert, aber den Großgrundbesitzern, Engländern wie Indern, die Möglichkeit zu Exporten durch die Eisenbahnverbindungen und damit zu großen Profiten geben. Auch das ein Einfluß der Sozialordnung (hier imperialistische Ausbeutung) auf die Landschaft.

Bleiben wir bei den Eisenbahnen. In meinem Buche „Wandlungen im Posener Landschaftsbild zu preußischer Zeit", S. 55 ff. und Karte VI habe

---

[2] Staszic: Ziemia 1928, S. 19.
[3] Annales de Géographie 1936, S. 124.
[4] „Das Land Ober-Ost", S. 190.

ich den Einfluß der Eisenbahnen auf das Wachsen der Städte im Posener Lande dargestellt. Hier nur ein krasses Beispiel. Der Kreuzungspunkt der Ostbahn Berlin – Königsberg mit der Strecke Posen – Stettin wurde 1851 nicht bei der Stadt Filehne eingerichtet, die sich dagegen wehrte („sonst würden die Leute zu Einkäufen in andere Orte fahren"), sondern ins freie Feld gelegt. Hier entstand „aus wilder Wurzel" die Siedlung Kreuz, die 1910 3879 Einwohner hatte, Filehne hatte 1861 4100, 1910 4564. Es hätte sicher mindestens um die Einwohnerzahl von Kreuz zugenommen, falls der Kreuzungspunkt hierher gekommen wäre. In Galizien hat der Bau der beiden Transversalbahnen, im Norden längs der damaligen Grenze mit Rußland und im Süden am Fuße der Karpathen, die dort liegenden Städte aufblühen lassen, während die vorher stärker blühenden, da vom Landstraßenverkehr stärker berührten Städte und Städtchen der mittleren Zone, zurückgingen. Białystok hatte 1860 16 000 Einwohner, 1921 77 000, dabei half die ältere Bahnlinie Warschau – Wilna und die neuere von der ostpreußischen Grenze bei Grajewo nach Brest am Bug und weiter zur Ukraine. Das Städtchen Wolonim hatte 1890 nur 124 Einwohner, die Bahn Warschau – Wilna ließ es auf 6000 Einwohner bis 1921 ansteigen. Im Posener Lande wollten die Stadtverordneten oder einzelne Terrainbesitzer oft nicht den Bahnhof in Stadtnähe bauen lassen. Es entwickelte sich dann eine neue Siedlung an der Straße zum Bahnhof. Besonders auffällig ist dies in Reisen, Pleschen, Jutroschin, wo der Bahnhof 3 km entfernt liegt, 2 km hat die Bahnhofsstraße in Rogasen, Obornik, Betsche, Neutomischel, Bentschen, Buk, Xions, Kröben, Kempen und über einen Kilometer in Dutzenden von Städten.

Die Eisenbahnen erlauben billige Transporte von Baumaterialien. Dies hatte in England folgende Konsequenzen: „Die alten örtlichen Baumaterialien paßten sich ihrer Gegend so gut an, weil sie dem Boden selbst entstammten. Aber sie verschwanden nach und nach. Alle regionalen Stile und alle örtlichen Materialien wurden vernichtet, außer wenn die Reichen mit der Hilfe eines Architekten ausdrücklich in der alten Weise bauen konnten. Und so wurde aus dem lebenden Stil einer Gegend, welcher geeignet war, alle Volksklassen zu befriedigen, infolge der Eisenbahnen eine Art Museumsstück eines reichen Mannes" (Hoskins: The Listener 1954, S. 866 (Nr. 1316 vom 20. 5. 1954).

„Über die physische Karte der Erde hat der Staat zum ersten Male eine politische Karte hinübergelegt mit davon abweichenden Linien, als er die Straßen erbaute. Denn die politische Karte der Erde fing nicht mit der Ziehung der Grenzen an, die sehr lange Zeit hindurch unbestimmte Zonen blieben, sie hat auch nicht angefangen mit den Städten, denn die rein politischen Städte sind selten; durch den Bau der Straßen wurden die ersten genauen Linien der Staatenkarte gezogen. Die Straßen sind ein politisches und militärisches Werk. Es ist sicher, daß die Straßen, indem sie sich vermehrten, schließlich wirtschaftliche Adern ebenso wie politische Adern geworden sind. Viele Straßen, die nach den ersten gebaut wurden, entsprechen nur Handels- oder Austauschbedürfnissen. Aber die wirtschaftliche Straße entsteht erst nach der politischen, denn nur im Schatten des Schutzes des Staates gedeiht und entwickelt sich der wirtschaftliche Verkehr" (C. Vallaux[5]).

„Das Interesse, das die Menschen haben, gewisse Märkte zu besuchen, wechselt mit dem allgemeinen Kulturzustand, der Natur und der Produktionsweise der Feldfrüchte und der Manufakturobjekte, dem Zustand der Verkehrswege, den Verkehrsmitteln, besonders mit den Bedingungen, welche die Innenpolitik und die Außenpolitik ergeben. Fast alle diese Faktoren hängen mehr von der Geschichte als von der Geographie ab, durch ihr Medium erfolgt der wirkliche Einfluß der Gesellschaften auf die Orte"[6].

Wenn man gesagt hat, daß das Römertum durch seine Straßen seine Staatsgesinnung der Landschaft aufzwang, so kann man das noch mehr von den Reichsautobahnen des Dritten Reiches sagen. Andrerseits lassen sich noch heute die Kriegszüge Napoléons an den Landstraßen in Europa, auch im Posener Lande, z. B. ablesen. Der Krieg 1914—18 schuf an vielen Orten Straßen, Brücken und Eisenbahnen, der Krieg 1939—45 nicht weniger. Eisenbahnen erscheinen sehr stark in der Landschaft, einmal durch die Bauten selbst, zweitens aber weil der Eisenbahnbetrieb selbst ein Zuwachsen der Gegend verhindert. Eisenbahnstrecken sind daher die größten vegetationslosen Gebilde in Kulturländern (die Ödlandflächen in Mittelpolen lassen eben daran zweifeln, diese Gegenden als Kulturland zu bezeichnen), doch tritt ein Zuwachsen sehr schnell ein, wenn eine Bahnlinie, etwa infolge von Kriegsereignissen, unterbrochen ist. Über den Einfluß der Eisenbahnen auf das Städtewachstum sprachen wir schon, auch das sind Wirkungen des Verkehrs auf die Landschaft, aber indirekte. Cwikiel hat eine Karte veröffentlicht[7], die die Verkehrsdichte in den einzelnen Gebieten Polens zeigt: sie fällt mit der Dichte der materiellen Kultur zusammen, oder anders gesagt, das Kulturgefälle zeigt sich auch hier. Dazu paßt, daß[8] 1935 in der Wojewodschaft Schlesien jeder 9. Bewohner ein Fahrrad besaß, in der Wojewodschaft Tarnopol jeder 111.

Pascal nennt die Flüsse „Straßen, die selber gehen". Ja, aber Flüsse werden zu Wasserstraßen erst durch die Tätigkeit des Menschen, durch seinen Willen. Netze und Weichsel waren bei Bromberg immer einander nahe, Polen, das Jahrhunderte dort herrschte, tat nichts für ihre Verbindung, Friedrich der Große schuf sie nach wenigen Monaten. Weitere Beispiele über

---

[5] Vallaux: Le Sol et l'Etat, Paris 1911, S. 280.
[6] Febvre: La Terre et l'Evolution humaine, Paris 1922, S. 421.
[7] Ćwikiel: Komunikacja autobusowa ... w Polsce 1929, Warschau 1930.
[8] Nach „Narodowiec", 23. 8. 1939.

den Einfluß der Technik auf das Landschaftsbild siehe „Geographie und Soziologie", S. 212—214, 228—230.

Die Bauten der Eisenbahn, die Reichsautobahnen, also die Manifestationen der modernen Verkehrstechnik spielen eine große Rolle im Landschaftsbild. Aber auch sonst tut die Technik das, sowohl die Industrie unserer Tage als auch die Techniken früherer Zeiten, die jetzt im Landschaftsbild als Reliktform sich zeigen. Ich schrieb über einige dieser Formen in meinem Buche „Géographie et Sociologie" S. 12—13. Die frühere Eisenindustrie beruhte auf der Holzkohle, fand also in Wäldern statt. Es gibt in Südengland viele Wälder, die englische Admiralität wollte diese Wälder für Schiffsbauzwecke bewahren und ordnete daher die Abwanderung der Industrie von hier aus an. Sie ging z. B. nach Sheffield und Birmingham, wo die bald entstehende Holzknappheit auf die Steinkohle als Material von 1760 an hinwies.

Noch ein Beispiel der Landschaftsumwandlung durch die Technik, nicht durch Hinzufügung von Zweckbauten, wie fast immer sonst, sondern durch Wegnahme: „Sandgruben in der Nähe der Kohlengruben (die den Sand zum Versatz der abgebauten Strecken gebrauchen) stehen hoch im Werte und es kann ihre Nutzung als die Hauptnutzung bezeichnet werden, während die Nutzung des Holzes vollständig als Nebennutzungsbetrieb anzusehen ist. Weite Landflächen werden so durch den Abbau des Sandes niedriger gelegt. Dem allmählichen Vorrücken der Sandnutzung muß der Wald weichen, um vielfach auf der tiefer gelegten Fläche als Kultur wieder der Sandnutzung nachzurücken. In einer einzigen solchen Sandgrube betrug die jährliche Förderung etwa 20 000 Tonnen (bei einem Preise von 0,25 Złoty je Tonne Sand"[9]. Wir sprachen vom „Versatz" der abgebauten Strecke: in Oberschlesien ist es üblich, die aufgegebenen Stollen mit Sand anzufüllen, um zu verhindern, daß diese zusammenbrechen und dann an der Oberfläche Erdfälle entstehen, die meist zur Bildung von Teichen Anlaß geben, ja Häuser mit sich hinabziehen.

Schließlich dankt man der Technik im allgemeinen die prinzipiellen Änderungen im Landschaftsaussehen seit etwa 100 Jahren: Eisenbahnen und gebaute Landstraßen, Kanäle, Stauwehre. Noch größer sind die Unterschiede im Aufriß: die Wohnhäuser haben mehrere Stockwerke, Betonhochhäuser kamen hinzu, ein Wald von Fabrikschornsteinen und all die merkwürdig geformten Industriebauten, die Wassertürme, die Gasbehälter, Funktürme, Überlandzentralen mit ihrem Leitungsnetz. Schließlich entstanden ganze Industrielandschaften mit ihrem Gewirr von Landstraßen, Schienensträngen, Bahnanlagen, Industriewerken, Arbeitersiedlungen, Kraftwerken und Halden. Hier ist auf viele Geviertkilometer die ganze Landschaft „man made", vom Menschen geschaffen. Ob freilich auch immer im wahren Interesse des Menschen . . .?

---

[9] Marter: Der ostoberschlesische Wald und seine Nutzung. Berlin 1936, S. 74.

Vorläufer der Sozialgeographie im Altertum

Felix qui potuit rerum cognoscere causas. (Glücklich, wer den Urgrund der Dinge erkennen konnte[1]; Vergil, Georgica 2, 490.) Das ist die Beschreibung eines Wissenschaftlers. Aber wie kommt man dahin? Lucretius sagt „De rerum natura" 1, 699 f.:

> Quo referemus enim? Quid nobis certius ipsis
> Sensibus esse potest, qui vera a falsa notemus?
> (Denn worauf werden wir uns stützen?
> Welches Zeugnis kann sicherer sein als das der Sinne,
> um Wahres und Falsches zu unterscheiden?)

Man kann das verstehen als eine Parteinahme für den Sensualismus gegen den Pyrrhonismus oder auch gegen einen übertriebenen Idealismus, aber man kann das auch verstehen als eine Erklärung, daß die Beobachtung die Grundlage aller Wissenschaft sein muß, also auch der Geographie, wie Humboldt, Penck, de Martonne und viele andere Geographen es immer wieder erklärt haben. Dies gilt für die physische Geographie, aber es gilt ebenfalls für die Anthropogeographie, wo noch viel zu oft Systeme konstruiert werden und hastige Generalisationen sich finden. Wieviel wird da geredet über den Einfluß des Klimas auf die Menschen, Ideen, die schon im Altertum auftauchen und später von Montesquieu, Taine und anderen wiederholt werden, aber immer zweifelhaft bleiben! Zitieren wir trotzdem einige dieser Ideen im Altertum!

So sind für Diodor (3, 33 f.) die Temperaturunterschiede zwischen Äthiopien und Skythien genügende Erklärung für die Unterschiede in den Sitten der Bewohner dieser Länder. Noch kühner ist Cicero, der De fato 7 sagt: Athenis tenue caelum, ex quo etiam acutiores putantur Attici, crassum Thebis, itaque pingues Thebani et valentes. (Die Luft in Athen ist scharf, und dies gibt anscheinend den Athenern auch soviel Geistesschärfe; in Theben ist die Luft dick, und daher haben die Thebaner mehr Kraft als Geist.) Montaigne (Essais 2, 12) zitiert dies zustimmend. Die Ideen, die Lucretius über den Einfluß der Klimate auf die Krankheiten äußert, übrigens weitgehend nach Hippokrates, kommen wohl der Wahrheit näher,

---

[1] Die Übersetzungen sind für diejenigen bestimmt, die die alten Sprachen nicht mehr lernen. Wer Latein kann, wird oft eine andere, vielleicht bessere Übersetzung wählen wollen. Aber „Philologie ist nicht Mathematik, es gibt nicht nur eine Lösung", sagte Valery-Larbaud, der so schöne Übersetzungen geschaffen hat. Er sagte es von Übersetzungen aus lebenden Sprachen; es gilt noch mehr für das Lateinische.

sind in jedem Falle leichter zu kontrollieren wie auch die Notiz bei Strabo, daß die Pferde der Keltiberer, deren Haar ins Graue geht, diese Farbe verlieren, sobald man sie ins nördliche Iberien bringt (3, 4, 15; ed. G. Kramer, Berlin 1844 – 52).

Alle europäischen Sprachen vergleichen den Seelenzustand mit dem Zustande der Atmosphäre, heiter, düster, bewölkt, stürmisch usw.; das findet man schon bei Vergil (Georgica 1, 415 – 423).

Aber wichtiger als die angeblichen Einflüsse der Natur, des geographischen Milieus auf den Menschen sind die Einflüsse des Menschen auf die Natur, die geographische Umwelt, mit anderen Worten: des Menschen als geographischen Faktors, verantwortlich für die Veränderungen im Landschaftsbild.

Damit kommen wir zum eigentlichen Arbeitsgebiet der Sozialgeographie.

Die Bücher der Alten sind voller Angaben über die Tätigkeit des Menschen bei der Umwandlung der Landschaft, ohne daß man natürlich eine methodische Beschreibung findet, obwohl sie manchmal die Gründe der Umwandlungen gut anführen. Geben wir einige Beispiele, wo wir mit den ältesten anfangen wollen, über auf das Wasser bezügliche Arbeiten im alten Ägypten! Herodot (2, 99) spricht von den großen Veränderungen im Landschaftsbild durch den Bau von Deichen und Teichen in Ägypten seit den ältesten Zeiten, spricht (2, 158) vom Kanal, der einen Teil der Landenge von Suez durchschneidet, gibt einen sekundären (für manche primären: der Krieg als Vater aller Dinge) Grund für die Kanäle an (2, 108): Die Kanäle in Ägypten wurden gegraben, um zu verhindern, daß die Feinde sich ihrer Pferde und Kampfwagen bedienen.

Von den Äthiopiern, die man für tief unter den Ägyptern stehend ansah, berichtet Diodor Bewässerungen (1, 33): Man zählt mehr als 700 Inseln im Nil (außerhalb des Deltas); einige davon sollen von den Äthiopiern bewässert und mit Hirse bebaut worden sein.

Aber in wahrhaft sozialgeographischem Geiste spricht Sueton (Augustus 18): Fossas omnis in quas Nilus exaestuat oblimatas longa vetustate militari opere detersit. (Er ließ durch seine Soldaten alle Kanäle reinigen, zu denen der Nil seine Überschwemmungswasser sandte und welche im Laufe der Zeit verschlammt waren.) Grund: ut feraciorem habilioremque annonae urbicae redderet (um [Ägypten] fruchtbarer und zur Ernährung Roms geeigneter zu machen). Als weiteren Grund hören wir, daß unter der zentralisierten römischen Regierung die Verwaltung der Ptolemäer nachlässig geworden sei. Derselbe Sueton berichtet von demselben Augustus (30), er habe den Tiber reinigen lassen: Ad coercendas inundationes alveum Tiberis laxavit ac repurgavit, completum olim ruderibus et aedificiorum prolapsionibus coartatum. (Um die Tiberüberschwemmungen zu vermeiden, ließ er das Flußbett verbreitern und reinigen; es war seit langem durch Ruinen verstopft und durch eingefallene Gebäude verengt.) Älter waren die Arbeiten des M. Aemilius Scaurus, des Erbauers der Via Aemilia, über die Strabon berichtet (5, 1, 11): „Aber Scaurus ließ schiffbare Kanäle vom Po bis Parma bauen und legte so die Ebene trocken."

Der Philosoph Lucretius sieht diese Dinge von einem allgemeineren Standpunkt (5, 1370 – 1378):

> Inque dies magis in montem succedere silvas
> Cogebant infraque locum concedere cultis;
> Prata, lacus, rivos, segetes vinetaque laeta
> Collibus et campis ut haberent, atque olearum
> Caerula distinguens inter plaga currere posset
> Per tumulos et convallis camposque profusa;
> Ut nunc esse vides vario distincta lepore
> Omnia, quae pomis intersita dulcibus ornant
> Arbustisque tenent felicibus opsita circum.

(Jeden Tag zwang man die Wälder, sich mehr auf die Gebirge zurückzuziehen, um das Tiefland freizumachen für die Landwirtschaft: Wiesen, Teiche, Bäche, Felder und lachende Weingärten bedecken die Abhänge und die Ebenen, und das dunkle Laub der Ölbäume tritt hervor in den Auen, wo ihre langen Reihen über die Hügel sich hinziehen, in den Tälern und Ebenen. So siehst du die Landschaft sich jetzt in angenehmer Mannigfaltigkeit darbieten dank den fruchtbeladenen Obstbäumen, die man auf die Felder gepflanzt hat und welche sie einhegen).

Er sieht auch, daß ohne die dauernde und ständige Einwirkung des Menschen die Landschaft sich verändern würde (5, 206 – 209):

> Quod superest arvi, tamen id natura sua vi
> Sentibus obducat, ni vis humana resistat,
> Vitai causa valido consueta bidenti
> Ingemere et terram pressis proscindere aratris.

(Was uns übrigbleibt an Kulturland, die sich selbst überlassene Natur würde es bald mit Dornen bedecken, wenn nicht die menschliche Tätigkeit sie zurückhielte, wenn die Lebensnotwendigkeiten uns nicht zwingen würden, die Erde unter der schweren Hacke stöhnen zu lassen und sie mit der Schar unserer Pflüge zu zerreißen.)

Daß der Mensch der wichtigste Faktor für die Fruchtbarkeit der Erde ist, sieht man in diesen Versen (Georgica 2, 262 – 264):

> Optima putri
> Arva solo, id venti curant gelidaeque pruinae
> Et labefacta movens robustus iugera fossor.

(Die besten Felder sind diejenigen, deren Boden verbessert wurde, das ist die Aufgabe der Winde, des Frostes und des Rauhreifs, aber auch die des kräftigen Winzers, der den Boden bewegt und die Morgen gestaltet.)

Lucretius sagt es auch (1, 208 f.):

> Postremo quoniam incultis praestare videmus
> Culta loca et manibus melioris reddere fetus.

(Schließlich sehen wir, daß die Felder die Ödländer übertreffen und unsere Mühe durch bessere Ernten vergüten.)

Ja, schon Xenophon (Ökonom. 5, 12) betrachtet die Pflege der Erde als Voraussetzung für reiche Früchte, und er benutzt das Wort therapeuein (daher unser Therapeut), was die rationale und fortgesetzte und sozusagen mit Liebe ausgeführte Aktion unterstreicht. Das bringt uns zu einigen allgemeineren Überlegungen über die Antike und die Landwirtschaft.

Wir haben wissenschaftliche Werke über die Landwirtschaft von Varro, Columella, aber auch die Dichter haben sich mit ihr befaßt wie Hesiod, Vergil, und selbst für die Philosophen spielt sie eine Rolle. Erwähnen wir nur Cicero, De senectute 15, 51 – 17, 61! Ein anderer Philosoph, Seneca, beschreibt uns die Veränderungen der ländlichen Landschaft infolge sozialer Bedingungen; er betreibt also wahre Sozialgeographie: Ich bin nicht von Anfang an der Nachbar eines reichen Mannes. Rings um mich saßen auf zahlreichen Höfen gleichbegüterte Besitzer, die in nachbarlicher Eintracht ihren bescheidenen Besitz bebauten. Wie anders jetzt! Das Land, das einst alle diese Bürger nährte, ist jetzt eine einzige große Pflanzung, die einem einzigen Reichen gehört. Sein Gut hat seine Grenzen nach allen Seiten hinausgerückt, die Bauernhöfe, die es verschlungen, sind dem Erdboden gleichgemacht, zerstört die Heiligtümer der Väter. Die alten Eigentümer haben Abschied vom Schutzgott des Vaterhauses nehmen und mit Weib und Kind in die Ferne ziehen müssen. Einförmige Öde herrscht über der weiten Fläche. Überall schließt mich der Reichtum wie mit einer Mauer ein, hier der Garten des Reichen, dort seine Felder, hier seine Weinberge, dort seine Wälder und Triften!

Die Historiker befassen sich viel mit der Landwirtschaft. Xenophon schreibt darüber, Cäsar läßt niemals die Beschreibung der Landwirtschaft aus bei den verschiedenen Völkern, die er uns in „De bello Gallico" vorführt. Die Beziehungen zwischen Krieg und Landwirtschaft zeigt er z. B. in den Worten (1, 3): sementes quam maximas facere, (möglichst große Aussaaten zu machen), d. h. also das gesamte Kulturland bestellen, denn wie uns Tacitus (Germania 26) mitteilt, liegt im Frieden ein Teil der Flur brach: Superest ager. (Bestellbares Land bleibt übrig.)

Eine andere Beziehung zwischen Krieg und Landwirtschaft sieht man bei Vergil (Georgica 1, 507): squalent abductis arva colonis. (Die Äcker liegen brach, denn die Bauern sind zum Kriege weggeführt worden.) Sueton berichtet uns nebenbei von Wanderungen landwirtschaftlicher Arbeiter, Saisonarbeiter, wie wir heute sagen würden, damals schon eine Folge des Großgrundbesitzes (Vespasian 1): „. . . operarum, quae ex Umbria in Sabinos ad culturam agrorum quotannis commeare soleant" (Arbeiter, die jährlich von Umbrien ins Sabinerland kommen, um die Felder zu bestellen). Krieg und Latifundien verwandeln die Felder in Wüsteneien (Georgica 3, 476 f.): . . . videat desertaque regna Pastorum et longe saltus lateque vacantis. (Er würde das Reich der Hirten in Wüsten verwandelt finden und die Wälder weit und breit verlassen; zitiert von Montaigne 3, 12.) Glücklicherweise gibt es auch positive Veränderungen: . . . sterilisve diu palus aptaque remis Vicinas urbes alit et grave sentit aratrum. (Ein Sumpf war lange unfruchtbar und nur von Rudern bewegt, jetzt kennt er den schweren Pflug und ernährt die benachbarten Städte; Horaz, De arte poetica 65 f.; ebenfalls von Montaigne zitiert 1, 30.)

Von Rodungen in Ligurien spricht Diodor (5, 39); er beschreibt ferner die Landwirtschaftsmethoden der Basken Ouakkaioi, des zivilisiertesten Volkes Iberiens. Jedes Jahr teilen sie die Felder unter sich auf, bearbeiten sie und ernten gemeinsam die Feldfrüchte. Sie geben dann jedem seinen Anteil. Die Todesstrafe droht denen, die einen Teil der Ernte zur Seite bringen würden (5, 34).

Die Überschwemmungen des Nils sind entscheidend für die Landwirtschaft Ägyptens, was Herodot „ein Geschenk des Nils" nennt. Diodor erzählt (1, 36), die Priester konnten nach der Höhe des Flutwassers die Größe der Ernten voraussagen, was Plinius bestätigt: „Wenn die Überschwemmung nur 12 oder 13 Ellen hoch ist, gibt es Hungersnot, bei 14 verbreitet sich Freude, bei 15 besteht Nahrungssicherheit und bei 16 Überfluß." Strabo erzählt, die Böden, die sich auf der alten Lava des Ätna gebildet haben, seien sehr fruchtbar (6, 2, 3), so daß die Bewohner trotz aller Gefahren dort bleiben.

Wie das Aussehen der Landschaft durch die Einführung der Luzerne sich wandelte, berichtet Vergil (Georgica 1, 215); sie kam aus Medien nach Griechenland und von dort nach Italien. Wie wir wissen, war zur Kaiserzeit die Umgebung Roms fast unbebaut. Schon Augustus wollte dem abhelfen: Impetum se cepisse scribit frumentationes publicas in perpetuum abolendi, quod earum fiducia cultura agrorum cessaret. (Er faßte nach seinen eigenen Angaben den kühnen Plan, die Verteilungen von Getreide für immer abzuschaffen, weil die Hoffnung darauf die Vernachlässigung der Landwirtschaft mit sich brachte; Sueton, Augustus 42.)

Heutzutage ist die Siedlungsgeographie ein beliebter Zweig der Anthropogeographie. Auch sie wurde schon von den Alten betrieben. Tacitus spricht von der Siedlungsweise der Germanen (Germania 16), Procopius von der der Slawen. Cäsar sagt über die Häuser der Gallier (De bello Gallico 5, 43): casas quae more Gallico stramentis erant tectae, (Häuser, die nach gallischer Art mit Stroh gedeckt waren), was Strabo bestätigt: Die Gallier „bewohnen große Häuser, die mit Brettern und Flechtwerk gebaut werden, darüber ein rundes Dach, dick mit Stroh geflochten" (4, 4, 3). Diodor (5, 21) nennt die Häuser der Britannier sehr einfach, zum größten Teile seien sie aus Rohr oder Holz. Die Insel ist stark bevölkert. Dagegen berichtet er über Theben in Ägypten (1, 45), selbst die Häuser einfacher Privatleute haben vier oder fünf Stockwerke. Und über Rhodos (im Jahre

317 v. Chr.) schreibt er, die Häuser seien nicht aus Ziegeln, sondern aus Stein (19, 45). Herodot sagt, in Babylon hätten die Häuser vier Stockwerke, und er gibt eine gute Beschreibung der Straßen der Stadt. Damit begründet er sozusagen die Stadtgeographie, heute ein vielgepflegter Teil der Siedlungsgeographie.

Im Altertum waren die Städte der einzelnen Völker sehr verschieden. So erkennt Strabo (3, 4, 2) an den Ruinen einer Stadt, daß es sich um eine griechische Stadt gehandelt habe; es gab also einen Unterschied der Stadttypen. Für die Römer verdienten die „Städte" der Britannier kaum diesen Titel. Cäsar sagt (5, 21): Oppidum autem Britanni vocant, cum silvas impeditas vallo atque fossa munierunt, quo incursionis hostium vitandae causa convenire consuerunt. (Die Britannier nennen „Stadt" einen schwer zugänglichen Wald, den sie mit Wall und Graben umgeben haben und welcher ihnen gewöhnlich als Zuflucht dient, um den Kriegszügen ihrer Gegner zu entgehen.) Ähnlich Strabo: „Die Wälder dienen ihnen als Städte. Nachdem sie mit gefällten Bäumen einen großen Wall errichtet haben, bauen sie dahinter Hütten als ihre Wohnung und Ställe, um ihr Vieh unterzubringen, aber dies geschieht nur für kurze Zeiträume" (4, 5, 2). Mit anderen Worten: Sie errichteten Fliehburgen, wie die Slawen noch 1000 Jahre später und wie sie Hermann Löns aus dem Dreißigjährigen Kriege im „Werwolf" beschreibt. Cäsar schildert die Schutzlage der Städte der Veneter (3, 12). In Alexandria gab es schon urbanistische Ideen, wie Diodor (17, 52) berichtet: „Nachdem (Alexander) genau die Stätte hatte ausmessen lassen, ließ er nach den Regeln der Kunst die Straßen so ziehen, daß sie sich in rechten Winkeln schnitten." Guizot hat öfter betont, daß die antike Kultur eine Kultur der Städte gewesen sei. Das trifft sich mit einigen Ideen Strabos über die Zivilisation und die Städte: Diejenigen Keltiberer, „die in Dörfern wohnen, sind von wildem Charakter; ... nur die Städte besänftigen die Sitten" (3, 4, 13). Die Kelten seien weniger zivilisiert als die Turdetaner, weil sie vielfach in Dörfern wohnen (3, 2, 15).

Heutzutage haben Anthropogeographie und Soziologie ein gemeinsames Studiengebiet, die Volksdichte. Schon die Alten hatten sowohl die Statik wie die Dynamik dieser Erscheinung gesehen. Diodor sagt (1, 31): In alter Zeit existieren außer den zahlreichen bedeutenden Dörfern mehr als 18 000 Städte, wie man im einzelnen in den ägyptischen Archiven aufgezeichnet finden kann. Unter der Herrschaft des Ptolemäus, des Sohnes des Lagus, zählte man sogar mehr als 30 000, und diese große Zahl besteht noch heute. Die Gesamtbevölkerung betrug einst sieben Millionen ... Es war dank dieser großen Volksmasse, daß die früheren Könige Ägyptens die gewaltigen Bauwerke aufführen konnten. „Dynamischer" ist der Standpunkt Cäsars, wenn er sagt (1, 2): Pro multitudine autem hominum et pro gloria belli atque fortitudinis angustos se fines habere arbitrabantur, qui in longitudinem milia passuum CCXL, in latitudinem CLXXX patebant. ([Die Helvetier] waren der Meinung, daß ihr Land, welches 355 km lang und 266 km breit war, nicht groß genug wäre im Hinblick auf ihre Volkszahl und ihren Kriegsruhm und ihre Tapferkeit.)

Eine Folge der großen Volksmasse Roms waren die hohen Mieten. Diodor (31, Fragment 18) berichtet, daß ein gewisser Demetrius im Jahre 155 v. Chr. infolge der hohen Mieten in Rom eine enge und im höchsten Stock gelegene Wohnung innehatte, welche dann Ptolemäus, der von seinem Bruder vom Thron gestoßene König Ägyptens, übernahm. Dieser Demetrius war übrigens sozusagen ein Vorläufer von Lenôtre; er war Gartenarchitekt. Die Volksdichte ist am geringsten bei den Nomaden, welches Wort von Herodot in die Wissenschaft eingeführt wurde (von nemein = weiden). Diodor (19, 94) gibt eine gute Beschreibung der nomadisierenden Araber und ihrer Zisternen.

Sprechen wir jetzt von allgemeineren Ideen! Diodor will die Entwicklung der Geometrie in Ägypten vom Nil und seinen Überschwemmungen ableiten (1, 81); er war also Anhänger des geographischen Materialismus. Andere Beispiele dieser Geisteshaltung kann man bei Strabo (3, 3, 5) sehen: Die Sterilität des Landes führte die Bergbewohner in Lusitanien dazu, den Besitz ihrer Nachbarn zu begehren; so wurden sie Räuber. Und weiter heißt es: Die Schwierigkeit, mit anderen Völkern in Verkehr zu treten, hat die Bergbewohner ungesellig und unmenschlich gemacht (3, 3, 8). Gegen den geographischen Materialismus habe ich mich in meiner Schrift „Sur l'Allier, la Vistule et ailleurs", Moulins 1941, 70, gewandt. In meinem Buche „Géographie et sociologie", Moulins 1940, 5 – 19, schrieb ich über die menschliche Arbeit als Hauptproblem der Anthropogeographie. Auch hierfür gibt es schon Vorläufer im Altertum, zumindest Schriftsteller, die sich gegen eine Mißachtung der Handarbeit — wie sie sich so stark bei Cicero findet — aussprachen. Herodot kritisiert es, daß die Ägypter, die Griechen, die Thraker, die Skythen, die Perser und die Lyder diejenigen ihrer Mitbürger für weniger ehrenhaft halten, die handwerkliche Berufe betreiben, sie und ihre Nachkommen, und für edel diejenigen erachten, die von der Hände Arbeit frei sind (2, 167). Bei Xenophon steht (Ökonom. 11, 8), daß die Götter die Menschen ohne Erkenntnis und ohne Bemühung nicht glücklich werden lassen. Schließlich gehört auch das Wort „Vor die Tugend haben die Götter den Schweiß gestellt" des Hesiod hierher.

In unseren Tagen spricht man soviel von Geopolitik, aber schon Polybius sah die Geschichte Roms unter diesen Gesichtspunkten: Gelegen im Mittelpunkt des Mittelmeeres, brachen die Römer zu Eroberungen nach Osten und Westen auf, bis sie systematisch alle Küsten erobert hatten. Diese Ansicht wurde übrigens auch von Bossuet (Discours sur l'histoire universelle) geteilt. Ratzel hat die Beziehungen zwischen Boden und Staat unterstrichen, aber schon Aristoteles sagte: „Denn der Staat ist eine Gemeinschaft und notwendigerweise zunächst eine Bodengemeinschaft" (meist übersetzt: Territorialgemeinschaft; Politica 2, 1). Sueton spricht über „geographische Pläne" Cäsars, um mich so auszudrücken (Cäsar 44): siccare Pomptinas paludes; emittere Fucinum lacum; viam munire a mari Supero per Appennini dorsum ad Tiberim usque; perfodere Isthmum. ([Er wollte] die Pontinischen Sümpfe trocken legen, den Wassern des Fuciner Sees einen Abfluß schaffen, eine Straße vom Oberen Meer [d. h. Adriatischen] quer durch den Appennin zum Tiber bauen; den Isthmus [von Korinth] durchstechen.) Der Kaiser Claudius legte den Fuciner See trocken (Sueton, Claudius 20). Einige dieser Pläne dienten also dem Verkehr.

Die Römerstraßen sind vielleicht der stärkste Einfluß des Menschen auf die Landschaft im Altertum. Diodor gibt (20, 36) Einzelheiten über den Bau der Via Appia, Strabo nennt sie (5, 3, 6) „die gepflasterte Straße von Rom bis Brindisi". Über ein anderes Verkehrsproblem berichtet Diodor (13, 47): Um die Gefahren zu vermeiden, die ihnen von seiten der Athener drohten, faßten die Chalkider und Böoter den Plan, den Euripus zuzuschütten, d. h. einen Deich zu errichten, der Euböa an das Festland anschlösse. Der Plan wurde schnell zur Ausführung gebracht.

Wir sehen also, daß fast alle Zweige der Anthropogeographie, Siedlungsgeographie, Verkehrsgeographie, Wirtschaftsgeographie, politische Geographie (Strabo schreibt viel zur politischen Geographie Griechenlands), Geopolitik, Sozialgeographie usw., bereits im Altertum betrieben wurden. Wir sind daher durchaus nicht der Meinung des Sthenelos in der Ilias: (4, 405) „Wir danken dem Himmel dafür, daß wir unvergleichlich besser sind als unsere Vorfahren", ein Wort, mit dem Guizot 1828 seinen Cours de la civilisation eröffnete[2].

---

[2] Dies Kapitel erschien in Das Altertum, Berlin 1958, IV, S. 81–88 und in Maas „Europäisches Bauernleben einst und jetzt", Braunschweig 1959, S. 156–165.

Die Lehre von den Wandlungen der Kulturlandschaft

„Wenn wir das vollständige Bild irgend eines Landes in uns aufnehmen wollen, so müssen wir dessen Landschaften wie deren Bewohner kennen lernen. Erst die Kenntnis beider erlaubt uns, einen abgerundeten Begriff des Ganzen zu gewinnen. Bestimmend für eine Landschaft sind nun neben vielen anderen nicht nur die von der heute lebenden Generation an ihr vorgenommenen Veränderungen, sondern vor allem auch die aus früheren Zeiten auf uns gekommenen Bauwerke, die Siedlungen aller Art und die Burgen und Schlösser, die Klöster und die Kathedralen. Was beispielsweise die Stadt Bern heute zu einem gewaltigen Monument gestaltet und uns staunen läßt, ist schon im 18. Jahrhundert vollendet gewesen, und das 19. und das 20. haben nur noch einige Verbesserungen und mehrere Verschlimmerungen daran vornehmen können". Der Historiker Walter Laedrach[1] sieht nur die Gebäude, die viel stärkeren Veränderungen der Landschaft, die Schaffung von Feld, Wiese, Forst, Stausee, Verkehrslinien erwähnt er nicht. Aber selbst in seiner auf Bauwerke beschränkten Sicht sagt er fast alles, was über die Umwandlungen der Kulturlandschaft gesagt werden muß. Nämlich wir müssen „die Bewohner" dieser Landschaften ins Auge fassen, uns also nicht mit einem abstrakten „der Mensch" als Veränderer der Landschaft begnügen und zweitens, wir müssen den Zeitfaktor berücksichtigen, wir müssen in die Vergangenheit zurückgehen, wenn wir die Gegenwart verstehen wollen. Alfred Hettner sagte „Die heutige Verbreitung der Kultur über die Erde bleibt rätselhaft, wenn man nur von den Bedingungen der Gegenwart ausgeht, aber sie wird verständlich, wenn man sie geschichtlich verfolgt"[2]. Oder noch: „Die heutigen Zustände lassen sich nicht aus den Bedingungen der Gegenwart allein verstehen; wie die Geschichte immer mit den geographischen Bedingungen, so muß die Geographie immer mit der geschichtlichen Entwicklung rechnen"[3]. Die Landschaften sind von ihren Bewohnern verändert worden, seitdem es solche Bewohner gab. Natürlich war die Intensität der Veränderung verschieden, je nach den technischen Mitteln, die den betreffenden Menschen zur Verfügung standen (und nach ihrem verschieden starken Willen zur Veränderung, doch darüber später). Die Menschen der La-Tènc Zeit rodeten Wald mit Bronzebeilen, die Engländer in Kenya 1946

---

[1] Walter Laedrach: Heinrich Pestalozzi, Schweizer Heimatbücher, Bd. 4, Bern o. J., S. 3.
[2] Alfred Hettner: „Allgemeine Geographie des Menschen", Stuttgart 1947, I, 59.
[3] Ebenda, I, 177.

Die Lehre von den Wandlungen der Kulturlandschaft 191

mit Bulldozers, was schneller geht (was man sonst auch immer über das Ground Nut Project sagen mag).

Wir sagten *die* Bewohner, wir gebrauchten die Mehrzahl. Ein Einzelmensch wird kaum die Landschaft verändern. Nirgends auf der Erde leben aber Menschen zusammen ohne irgend eine Art Organisation, sie sind in verschiedener Weise gruppiert: eine Pygmäenhorde und ein Großstaat sind sicher sehr unterschiedliche Organisationen, aber beide sind soziale Gruppen, unterliegen Bedingungen und Gesetzen, die von der Soziologie studiert werden können. Und diese Gruppen sind es, die die Landschaften verändern. Wir schlagen nun vor, die Art und Weise, wie die Kulturlandschaften unter dem Einfluß der verschiedenen Gruppierungen der Menschen verändert werden zum Studiengebiet der Sozialgeographie zu erklären. Wenn wir in Europa oder anderen alten Kulturgebieten unsere Studien betreiben, muß die Sozialgeographie notwendigerweise auch historisch arbeiten, denn wie Laedrach ganz richtig sagte, die Landschaftsveränderungen durch die heute lebende Generation genügen nicht zur Erfassung der Landschaft. Es ist in Europa oder Asien sehr lange her, daß die Naturlandschaften zu Kulturlandschaften wurden, und wenn heute in Amerika oder Sibirien oder der Mongolei Neuland vom Menschen geschaffen wird, also neue Kulturlandschaften entstehen, so geschieht dies durch Menschen, die eine bestimmte Kultur von wo anders her mitbringen und unter deren Impulsen diese neuen Kulturlandschaften aus den Naturlandschaften heraus schaffen. Wie es in Europa oder Südasien aussah, als Menschen dort Kulturarbeit begannen, also etwa am Ende der Eiszeit, darüber wissen wir nichts, sind auf Vermutungen angewiesen. Aber schon damals gab es verschiedene Menschengruppen und es ist erlaubt zu denken, daß der europäische Neanderthaler schon deswegen, nicht nur wegen andersartiger Naturumgebung, andere „Urkulturlandschaften" schuf als sein Zeitgenosse der homo pekinensis. Sobald wir Menschengruppen finden, gehören sie zu Rassen, Völkern, Sprach- und Religionsgruppen. Und nahezu überall, wo wir geschichtliche Menschengruppen finden, also nicht bloß Rückschlüsse auf noch frühere Gruppen machen, finden wir sie in Klassen geteilt.

Wir behaupten nun freilich nicht, daß eine sagen wir mongolisch sprechende und eine slavisch sprechende Menschengruppe als solche die Landschaft verschieden verändern, so daß also die Geographen *deswegen* Philologie treiben müßten, aber im allgemeinen entsprechen Sprachunterschiede auch Volkstumsverschiedenheiten, oft Religionsverschiedenheiten und diese sind oft Ausdruck unterschiedlicher Kulturzugehörigkeit. Und so wird sich der Unterschied der mongolischsprechenden und slavischsprechenden Gruppe erweisen als z. B. der eines animistischen Jägerstammes und einer orthodoxen ukrainischen Bauernkolonistengruppe. Sie werden z. B. den Rand der Taiga in sehr verschiedener Weise verändern, Kulturlandschaften bildend, die Mongolen nur durch einige Fallgruben, Hütten,

Netze usw., die Ukrainer durch Waldrodung und Felderschaffung, durch feste Siedlung. Und dann können sie, wie die Schweizer in Schillers „Wilhelm Tell" (II, II) sagen:

„Wir haben diesen Boden uns erschaffen
Durch unserer Hände Fleiß den alten Wald,
Der sonst der Bären wilde Wohnung war,
Zu einem Sitz für Menschen umgewandelt".

Wie taten sie dies? Durch Arbeit. Hören wir Jean Brunhes: „Der Mensch tritt in Beziehung mit dem Naturrahmen durch die Tatsache der Arbeit, durch das Haus, das er baut, durch das Feld, das er bebaut, durch den Steinbruch, den er abbaut, und seine Arbeit selbst schafft für ihn Verpflichtungen, Neigungen und Fähigkeiten, die sich in der Geschichte erweisen. Die Geschichte verbindet sich mit der Geographie durch diesen sozialen Zusammenhang. Es ist nämlich der Zusammenhang der Arbeit und die direkte Folge dieser Arbeit, welche die wirkliche Verbindung zwischen Geographie und Geschichte darstellen"[4]. Aber hören wir dazu den englischen Philosophen John Locke: „Es ist also die Arbeit, die einem Landstücke den größten Teil des Wertes gibt, ohne welche es kaum irgendetwas wert wäre, ihr verdanken wir den größten Teil seiner nützlichen Erträgnisse, denn all der Wert des Strohs, der Kleie, des Brotes von diesem Morgen Weizen gegenüber dem Ertrag eines ebenso guten Landes, welches brach liegt, ist das Ergebnis der Arbeit. Denn nicht nur die Mühe des Pflügers, des Schnitters und des Dreschers Arbeit und der Schweiß des Bäckers müssen berechnet werden in dem Brote, das wir essen. Die Arbeit von denen, die die Ochsen zähmten, die das Eisen förderten und schmiedeten, die Steine gruben, das Holz fällten und bearbeiteten, welches verwandt wurde für Pflug, Mühle, Backofen oder irgend andere Werkzeuge, von denen es eine große Zahl gibt, die für dieses Korn notwendig waren vom Säen bis zur Verwandlung in Brot, all das muß als Arbeit berechnet werden und als ein Ergebnis dieser aufgefaßt werden: die Natur und die Erde lieferten fast nur an sich wertlose Materialien (Locke schreibt in England, in einem ariden Gebiete würde er den Wert von Wasser und gutem Erdreich anders einschätzen! W. M.). Es würde ein merkwürdiger Katalog von Dingen werden, welche die Industrie lieferte und welche gebraucht wurden für jeden Laib Brot, ehe er uns nützt, falls wir einen solchen Katalog aufstellen könnten: Eisen, Brennholz, Nutzholz, Leder, Borke, Stein Ziegel, Kohle, Kalk, Textilien, Farbstoffe, Pech, Teer, Maste, Seile und all die Materialien, die verwandt wurden, um die Schiffe, die viele von den genannten Gütern, die für irgend eine der Arbeiten notwendig waren bei irgend einem Teile des Werkes, hierher brachten; alle aufzuzählen wäre nahezu unmöglich und jedenfalls zu lang"[5].

---
[4] Zitiert Maas: Geographie und Soziologie, Braunschweig 1958, S. 24.
[5] John Locke: Two Treatises on Government, London 1690, Buch II, Kap. V.

Arbeit also verändert die Landschaften. Stellen wir uns nun die Frage: Warum sehen zwei verschiedene Landschaften verschieden aus? Nun, weil sie verschieden sind. Und warum sind sie verschieden? Das kann sehr viele Gründe haben. Denken wir an den Harz und an die Lüneburger Heide, sie sind verschieden, da der eine ein Gebirge ist, die andere eine Heide, d. h. ein Sander, ein Ergebnis der Eiszeit, es sind also geologische, tektonische, bodenkundliche Unterschiede. Aber der Gebirgscharakter bewirkt auch ein klimatisches Anderssein in Temperatur und Niederschlägen und dies äußert sich wieder in der Vegetation. Heute trägt der Harz vor allem Fichtenhochwald, die Heide ist weitgehend mit Kiefern bewachsen. Daß letzteres verhältnismäßig neu ist, weiß jeder, weniger bekannt ist, daß im braunschweigischen Harzanteil der Fichtenhochwald keine 150 Jahre besteht. Die bekannte Frage von Eichendorff: Wer hat dich du schöner Wald aufgebaut so hoch da droben? erheischt die Antwort: die Forstverwaltung. Und da hat die braunschweigische Forstverwaltung erst ab 1818 den Hochwaldbau im Harz eingeführt (die preußische etwas früher), vorher gab es im Harz praktisch nur Buschwerk. Seit 1818 wurde auch der Verkauf des Stubbenholzes eingeführt, „ausgemacht" wurden die Stubben damals noch durch fronpflichtige Bauern. Aber das interessiert uns in diesem Zusammenhang nicht so sehr. Was uns interessiert, ist die Tatsache, daß ein so wesentlicher „Anblick" des heutigen Harzes Menschenwerk ist, Ergebnis der Forstwirtschaft und -wissenschaft. Da gibt es im Harz seit alten Zeiten den Bergbau, unnötig hier von den Wasserkünsten zu sprechen, zu deren Bedienung all die Teiche und Gräben, ebenfalls ein wesentlicher Anblick des Harzes, geschaffen wurden. Die Metalle wurden gewonnen und geschmolzen bzw. gefrischt. Das tat man in Oker bis 1865 mit Holzkohle aus dem Harz. Dann stellte man sich auf Koksbetrieb um, der in England 1760, in Oberschlesien 1805 eingeführt worden war. Warum gerade 1865? Weil damals Oker Eisenbahnanschluß bekam, der Kohle- und Kokslieferung ermöglichte. Aber welche Veränderungen brachte das nun wieder im Landschaftsbild hervor! So sieht der Harz heute anders aus als vor 100 oder 150 Jahren und dies infolge sozialgeographischer Veränderungen. Denn niemand wird leugnen, daß Forstpolitik und Eisenbahnbaupolitik Ausdrücke sozialen Willens sind, ja daß der Staat Braunschweig sich anders verhielt als der Staat Preußen, war doch eine Folge der andersgearteten Sozialschichtung in beiden Staaten. Warum hatte man Koksfrischung nicht schon längst eingeführt? Weil erst dieser Stand der Technik erreicht werden mußte. Vor 1760 tat man es nirgends, vor 1805 nicht auf dem Kontinente, und Frankreich führte es etwa im selben Augenblick wie Oker nämlich um 1860 ein. Diese Reihenfolge: England 1760, Oberschlesien 1805, Belgien 1808, Ruhrgebiet 1811, Frankreich 1860 hat physischgeographische, aber auch sozialgeographische Ursachen. England: aus klimatischen Gründen wenig Wald, chronischer Holzmangel schon zu Be-

194   Die Lehre von den Wandlungen der Kulturlandschaft

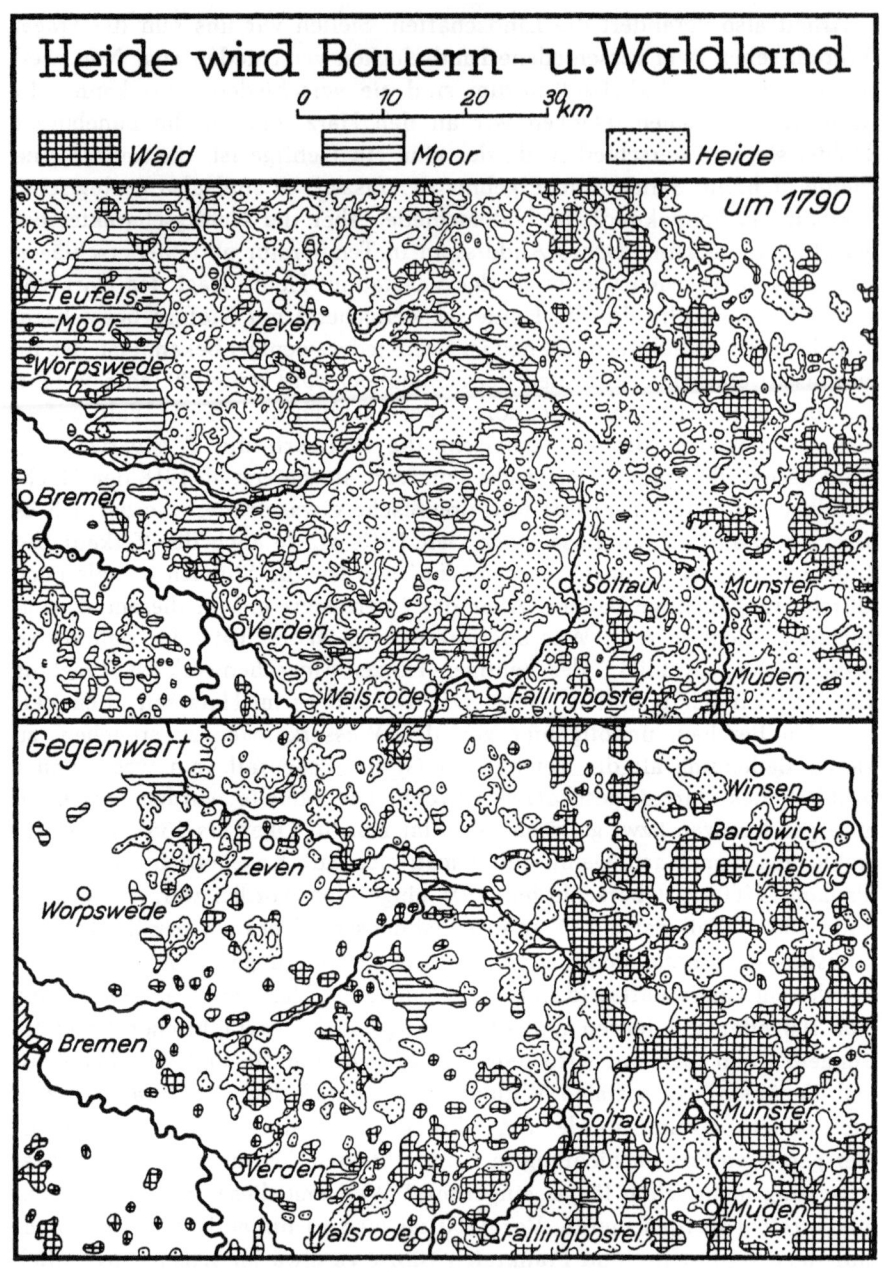

Dieses Schaubild „Die Lüneburger Heide wird Bauernland und Wald" entstammt dem Harms-Atlas „Die Länder der Erde" (Atlantik-Verlag, Hamburg–München 1950), S. 8. Es befindet sich auch im Heimatatlas Hildesheim und anderen Veröffentlichungen des Atlantik-Verlages und geht auf eine Karte von Prof. Brüning zurück.

ginn des 18. Jahrhunderts, starker Eisenbedarf; Oberschlesien: gut verkokbare Kohle, Preußens starker Eisenbedarf, ähnliche Gründe für Belgien und das Ruhrgebiet, während Frankreich keine gut verkokbare Kohle hat, dagegen starken Waldbestand und im 19. Jahrhundert verhältnismäßig geringen Eisenbedarf (der Eisenbedarf ist ein wirtschaftliches und politisches Problem, das hier nicht in seinen Einzelheiten dargestellt werden soll). Daß der wachsende Metallbedarf des aufblühenden Deutschlands die Metallproduktion im Harzvorlande begünstigte, braucht nicht bewiesen zu werden, ebenso wenig, daß der Versailler Vertrag, der Frankreich das elsässische Kali gab, damit das deutsche Kalimonopol brach, die Kalipreise stark sinken ließ und so den Untergang mehrerer Kalischächte im Harzvorland zur Folge hatte. Das ist nun Sozialgeographie in höchster Potenz!

Sprechen wir nun über Änderungen des Aussehens der Lüneburger Heide. Die Heide, die Hermann Löns noch vor 50 Jahren beschrieb, besteht heute kaum noch. Es sind nicht etwa Klimaveränderungen, die die Heideflächen verringerten und Wälder und Felder vergrößerten, sondern menschlicher Wille, soziopolitische Entscheidungen. Wir wollen das zunächst mit zwei Kärtchen zeigen, die nach Brüning der Harms-Atlas „Die Länder der Erde" veröffentlichte. Dann aber wollen wir an einem besonders einleuchtenden Beispiel, nämlich dem Zuckerrübenanbau, zeigen, daß die natürlichen Unterschiede (wir sprechen doch die ganze Zeit davon, warum zwei Landschaften verschieden aussehen), also solche von Klima und Boden in ihrer Bedeutung zurücktreten und „menschliche" Unterschiede, also solche der Landwirtschaftsmethoden überwiegen oder, und dies gerade in dem uns jetzt interessierenden Falle, wie Landwirtschaftsmethoden die natürlichen Unterschiede überkommen, sich von ihnen (fast) freimachen. (Die folgenden Angaben entstammen meist der 1957 bei mir angefertigten Mittelschullehrerprüfungsarbeit von H. Zinken-Sommer: „Der Zuckerrübenanbau und die Zuckerrübenindustrie im Verw.-Bez. Braunschweig und Reg. Bez. Lüneburg").

Vergleichen wir die Zuckerrübenanbauflächen in % der Ackerfläche in den Reg. bzw. Verw. Bez. Niedersachsens 1929 und 1955:

Reg. Bez. (Verw. Bez.)	1929	1955
Braunschweig	12,1	19,4
Lüneburg	3,1	7,3
Hildesheim	9,8	13,9
Hannover	3,1	6,9
Stade	0,0	1,7
die übrigen Reg. Bez. (Verw. Bez.)	unter 0,1	unter 1,0

Also überall Steigerung, mehr jedoch in den bodenmäßig nichtbegünstigten. Vergleichen wir nun einige Kreise der Verw. bzw. Reg. Bez. Braunschweig und Lüneburg für die Jahre 1927 und 1955 wieder in % der Ackerfläche:

Kreis	Zuckerrübenanbaufläche 1927	1955
Braunschweig Stadt und Land	15,8	18,9
Helmstedt	14,5	19,2
Wolfenbüttel	19,9	23,4
Gandersheim	4,8	11,2
Celle Stadt und Land	0,5	5,8
Lüneburg Stadt und Land	1,1	5,3
Burgdorf	8,4	17,2
Gifhorn	8,5	10,1
Ulzen	5,4	12,0
Soltau	0,02	2,0
Fallingbostel	0,07	4,1
Lüchow-Dannenberg	0,5	4,2
Harburg	0,0	1,8

Wir können dieselbe Bemerkung machen wie für die Reg. Bez.

Sehen wir schließlich die Fortschritte der Zuckerrübenernten je ha in dz
Land Braunschw. 1928 246,9 Reg. Bez. Lünebg. 1928 229,6 Unterschied 17,3
Verw. Bez. „ 1955 301,6 Reg. Bez. Lünebg. 1955 295,0 Unterschied 6,6

Mit anderen Worten: die natürlichen Vorteile des Lössbodens schwinden. Man kann das auch an der Vergrößerung der Kunstdüngergaben sehen. Zwar wurden diese auf allen Böden vergrößert, aber auf dem Löss half die Vergrößerung nicht mehr, wohl aber auf dem Sand: in den Zuckerrübenbaubetrieben Niedersachsens wurden verbraucht 1953/54

an Stickstoffdünger 152% der Werte 1937/38
an Phosphatdünger 169%
an Kalidünger 183%

Etwa um 1780 gab es in Nordwestdeutschland Gebiete, in denen Einzelhofsiedlungen überwogen und andere, zahlreichere, wo die Bevölkerung in Dörfern gruppiert wohnte. Wir wollen die Gründe dafür hier unerwähnt lassen, jeder weiß, daß die Theorie von August Meitzen (1895) die Einzelhofsiedlungen seien ein Zeichen früherer keltischer Besiedlung unhaltbar ist. Nun kam die sog. Bauernbefreiung. An vielen Stellen wurden Höfe aus dem Dorfe heraus verlegt, denn es ist bedeutend rationeller, wenn der Bauer alle seine Felder dicht bei seinem Wirtschaftshof hat. Ähnliche Vorgänge hatten sich auch schon früher abgespielt. W. Evers beschrieb solche aus der Hildesheimer Gegend[6], in Süddeutschland nennt man sie Vereinödungen. Wenn man die im 18. Jahrhundert aufgenommenen topographischen Karten mit den heutigen vergleicht, ist man erstaunt über die Menge von Einzelsiedlungen, die selbst in den „Dorfgegenden" seitdem in die Landschaft hineingestellt worden sind. Andrerseits zeigen die Einzelhofgegenden heute eine ganze Anzahl von Gruppierungskernen. Einige sind alt, wie die um Kirchen und Schlösser, die meisten aber schuf der mo-

---

[6] W. Evers in Petermanns Mitteilungen, Bd. 96, 1952, S. 254—260.

Die Lehre von den Wandlungen der Kulturlandschaft 197

derne Verkehr bei Bahnhöfen, an Straßenkreuzungen (heute sind dort Tankstellen), während andere durch zentrale Funktionen hervorgerufen wurden, bei Gemeindeschreibereien, Schulen, Genossenschaftsläden, Molkereien, Kühlhäusern, Feuerlöschgeräteschuppen. Dies konnte ich 1958 besonders gut im Einzelhofgebiet des Schweizer Jura feststellen, es gilt aber auch für Nordwestdeutschland. Auch die Industrialisierung hat häufig anstelle einer einzelnen Mühle einen Gruppierungskern geschaffen. Hatten wir also um 1780 recht verschiedene „Anblicke" der Dorf- und Einzelhofsiedlungsgebiete, so haben wir heute eine viel größere Angleichung, überall sind Weiler als Mittelform erschienen und es ist manchmal nicht ganz leicht, eine gegebene Landschaft der Einzelhof- oder Dorfsiedelform zuzuordnen. Natürlich findet man bald eine Antwort durch einen Blick auf eine alte Karte oder auf die Siedlungsnamen: die alten Einzelhofsiedlungen haben so gut wie immer Sondernamen, die neueren viel seltener. „Bauernbefreiung", Führung von Eisenbahnen und Kunststraßen, Fabriksgründungen, welche den Umbau der Landschaft bewirkten, all das gehört zur politisch-sozialen Sphäre, wir sind also im Forschungsbereich der Sozialgeographie.

Seit mindestens dem 18. Jahrhundert ist die Volksdichte ein Objekt geographischer Studien. Auch sozialgeographischer? Das hängt davon ab, was man wissen will. Stellt man lediglich die Volksdichte eines Gebietes fest: so und so viele Einwohner je Quadratkilometer, um diese Zahl vielleicht mit der eines anderen Gebietes zu vergleichen, so bleibt man im Felde der allgemeinen Anthropogeographie. Anders wird die Sache, wenn man den Grund für gerade diese Volksdichte, besonders groß oder besonders klein, zu bestimmen sucht. Auch da wird man noch weitgehend bei allgemeiner Anthropogeographie bleiben können, ja physischgeographische Gründe können angeben, warum es in Wüsten, auf Gletschern, aber auch im Urwald eine auf Null tendierende Volksdichte gibt. Wenn wir aber feststellen, daß Nomadentum, seßhafter Ackerbau, Industrie, Städtewesen jedesmal eine Verstärkung der Volksdichte bedeuten, so kommen wir zur Sozialgeographie. Noch mehr ist dies der Fall, wenn wir die Volksdichte einer Agrarregion vor und nach einer Bodenreform, d. h. der Ersetzung des Großgrundbesitzes durch Bauernwirtschaften, vergleichen. Wir können noch weiter gehen: im Posener Lande gab es zu preußischer Zeit zwei „Agrarreformen", die eine offiziell von der Kgl. Ansiedlungskommission durchgeführt, die hauptsächlich mittelbäuerliche Betriebe schuf, eine zweite, polnische, die auf Klein-, ja Zwergbetriebe hinarbeitete, da die Siedler der polnischen Bauernbanken oft nur über geringe Spargroschen verfügten und die Inanspruchnahme öffentlicher Kredite nicht infrage kam und die privater erschwert war. Haben wir nun zwei Güter A und B, die etwa 1890 dieselbe Volksdichte hatten, bei etwa gleichen Boden- usw. Verhältnissen, so konnte 1914 die Volksdichte sehr verschieden sein, wenn etwa A ein Ansiedlungsdorf, B eine von der Bank parcelacyjny geschaffene Siedlung geworden war. Hier genügt die „übliche" Anthropogeographie nicht mehr zur Erklärung, hier müssen wir sozialgeographische Methoden anwenden. Auch in Niedersachsen könnten wir an Neusiedlungen zeigen, daß ihre verschiedenen Formen und Größen direkte Folgen der Finanzstärke und der Betriebsgrößenpolitik der Siedlungsorgane sind.

Ein anderes Gebiet, wo die Bereiche der allgemeinen Anthropogeographie und der Sozialgeographie sich scheiden lassen, ist das der Siedlungsformenkunde. Hätte Meitzen recht gehabt, wären tatsächlich alle Haufendörfer germanischen Ursprungs, alle Rundlinge slavischen, alle Einzelhofsiedlungen keltischen, so wären die starken Gruppierungsmächte des Volkstums als Faktoren für das Aussehen der Dörfer natürlich eminent wichtige Teile der Sozialgeographie. Aber er hatte nicht recht, die Formen der Dörfer lassen sich so einfach nicht erklären. Die wichtigste Frage in der Geographie ist die Lokalisierung, d. h. wo befinden sich die zu untersuchenden Phänomene? Man muß also zunächst feststellen, wo die Rundlinge, die Straßendörfer, die Reihendörfer usw. usw. (denn jede neue Siedlungsformenstudie erhöht die Zahl der unterschiedenen Formen . . .) sich befinden. Das ist eine wichtige und keineswegs überall durchgeführte Arbeit, ja nicht einmal die nach Dispersion und Agglomeration ist für große Teile Deutschlands in so ausführlicher Weise durchgeführt worden, wie es Frl. Lefèvre und O. Tulippe für Belgien, Pawłowski und seine Schüler für Polen taten oder wie es wenigstens in schematischer Form das Blatt 80 des „Atlas de France" bringt. Wir brachten schon eine Karte darüber. Das ist „Beschreibung des an der Erdoberfläche Sichtbaren". Aber die Geographie strebt nach „erklärender Beschreibung". Meitzen und seine Schüler „erklärten" die Dorfformen aus der Volkszugehörigkeit der ältesten Siedler. Daß dies nicht geht, wird heute weitgehend zugegeben. Den Rundling erklärt heute wohl niemand mehr für eine „typisch slavische Dorfform", er ist vielmehr eine von slavischen und deutschen Viehzüchtern im unruhigen Grenzgebiet zwischen Deutschen und Slaven angewandte Defensivform. Mit dieser Erklärung bin ich im Gebiete der Sozialgeographie, die hier stark historisch gefärbt sein muß.

Sprechen wir nun von Hausformen. In Deutschland (und darüber hinaus) hat man in ihnen Emanationen des Geistes der einzelnen Stämme gesucht. Bei Braunschweig finden wir im Norden das sog. Niedersachsenhaus, im Süden das sog. fränkische oder thüringische Gehöft. 1895 verlief nach K. Andrée[7] die Südgrenze des Niedersachsenhauses folgendermaßen von Westen nach Osten: Bodenstedt (1 Haus), Köchingen (1 Haus), Denstorf, Lamme, Lehndorf (stark umgebaute Häuser), Bienrode, Waggum, Hon-

---

[7] K. Andree: Braunschweiger Volkskunde, 2. Aufl., Braunschweig 1901, S. 184–188.

delage (1 Haus), Dibbesdorf (stark umgebaute Häuser), Volkmarode (1 Haus), Weddel, Wendhausen, Lehre, Groß Brunsrode, Flechtorf, Beienrode, Rickensdorf, Glentorf, Boimsdorf, Rotenkamp, Scheppau (2 Häuser), Ochsendorf, Rhode, Uhry, Ahnsdorf, Heiligendorf, Rennau (1 Haus), Querenhorst (1 Haus). Um 1800 lag sie viel weiter südlich, heute liegt sie weiter nördlich (ihre genaue jetzige Lage im Terrain festzustellen, wäre eine dankbare Aufgabe). Erklärt man diese beiden Bauweisen als Eigentümlichkeit der Stämme der Sachsen und Thüringer, dann kommt man sowohl mit ihrer historisch feststellbaren Verbreitung wie auch mit den ebenfalls historisch feststellbaren Stammesgrenzen in Widerspruch. Wie wäre es, das Niedersachsenhaus als das eines Viehzüchters, das thüringische Gehöft als das eines Getreidebauern zu erklären? Dann hat die auf der Scheidelinie von Löß und Sand (früher) liegende Grenze beider Hausformen eine Sinnbedeutung: auf dem Löß fand Getreidebau, weiter nördlich Viehzucht statt. Und so erklärt sich auch das dauernde Nordwärtswandern dieser Grenze: nicht wegen „Aufgabe der alten Stammessitten", wie uns Heimatfanatiker einreden wollen, sondern wegen immer stärker werdenden Getreidebaus auf dem Sande. Um sein Getreide lagern zu können, braucht der Bauer eine Scheune oder ähnliches. Eine Zeit lang mag er das unter dem Dach des Niedersachsenhauses tun, eines Tages wird er es abreißen und ein „thüringisches" Gehöft erbauen. Daß der Ackerbau dauernd weiter nach dem Norden geht, sahen wir am Beispiel des Zuckerrübenanbaus, das gleiche gilt für den Getreidebau, auch hier macht die künstliche Düngung, die Berieselung u. a. dauernd den natürlichen Vorteil des Lößbodens zu nichts oder zumindest geringer. Hinzu kommt die Entwicklung der Verkehrswege und -mittel. Wir sagen also, die wichtigsten Unterschiede in den Hausformen (in etwa gleichem Klima, denn das Schweizer Haus, das Schwarzwaldhaus war einst klimatisch bedingt, heute sind sie oft traditions- bzw. modebedingt . . .) erklären sich aus der Wirtschaftsweise des betreffenden Bauern. Auch für Frankreich fand A. Demangeon den überwiegenden Einfluß der Wirtschaftsweise des Bauern in der Hausform: ein Getreidebauer, ein Winzer, ein Viehzüchter, ein Fischer stellt andere Anforderungen an sein Haus, baut es anders. Dazu kommen die „geologischen" und „botanischen" Unterschiede: Steinhäuser, Lehmhäuser, Fachwerkhäuser. Nun ist es auch in Frankreich keineswegs so, daß sich Steinhäuser immer in steinigen Gegenden, Holzhäuser immer in holzreichen Gegenden finden. Die Beziehungen sind verwickelter und sind oft sozialgeographischer Erklärung bedürftig. „Es gibt in Frankreich waldige Gegenden mit Steinhäusern. Das Schwarze Gebirge (Montagne Noire) besitzt, trotz seiner weiten Wälder, die ihm den Namen gaben, seit dem Mittelalter ein Steinhaus, gedeckt mit Dachziegeln vom mediterranen Typus. Im Jura, einer der waldigsten Gegenden Frankreichs, herrschte bereits im 16. Jahrhundert eine Hausart vor, schwer, aus Steinen, wo selbst das Dach aus Kalksteinplatten ist, der einzige aus Holz gebaute Teil ist der große zentrale Herd und Rauchfang, der tué. Im Gegensatz dazu gibt es viele Gegenden, die Holzhäuser haben, ohne besonders waldig zu sein. Im Limousin hat sich das Fachwerkhaus: Balken und Stampflehm, in den Städten erhalten, aber seit langem werden die Bauernhäuser aus Granit gebaut; man konnte leichter höhere Häuser, Häuser mit Stockwerk, also städtische Häuser, mit einem Holzrahmenwerk bauen als mit Steinmauern. Die Stadt Rouen, wo die Häuser sich drängten und in die Höhe wuchsen, war ganz besonders eine Stadt des Fachwerks. In den Gegenden mit Ziegelbau ist die umgekehrte Entwicklung zu beobachten, im Artois wie in Flandern ist das Bauernhaus noch in Fachwerk, während das städtische Haus, selbst das ältere, in Arras wie in Lille ein Hartbau ist aus Ziegel und Stein"[8]. Auch in Niedersachsen hat man, wenigstens für die Kirchen und andere Großbauten eine „geologische" Abhängigkeit festzustellen versucht[9]. Es ist natürlich richtig, daß Braunschweig seine Kirchen aus der kleinen Buntsandsteinscholle des Nußberges oder aus dem Muschelkalk des nahen Elms baute, was Celle fehlte, das deswegen in Fachwerk und Ziegel bauen mußte. Aber warum hat Goslar auch Backsteinbauten trotz Harznähe? Sehen wir nach Schweden. In Lund entstand die Kathedrale mit dem herrlichen permischen Sandstein, aber die in Upsala ist Backsteingotik, obwohl die Stadt auf Granit liegt. Nun ist nicht, wie manche behaupten, in Lund infolge starken englischen Einflusses im 12. Jahrhundert die englische Hausteinbauweise nachgeahmt worden, in Upsala dagegen norddeutsche Backsteingotik, sondern in Upsala mußte man Backsteine verwenden, da der dortige Granit auch heutiger Technik Schwierigkeiten als Baustein macht, mit mittelalterlicher aber unbearbeitbar war, was für den Sandstein in Schonen nicht galt. In Osnabrück ist der älteste Teil des Domes aus Lesesteinen gebaut, alle möglichen Gesteine, selbst nordische, kommen vor. Dann lernte man die Technik, Haussteine zu benutzen: der ältere Teil links ist aus Osningsandstein (Neokom) gebaut, rechts (etwas später) aus Schilfsandstein (Keuper), die Beschädigungen des zweiten Weltkriegs wurden mit dem wesentlich besseren (da nicht absplitternden) Ibbenbürener Sandstein (Karbon) vorgenommen, den man früher aus Gründen der Bearbeitungs- und Verkehrstechnik nicht hatte benutzen können. (Übrigens ist hier die Geschichte die Umkehrung der geologischen Geschichte: die jüngsten Gesteine wurden zuerst, die ältesten zuletzt benutzt...). Die Marienkirche ist in ihrem ältesten Teil aus einem (karbonischen) Sandstein vom Hüggel gebaut, der leicht zu bearbeiten war, 1426 wurde um diese Kirche eine neue herumgebaut aus schwerer bearbeitbarem Schilfsand-

---

[8] Pierre Deffontaines: L'homme et la forêt, Paris 1933, S. 122.

[9] G. Frebold im Jahrbuch der Geogr. Ges. Hannover, 1936/37, A. Siebert im Neuen Archiv für Niedersachsen 1948, Heft 7/8, R. Hübner im Niedersächsischen Schulverwaltungsblatt, 1956, Heft 5.

stein (Keuper). Wir sehen also in Osnabrück deutlich einen Zusammenhang zwischen Baugeschichte und Steinbearbeitungstechnik.

Ratzel wollte die direkte Abhängigkeit des Menschen vom Boden nachweisen, damit nahm er einige Ideen wieder auf, die Montesquieu und Taine in Frankreich, Buckle in England und wenn man will schon einige Schriftsteller des Altertums ausgesprochen hatten[10]. Aber diese Vertreter der Ökologie übernehmen unbesehen Dinge, die bei Tieren und Pflanzen gewiß richtig sind, auch für den Menschen. Geht man in den Harz hinein, so werden bald die in der Ebene üblichen Subvariationen der Pflanzen arvensis, palustris usw. verschwinden und solche montana an ihre Stelle treten. Bei den Ranunculus (Hahnenfuß) Arten kann man sogar schnell Änderungen feststellen, falls die Wiese, auf der sie wachsen, z. B. durch menschliche Einwirkung trockener (oder feuchter) wird. Viele Schmetterlinge werden auf den rußgeschwärzten Baumstämmen der Industriegebiete dunkel, ihre hellen Formen der Wälder und Felder verschwinden. In England hat man in den letzten 100 Jahren das für über 60 Arten festgestellt[11]. Wir haben also eine Anpassung von Flora und Fauna an ihren Lebensraum, an ihr Milieu. Es lag nahe, und die erwähnten Schriftsteller sind in diesen Irrtum verfallen, dies auch für den Menschen anzunehmen. Teilweise ist das ja auch richtig, der Mensch paßt sich seinem Lebensraum an, einmal physisch: die Gebirgsbewohner haben einen stärkeren Brustkorb, stärkere Beinmuskulatur usw., aber vor allem wirtschaftlich: an den Küsten wird der Mensch zum Fischer, in den Steppen zum Viehzüchter. All dies ist oft genug beschrieben worden. Aber es ist nur die eine Seite der Erscheinung. Die andere ist, daß der Mensch den Lebensraum sich anpaßt, ihn verändert nach seinen Bedürfnissen, nach seinen wirtschaftlichen und anderen Wünschen. Aus Heide wird Feld oder Wald, aus Sumpf Wiese, aus Meer Land. Diese Veränderungen werden von Menschengruppen ausgeführt, und so wird diese Anpassung des Lebensraums an menschliche Bedürfnisse zu einem Studienobjekt der Sozialgeographie.

Das Verkehrswesen scheint der allgemeinen Anthropogeographie zuzugehören. Und wenn wir Fragen wie die der Verkehrszugänglichkeit an den Küsten oder im Gebirge ins Auge fassen oder die Linien des Verkehrs, die Verkehrsdichte u. ä., so können wir häufig bei den „üblichen" geographischen Bemerkungen bleiben. Aber betrachten wir die „Linien" des Verkehrs, zunächst des Landverkehrs, etwas genauer. Wenn wir von bloßen Pfaden absehen, wird sich in den Wegen und Straßen die Verkehrstechnik zeigen, einmal in den Verkehrsmitteln: Wagen, Eisenbahnen, Autos, dann aber in der Straßenbautechnik. Technik jeder Art ist aber Technik von Menschen in Gruppen, hängt ab von der Zivilisationsstufe, dem Können

---

[10] W. Maas in Das Altertum, Berlin 1958, S. 82.
[11] The Listener, 24. 7. 1958, S. 124.

und Wollen. Wir sind also in der Sphäre der Sozialgeographie. Für den Verkehr durch die Pyrenäen gab ich ein Beispiel, „Geographie und Soziologie", S. 213, hier möchte ich ein Beispiel aus dem Schweizer Tafeljura geben (nach Blatt Hauenstein Nr. 1088 der Karte 1:25 000). Die alte schon von den Römern benutzte Hauensteinstraße verlief über Trimbach – Hauenstein – Lünfelingen – Bückten. Bei der Eröffnung der Gotthardstraße wurde 1830 die neue Hauensteinstraße geschaffen, die nicht allen Windungen der Bäche folgt, also kürzer ist, sie liegt aber höher und zeigt 2 km Felsendurchstiche, woher der Name Hauenstein (der Ort hieß früher Horw). Dann wurde 1853 – 57 die Eisenbahn gebaut mit Tunnel zwischen Lünfelingen und Trimbach, der Tunnel ist 2496 m lang, die Steigung beträgt 26⁰/₀₀. 1916 wird dann der Hauensteinbasistunnel gebaut von Tecknau nach Olten, also etwas weiter östlich. Der neue Tunnel ist 8134 m lang, die Steigung beträgt nur 7,5⁰/₀₀. Der neue Tunnel liegt etwa 200 m tiefer als der alte. Durch die Entwicklung des Automobilverkehrs wurde dann die Straße Bückten – Lünfelingen wieder belebt, d. h. die 1740 gebaute Straße, denn die „Römerstraße" war z. T. nur ein Saumpfad über die Seilhüslifluh. Infolge des neuen Tunnels erwachte Tecknau aus seinem Dornröschenschlaf und fängt an, sich zu industrialisieren.

Gehen wir in den Harz. Die Harzwege waren früher ungebahnte Hohlwege und wurden mit „rundem Geschirr" befahren, d. h. mit Karren, deren Räder besonders auf die schmale Spur der Hochwege eingerichtet waren. Bis in die Mitte des 19. Jahrhunderts gab es keine Kunststraßen. Dann finden wir bei Neutrassierungen, daß man von den Höhenstraßen zu Talstraßen übergeht. In den Tälern lagen die Siedlungen, die an die Straße angeschlossen werden sollten. Die Täler selbst sind durch Menschenhand zugänglich gemacht worden, die Bäche und Flüsse haben ein festes Bett gefunden. Folgt man dem Flußlauf, so sind die geringsten Höhendifferenzen zu überwinden. Mit dem Bau der Kunststraßen in den Tälern verloren die Höhenstraßen ihre Bedeutung, wir finden sie heute nur noch in Reststücken als Wander- oder Holzabfuhrwege. (Nach einer 1957 bei mir angefertigten Mittelschullehrerprüfungsarbeit von W. Severin: „Die kulturgeographischen Probleme des Fremdenverkehrs im Oberharz").

Betrachten wir nun den Wasserverkehr. Pascal nennt die Flüsse Wege, die gehen, des chemins qui marchent. Aber gerade darin zeigt sich die soziale Abhängigkeit, denn die Flüsse werden erst Verkehrswege, wenn die Menschen fähig sind, sie als solche zu benutzen, Fahrzeuge haben, mögen sie noch so primitiv sein, und den Willen haben, sich oder Dinge zu transportieren. „Ein großer Schritt nach vorwärts in der geographischen Entwicklung einer Landschaft wird gemacht, wenn die Ströme oder Flüsse statt nur als Fischereigegenden oder Verteidigungsgräben aufgesucht zu werden, zu Verkehrswegen werden, Märkte hervorrufen an den Mündungen ihrer Nebenflüsse oder wo sie ins Meer gehen, Siedlungen an den Stellen, wo der Verkehr zur Flußschiffahrt hinüberwechseln muß"[12]. Bei noch höherer Technik werden die Menschen oft finden, daß die Flüsse „nicht in der richtigen Richtung fließen" und werden künstliche Wasserstraßen in der gewollten Richtung schaffen. Die Wasserstraßenbautechnik ist eine der subtilsten Ausblühungen der arbeitsteiligen Industriegesellschaft, worüber man das interessante Buch von H. W. Flemming: „Wüsten, Deiche und Turbinen", Göttingen 1957, vergleichen möge, besonders die Kapitel 20 – 29.

Wir wollen einer Einwendung entgegen treten, die man etwa so formulieren könnte: Sie haben recht, wenn Sie auf die Vielzahl der Kulturlandschaften hindeuten und nicht wie die Franzosen einfach von paysage humanisé, von vom Menschen geprägter Landschaft, sprechen. In Deutschland hat man seit vielen Jahren die Begriffe der Kulturlandschaft, des Kulturbodens usw. herausgestellt. Aber man faßte dies als Probleme der Kulturgeographie auf. Warum sprechen Sie von Sozialgeographie? Dabei denkt man doch gleich an soziale Zustände, vielleicht gar an Klassen. Können Sie nachweisen, daß die Landschaft irgendwo von Klassen oder einer Klasse geprägt ist? Ja, das kann ich an mehreren Stellen nachweisen. Nicht nur, daß man Ostelbien (früher) in fast seiner Gesamtheit als Großagrarierland bezeichnen konnte, während etwa Südwestdeutschland in diesem Sinne Bauernland ist, wir können noch weiter gehen. Wir lesen in den Erinnerungen von Friedrich Spielhagen über Pommern vor 100 Jahren: „In einiger Entfernung vom Hofe lagen die ‚Katen', d. h. die Wohnungen der zu dem Gute gehörenden und auf dem Gute beschäftigten Arbeiter, ein Dörfchen verschieden in der Zahl der Häuschen je nach der Zahl der Köpfe, denen sie Obdach gewähren sollten. Noch mehr verschieden – denn die Differenz der Kopfzahl ist meistens nicht groß – in ihrem Aussehen und Zustande. Bei guten Herrschaften, die etwas auf sich und ihre Leute halten, sind die Häuschen bei aller Bescheidenheit sauber geweißt, mit ordentlichen Türen, Fenstern und mit Schornsteinen auf dem Strohdach. Die beiden Gärtchen rechts und links vor der Haustür – es wohnen fast immer zwei Familien unter demselben Dach – sind anständig gehalten; auch an ein paar Sonnenblumen oder gar Nelken und Levkojen fehlt es nicht. Die Ställchen hinter und neben dem Häuschen sind in gutem Zustande, die Düngerhaufen regelrecht geschichtet, die Wege durch das Dörfchen, außer bei ganz schlechtem Wetter, selbst für Damenfüße passierbar. Aber bei Herrschaften, die nicht gut, die geizig oder faul oder zu dumm sind, einzusehen, daß, von der Menschlichkeit zu schweigen, das Wohlbefinden der Leute ihr eigener Vorteil ist und umgekehrt – da sah es bös aus in dem Dorfe, manchmal so bös, wollte ich es beschreiben, ich würde

---
[12] Paul Vidal de la Blache: Tableau de la Géographie de la France, Paris 1903, S. 22.

dem Verdacht böswilliger Übertreibung schwerlich entgehen. Nur soviel darf ich sagen, daß der Torfrauch, der sich in Ermanglung eines Schornsteins durch die in der oberen Hälfte stets geöffnete Tür und die mit Papier und Lumpen verstopften Fenster einen Ausweg verschaffen mußte, in diesen Höhlen menschlichen Elends noch lange nicht das Schlimmste war"[13]. J. G. Seume sagt 1800: „Die Dörfer in Schlesien haben meistens das Aussehen der Wohlhabenheit. Die Häuser sind zwar alle nur mit Stroh gedeckt, aber Schornstein und Fenster und Türe sind überall nett und reinlich; und diese nehme ich immer zur Probe guter Haushaltung und liberaler Bewirtschaftung"[14]. Falls es jemand vergessen haben sollte: gute Haushaltung und liberale Bewirtschaftung zielt damals natürlich nicht auf die fronpflichtigen Bauern, sondern auf ihre Herren! Dazu eine Bemerkung der Mme. de Staël: „Der Anblick Tirols erinnert an die Schweiz, aber es gibt in der Landschaft nicht soviel Kraft und Originalität, die Dörfer zeigen nicht soviel Wohlstand; es ist ein Land, das weise regiert wurde, aber niemals frei gewesen ist. Seine Widerstandskraft hat es als ein Volk von Bergbewohnern gezeigt"[15].

Ein anderes gutes Beispiel sind die englischen Binnenwasserstraßen. Diese waren im 18. Jahrhundert sehr schnell und weitschauend entwickelt worden, worüber man H. W. Flemming „Wüsten, Deiche und Turbinen" (Göttingen 1957), S. 245—253, nachlesen kann. Im 19. Jahrhundert werden die Kanäle von den Eisenbahngesellschaften aufgekauft mit der ausgesprochenen Absicht, sie, da sie den Eisenbahnen Konkurrenz bereiteten, verfallen zu lassen. Das ist ja auch „vorzüglich" gelungen. Wenn man in England reist und die melancholischen Bilder verlassener Wasserstraßen sieht, hat man ein Beispiel vor sich, wie die kapitalistische Gesellschaft einer bestimmten Epoche und Gegend die Landschaft „veränderte". Ein Staat mit anderer Klassenstruktur, etwa Preußen, hätte die Eisenbahnen neben den Kanälen ausgebaut, aber wenn man auch das England der ersten Hälfte des 19. Jahrhunderts noch nicht hochkapitalistisch nennen kann, die anonymen Kapitalsgesellschaften — solche waren ja die Eisenbahngesellschaften — waren in England damals viel weiter entwickelt als auf dem Kontinent. Dieser Einfluß des „mobilen Kapitals" ist eine in der Landschaft sichtbare Wirkung von Klassenverhältnissen, also Sozialgeographie sensu stricto. Schwerer ist es, in der Landschaft abzulesen, daß der Mittellandkanal so lange nicht gebaut wurde, da die ostelbischen Grundbesitzer fürchteten, auf ihm würde amerikanisches Getreide billig nach Berlin kommen. Und da auch die Ruhrkohle dann in Berlin als Konkurrent der oberschlesischen erscheinen würde, waren auch die oberschlesischen Kohlenbarone dagegen. Aber wie gesagt, das ist in der Landschaft heute, wo

---

[13] Zitiert Pflug: Lob der deutschen Landschaft, Leipzig 1938, S. 40.
[14] Ebenda, S. 81.
[15] Madame de Staël: Dix années d'exil, S. 116. Erschien 1821.

der Mittellandkanal besteht, nicht direkt zu sehen. Technisch war der Mittellandkanal schon um 1900 möglich, politisch erst nach 1918. Ähnliches gilt für den Großschiffahrtsweg Berlin – Stettin. Über den Unterschied der Straßen aller Art in Russisch- und Preußisch-Polen siehe Maas, „Geographie und Soziologie", S. 5/6.

Aber gehen wir in die Gegenwart. „Im Hohenlohischen sieht man einen scharfen Unterschied zwischen dem „Häcker", d. h. Weingärtner unten im Tale, der Getreide höchstens für den eigenen Bedarf baut und allenfalls mit ein paar Kühen die mühsame Arbeit an den steilen Hängen verrichtet, und auf der anderen Seite dem wirklichen Bauern oben auf der Hohenlohischen Ebene, der stolz und wohlhabend mit schwerem Ochsen- oder Pferdegespann die väterliche Scholle pflügt. Es sind tatsächlich ganz verschiedene Menschen hier und dort"[16]. „Im Muschelkalkgebiet des Mainlandes ist wie im Neckarland in den Tälern ein großer Unterschied zwischen den wohlhabenden Kornbauern oben und den hart arbeitenden Häckern (Winzern) und Kuhbauern unten im Tal"[17].

Oder zitieren wir einen alten niedersächsischen Autor, Albrecht Thaer, in seinen „Grundsätzen der rationellen Landwirtschaft"[18]. „Schon von weitem kann man den Unterschied feststellen zwischen Ländereien, die durch Hofdienste bestellt werden und solchen, bei denen die Arbeit durch herrschaftliche Gespanne erfolgt. Zwei Hofgespanne leisten soviel wie ein Dienstgespann, drei Handdienste sind zwei Tagelöhnern gleichzusetzen".

So können wir wie der Historiker K. Hampe und einige Russen von Soziallandschaften sprechen, d. h. Sozialgeographie ist wirklich Sozialgeographie, nicht nur Soziogeographie oder eine vage Kulturgeographie, wie man sie auf dem Geographentag in Köln 1961 verlangte.

---

[16] R. Gradmann: Süddeutschland II, 200.
[17] Ebenda II, 263.
[18] Albrecht Thaer: Grundsätze der rationellen Landwirtschaft, die erste Auflage erschien 1809, ich zitiere nach der 5. Auflage, Berlin 1856, I, 64.

Printed by Libri Plureos GmbH
in Hamburg, Germany